구슬이 바위에 떨어진들

소설로 부르는 고려속요 - 그 몸의 노래여!

구슬이 바위에 떨어진들

소설로 부르는 고려속요 — 그 몸의 노래여!

간호윤 지음

새문사

들어가며

오도카니 노래 가사만 남았습니다.

고려속요를 만들고 부른 저들은 가뭇없이 사라졌습니다. 저들이 부른 노래 가사에서 찾은 어휘는 젊음, 여성, 사랑, 이별, 노동, 유랑, 기원, 믿음, 그리고 이를 관통하는 몸이란 단어입니다. 그것도 '젊은 여성의 몸'입니다.

나는 꿈을 꾸기 시작했습니다.

아예 저 시절로 들어가 저들을 만나 저들의 이야기를 듣고 싶어서였습니다. 왜 그러한 노래를 불렀는지 알고 싶었습니다. 그리고 돌이, 달님이, 꽃님이, 곰이, ― 를 만났고 저들이 들려주는 이야기를 발맘발맘 따라갔습니다.

이 책에 등장하는 인물들은 모두 허구입니다. 하지만 돌이, 달님이, 꽃님이, 곰이, ― 는 저 시절에나 이 시절에나 늘 있습니다. 그 시절에나 이 시절에나 이 땅에는 그 한민족이 살고 있어서입니다.

우리 민족은 특히 노래를 잘 부릅니다. 슬퍼도 기뻐도, 일하면서도 길을 걸으면서도, 장소도 가리지 않고 혼자서도 여럿이서도 아무 것도 없이 부르는 게 노래입니다. 고려 백정(백성)들의 삶인 고려속요도 지금 우리 곁에서 울고 웃게 하는 그 노래입니다. 그러니 저들은 특정한 장소와 시간 속의 저들이 아닙니다. 언제든 돌아가면 만날 수 있는 우리입니다. 이 책 속의 글자 한 자 한 자는 저 고려인들이 털어놓는 우리의 이야기이고 싶습니다.

돌이가 살아냈던 그 시절, 13세기경, 역사는 참 잔인했습니다. 도처에서 민란이 일어났습니다. 여기에 혹독한 무신정권 100년과 삼별초의 항쟁까지 겹칩니다. 밖으로는 거란, 여진, 몽고, 왜구의 침입도 이어졌습니다. 고려는 200여 살로 건강성을 그렇게 잃기 시작했습니다. 여기에 잔인하기 이를 데 없는 몽고의 침입을 받고 몽고부마국으로 전락하기에 이릅니다.

역사의 수레바퀴는 두 개의 축으로 되어있습니다. 하나는 문자의 기록이고 하나는 몸의 기록입니다. 문자의 기록이 승자와 지배층의 역사라면, 몸의 기록은 패자와 피지배층의 역사입니다. 문자의 기록에는 영웅과 투쟁의 핏줄기가 흐르지만 몸의 기록에는 평범하게 살아가는 사람들의 인정어린 삶과 건강한 노동이 보입니다.

이 몸의 기록을 잘 보여주는 것이 노래입니다. 노래 가락에 가장 먼저 반응하는 것이 몸이기 때문입니다. 음악을 율려(律呂)라고 하는데 가락[노래의 운율인 율: 律]과 몸[사람의 등뼈가 이어져 있는 모양인 여: 呂]이 합해진 글자입니다. 노래를 부르면 입모양부터 달라집니다. 입이 커지고 혀가 놀고 입꼬리가 올라가고 배에는 잔뜩 힘이 들어갑니다. 얼굴 표정도 달라지며 몸 전체가 반응을 보입니다. 눈물, 웃음, 기쁨과 행복감, 자유로움, ― 등은 그 뒤에 따라오는 자연스러운 현상입니다.

노래는 부르는 사람의 신분을 구별해줍니다. 신분을 잘 나타내 주는 게 몸을 움직여주는 발입니다. 발이 머무르는 곳이 그 사람입니다. 발이 논에 있으면 농부입니다. 논에서 부르는 모내기 노래는 농부가, 기생방에서 부르는 기생 노래는 기생이, 산에 나무하러 가면서 부른 노래는 나무꾼 노래입니다.

그렇기에 노래는 곧 그 사람이요, 몸입니다. 몸에는 그 사람의 독특한 몸 냄새가 있습니다. 몸 냄새가 사람 냄새입니다. 고려속요가 고려인들의 몸 냄새, 사람 냄새가 묻어있는 인간미 흐르는 몸의 노래인 이유입니다. '노동'과 '남녀상열지사'라는 말이 그것을 증명하는 몸의 언어입니다.

삼국시대 노래는 신을 부르는 주술의 언어였습니다. 조선은 충·효·예와 유학, 혹은 자연이나 안빈낙도의 언어로 이루어진 지나친 정신 노래였습니다. 몸 냄새를 온전히 풍기는 노래는 고려속요뿐입니다.

고려속요에는 오직 노동과 사랑이라는 몸의 언어만이 보입니다. 귀족의 글에 보이는 고아한 자연회귀 사상도 임금을 사모하는 충신의 찬가도 없습니다.

그래, 고려속요는 노동을 한 고려 백정들 몸의 기록입니다. 1200℃의 가마니 불꽃을 견뎌내며 고려청자를 만들어 낸 도공이 부르던 노래요, 고단한 삶이 명치끝을 쳐 숨이 막힐 때 부르는 노래요, 인고의 세월을 견뎌낸 하층민의 노래입니다.

더욱이 고려속요는 백정들에게서 태어나 왕궁의 음악이 되고, 나라가 조선으로 바뀐 뒤 지배층의 문헌에 실려 지금까지 내려오는 노래입니다. 하지만 이리저리 치이는 사이에 하층민 '몸의 노래'인 이 고려속요가 '남녀상열지사'라는 음탕한 노래로 잘못 인식되어 버렸으니 매우 유감스런 일입니다.

그러나 '남녀상열지사'라는 이 말을 되새김질하면 오히려 고려속요가 인간으로서 성정을 고스란히 드러낸 몸의 노래임을 분명히 합니다. 〈사모곡〉이 어버이와 자식 간 사랑을 담은 몸의 언어요, 〈정읍사〉, 〈동동〉, 〈이상곡〉, 〈만전춘 별사〉, 〈정석가〉, 〈유구곡〉은 사랑하는 남녀 사이에 주고받는 은밀한 몸의 언어요, 〈가시리〉, 〈서경별곡〉, 〈청산별곡〉은 임과 이별하는 몸의 언어요, 〈쌍화점〉 역시 사랑은 아니나 몸의 언어로 이루어진 노래입니다. 이 책의 부제를 '그 몸의 노래'라 한 것은 이런 이유에서입니다.

이 책은 돌이라는 한 고려 아이를 발맘발맘 따라가며 본, 고려속요에 담긴 '몸의 노래' 기록입니다. 그러기 위해 소설과 해설 두 부분으로 나누었습니다. 이야기 문학인 소설을 통하여 고려속요를 담아내려 한 이유는 인간은 누구나 이야기 존재이기 때문입니다. 사람이 이 세상을 머물다간 흔적은 이야기입니다. 누구나 크든 작든 이야기를 남기고, 남겨진 이야기는 시간이 흐르며 잊힐 만한 것은 잊히고 남을 만한 것은 남습니다. 고려속요에는 이 남을 만한 이야기가 악보처럼 펼쳐져 있습니다. 따라서 이 책은 지금으로부터 8세기 가량 우리나라가 더 젊었던 저 시절, 고려속요를 불렀던 그 때의 이야기를 돌이를 통하여 보고자 하였습니다. 이것이 돌이의 이야기와 함께한 그 시절 고려속요의 모습이 아닐까 합니다.

이 책 뒤 '고려속요 해설'은 문헌기록으로 남은 고려속요 속에 내재한 과거의 역사를 보기 위해서입니다. 소설에서 못다 한 역사 관련 문헌을 살펴보는 이유는, 오늘의 나를 되돌아보고 미래를 읽기 위해서입니다. 고려속요를 부르며 세상을 살아냈을 고려 백정들, 특히 여인들의 노래에서 우리 현재를 읽고 미래를 찾았으면 좋겠습니다. 아울러 '남녀상열지사'에 갊아 든 조선의 정치 역학관계도 살펴보겠습니다.

책을 읽지 않는 시대입니다. 천학지재인 내가 그래도 20여 권의 책을 썼습니다. 이번엔 돌이, 달님이, 죽이 아씨, 곰이, … 동이를 만나 여간 기쁘지 않습니다. 그리고 이들을 만나게 한 **새문사**, 내 글쓰기 인생에

환승역 같은 존재들입니다. 삼가 새문사에 심심한 감사의 말씀을 놓습니다.

늘 이태준 선생의 "찬찬하고 짜르르한 맛, 실로 치면 명주실"(「문장의 고전·현대·언문일치」, 『문장』, 1940. 3)과 같은 글을 쓰고 싶습니다.

마지막으로 이 책, 힘겨운 삶을 노래에 담아 살아냈던 돌이와 고려 백정들에게 바치고 싶습니다.

2016. 1.
간호윤

차례

들어가며/ 4

1장	덜커덩 방아나 찧어 히애	…13
2장	져재(시장에) 녀러신고요(가 계신가요)	…27
3장	이곳에서 닥치는 대로 죽이려 하네	…39
4장	회회(서역인) 아비가 내 손목을 쥐여이다	…51
5장	호미도 날이지마는	…67
6장	가시리 가시리잇고	…81
7장	박넝쿨 다 끌어들여도 한 드레박	…94
8장	덕일랑 앞에서 받잡고 복일랑 뒤에서 받잡고	…109
9장	비 오다가 개어 눈 많이 내리신 날에	…123
10장	얼음 위에 댓잎자리 보아 님과 나와 얼어죽을망정	…136
11장	징아! 돌아! 지금 계십니다	…145
12장	당기라 밀오라 정소년아	…166
13장	서경이 아즐가 서경이 서울이지마는	…180
14장	살어리 살어리랏다 청산에 살어리랏다	…197

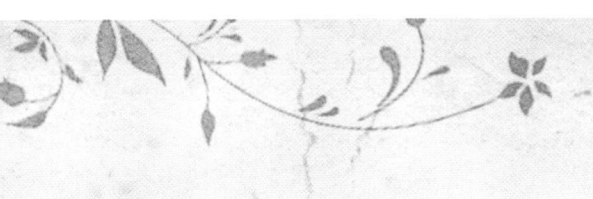

고려속요 해설　　새롭게 상상하는 고려속요

1장　고려속요는 몸의 노래이다　　…214
　　　고려속요는 문학이다　　　　…219
2장　고려속요는 믿음의 힘이다　　…222
3장　고려속요는 3음보이다　　　　…228
　　　고려속요는 궁중악이다　　　…229
4장　고려속요는 여인들의 슬픈 사랑이다　…231
5장　고려속요는 어머니이다　　　…234
6장　고려속요는 이별의 미학이다　…238
7장　고려속요는 역사이다　　　　…241
8장　고려속요는 음악정치학이다　…247
9장　고려속요는 감탄사이다　　　…255
10장　고려속요는 은유이다　　　　…259
11장　고려속요는 삶에 대한 애착이다　…262
12장　고려속요와 경기체가는 다르다　…265
13장　고려속요는 노동이다　　　　…270
14장　고려속요는 유랑 노래이다　…275

- 고려속요 독법/ 283
- 이 책을 쓰기 위해 참고한 책들/ 298

고려속요 집

- 고려속요 원문/ 304
- 돌이의 편지/ 319

1장
덜커덩 방아나 찧어 히얘

해설 노래는 손이 없어도 잘만 마음을 흔든다.

덜커덩 방아나 찧어 히얘,
거친 밥이나 지어서 히얘,
아버님 어머님께 드리옵고 히야해,
남거든 내가 먹으리, 히야해 히야해.

덜커덩 방아나 찧어 히얘,
거친 밥이나 지어서 히얘,
…
〈상저가〉[1]

돌이 엄니는 노래를 부르자 마음

1
조선 초기의 악보인 『시용향악보』에 가사와 악보가 전한다. 이 노래는 사설의 내용으로 보아 방아타령의 일종으로 추정하는 노동요이다.

이 편해졌다. 돌이 엄니의 노랫소리가 부엌을 나와 곰살갑게 울타리를 넘었다. 노랫소리에는 힘들어하면서도 삶을 거머당기는 맑은 힘이 있었다.

돌이 엄니, 경주가 고향이라 경주댁인 돌이 엄니의 세상 첫소리는 꽤나 컸더란다. 돌이의 외할아버지는 돌이 엄니가 사내아이인지 알았고 외할머니는 노래를 잘할 줄 알았단다.

돌이 엄니는 그래서이지 저래서인지 노래를 잘한다. 오이 붇듯 달 붇듯 흘러가는 세월을 살아내기 위해 물리도록 노래를 부르고 불렀다. 돌이 엄니가 노래요, 노래가 돌이 엄니였다. 꽃님이도 돌이도 엄니의 노래를 들으며 이만큼 컸다.

돌이는 물리도록 들은 엄니의 노랫소리지만 이 노랜 좀 각별하다. 돌이 엄니는 인물만큼이나 고운 목소리를 지녀 노랫가락이 밝고 맑았다. 돌이 아버지는 돌이 엄니가 노래를 부를 때면 가만히 듣고는 빙그레 웃었지만 이 노래만큼은 얼굴 표정이 슬퍼보였다. 돌이는 속가량으로 방아를 찧으며 부르는 이 노래는 외할머니를 미워해선지 그리워해서인지도 모르겠다고 생각했다.

하기야, 돌이 할머니나 할아버지도 무신란에 얽매여 멸문을 당했기에 따지자면 외가나 친가나 다를 바 없었다.

"돌아! 왜 노래를 부르냐꼬. 사는 게 고비에 인삼이요, 기침에 재채기 아니냐. 매디매디 옹이요, 구배구배 생채기인 이 언선시런 시상을 사는 맴을 색키는 데는 이 노래가 제일인기라. 생딴전을 붙이는 기 아니라, 그래, 콩 심는 걸음질로라도 살아내기 위해서 부르지 안카나.

니도 한번 방아를 찧어봐라. 이리 찧고 저리 찧고 손바닥은 쓰리고 허리는 아프재. 그렇게 왼종일 찧어야 보리 몇 되 건지기 어려우니 신세타령을 우째 안 카겠나. 이 노래는 그럴 때 부르는 기다.

그만두자, 니도 아는 야그를 이 어매가 괜히 한다. 아무튼 이 노래를 부르면 기운이 한결 나진다 앙카나. 나만 부른 게 아니제. 이 나라 고려 여인들은 다 부른다카이. 그렇게 사는 거재."

언젠가 돌이가,

"왜 엄니는 허구헌날 노래를 달고 사시여, 잉?"

라고 물은 것에 대한 돌이 엄니의 대답이었다. 돌이 엄니는 그때 일손을 놓고는 돌이 손을 잡으며 이런 말을 하였다. 돌이는 엄니의 이 말이 무엇을 뜻하는지 몰랐다. 태어나서 엄니의 노랫소리를 들으며 커서 그런지 노래가 좋기는 하지만 엄니가 이 노래를 부를 때면 왜 그런지 한여름 소낙비 몰아치듯 왈칵 눈물이 쏟아질 것만 같았다.

그런데도 오늘은 어느 때에 비해 돌이 엄니의 얼굴도 목소리도 환하고 밝다. 돌이는 '아마 아부지가 오기 때문인가 보다'라고 생각하였다.

오늘이 섣달그믐이니, 내일이면 정월초하루 설날이다. 돌이 아버지는 행상을 다니지만 추석명절과 설은 꼭 집에서 쉰다. 그런데 올 추석에는 함께 행상을 다니는 수리 아버지 편에 꽃님이의 꽃신과 말린 북어, 보리쌀 서 말만 보내었다. 수리 아버지는 경주 어딘가에 좋은 노래가 있다며 이를 채집해 가지고 설날에나 온다는 말도 전해 주었다.

돌이가 엄니의 노랫소리를 뒤로하고 떡전거리에 막 나섰을 때다.

저만치서 달님이가 유랑광대들 틈을 헤치고 물을 길어 제 집으로 들어간다. 언제부턴가 돌이는 달님이만 보면 공연히 들썽들썽하니 마음이 마구 들까분다. 어쩌다가 눈이라도 마주치면 귀밑까지 붉어지는 게 얼굴에 감실감실 콧수염이 난 한두 해 사이로 더하다.

돌이는 '우물둥치가 달님이네 집하구 가깝기에 망정이지.…나 원 참, 달님이 엄니는 곰이 형은 내버려두구 꼭 달님이만 저렇게 시킨다니까'라고 중얼거렸다. 그렇다고 사람들이 오가는데 검은 꽃 장식 물동이를 대신 들어다 줄 만큼 돌이는 숫기도 넉살도 좋지 못했다.

달님이는 반듯한 가리마에 똬리를 얹고 물동이를 사뿐히 이고는 한 손으로 싹 치마를 여몄다. 물 한 방울도 엎지르지 않으려 조심조심 걷는 걸음새가 물오른 버들 휘어지듯 낭창거렸다. 돌이는 그런 달님이의 발소리까지도 예뻤다. 돌이는 어디에 있든 달님이의 자박자박 걷는 발소리를 들을 수 있다고 생각했다. 돌이는 달님이만 보고 있으면 이 떡전거리의 그 많은 여자 애들은 반눈에도 차지 않는다. 어디가 예쁘다고 콕 집어 이야기 할 수는 없지만 뜨덤뜨덤 본다 해도, 하여튼 그렇다고 여겼다. 돌이가 가슴이 도근도근하고 얼굴까지 화끈거려 누가 볼까봐 눈길을 먼 행길가로 옮겼을 때였다.

"주눔! 주눔! 주눔 잡아라. 주눔 잡아!"

사투리도 아닌 것이 생 돼지 목 따는 듯한 목소리가 돌이의 귓가에 채 들어서 나가기도 전이었다. 돌이의 눈에 달님이 언니[2]인 곰이가 회회아비네 만두가게에서 이쪽으로 뛰어오는 것이 보였다. 돌이는 달님

•2
언니는 남녀 모두 부르는 호칭이다.

이가 물동이를 이고 오는 것에 정신이 팔렸기에 반대편에서 일어난 일을 전연 알지 못하였다.

곰이 뒤를 쫓는 것은 회회아비였다. 곰이의 오른손엔 만두 하나가 움켜쥐 있었다. 전에도 이와 비슷한 일이 있었는데, 곰이는 회회아비에게 잡혀 며칠 동안 자리보전을 해야만 했다.

"주눔 잡아!"

고함을 치며 달려오는 회회아비의 비곗덩어리 배가 흔들렸지만 원체 키가 크기에 한 발자국이면 곰이의 뒷덜미가 낚일 듯 했다. 막 집으로 들어가려던 달님이도 물동이를 이고는 그 자리에 우뚝 서버렸다.

길 가던 사람들이 달음박질은 이내 싱겁게 끝나버리고 곰이는 회회아비에게 죽도록 맞으리라는 생각을 막 마치려는데, 회회아비가 무엇엔가 걸려 넘어졌다.

돌이가 슬며시 옆집 줄똥이네 거름통을 밀어서였다. 회회아비는 거름통에 다리가 걸려 그대로 고꾸라지며 오줌을 뒤집어쓰고는 나뒹굴었다.

달님이는 하마터면 물동이를 그대로 떨어뜨리고 말 뻔하였다. 이제는 곰이 언니가 아니라 돌이가 회회아비에게 요절날 판이었다. 순간 달님이는 '돌이의 성격에 곰이 언니가 맞는 것을 그냥 보지도 않겠지만 하필이면 그때 돌이가 볼 것은 뭐람!'이라는 생각이 들었다.

"어떠 누무 시끼야!"

회회아비가 욕지꺼리를 하며 바지춤을 잡고는 일어서며 잠시 덩둘하니 고개를 휘휘 두르더니 이내 돌이를 보았다. 회회아비는 생긴 것도 꼭 멧돼지 상판대기에 목소리도 돼지 멱따는 목소리요, 파랗고 움푹 들어간 큰 눈을 꿈뻑일 때면 꼭 얼음에 자빠진 쇠 눈깔 같았다. 더구나 몽고군이 그의 뒷배를 봐줬기에 그 검은 털이 수북한 옴두꺼비 같은 손모가지와 가슴팍에 숭숭한 털북숭이를 드러내고 떡전거리를 휘저어도 누구도 댓거리하지 못하였다. 그럴 때면 사람들은 "캬!" 하고 가래를 끌어 올려서는 "퉤!" 하고 침을 뱉고 가버리는게 상책이었다.

돌이가 태어난 떡전거리는 야트막한 거북봉 산자락이 울멍줄멍 내려오다 할미 젖가슴처럼 착 까부라진 느치미 아랫자락에 붙었다. 떡전거리는 충청, 경상, 전라, 삼남으로 통하는 큰 길목이다. 그만큼 바람도 많고 소문도 많아 꽤 심심한 곳은 아니었다. 오가는 사람들에게 떡을 파는 집이 많아 떡전거리, 혹은 병점(餠店)이라고들 불렀다. 지금은 떡집만큼 만두가게도 많이 들어섰지만, 몽고군이 여섯 차례나 쳐들어와 설쳐대도 떡전거리만은 사람들로 흥성거렸다. 이런 떡전거리에 광대패까지 노랫소리를 앞세우고 들어오면 거리는 더욱 사람들로 넘쳐났다.

•3
오늘날의 경기도 화성시 병점동

    "살어리 살어리랏다
    청산에 살어리랏다
    머루랑 다래랑 먹고
    청산에 살어리랏다…"
    〈청산별곡〉

'째쟁 째쟁' 하는 상쇠의 꽹과리 소리를 따라 아이들도 어깻짓을 하며 뒤를 12발 상모처럼 휘감았다. 추운 겨울이건만 광대들이 길을 메우고 들어오면 양 길가 좌판을 사이에 두고 사람들이 길을 터주었다. 사람들이 많은 이 떡전거리는 떠도는 꼭두극을 하는 괴뢰패와 광대패라면 꼭 들렀다. 거리상으로도 길손들이 수주(水州)를 지나 상유천, 하유천, 대황교를 지나, 나즈막한 산자락에 할머니의 찌그러진 젖가슴처럼 눌러 붙은 듯하지만 사통발달인 이 떡전거리쯤 오면 배가 출출해지는 법이다. 떡전거리에는 술집과 국밥집도 있지만 요기를 달래는 데는 역시 떡이 제일이라서 그런지 떡집이 가장 많았다.

오늘날의 수원

더구나 떡전거리 위에 있는 안녕읍성과 황계, 반정 등 주변은 넓은 논들이다. 수주는 이름처럼 물이 잘 나와서 질 좋은 쌀이 많이 생산되기에 자연 떡전거리와 잘 들어맞았다. 돌이네 집도 몇 해 전까지 이 거리에서 떡집을 하였지만 돌이 아버지의 꿈은 신발전이었다.

한번은 돌이 아버지가 돌이를 데리고 안녕읍성에 들어가 쇠전 옆에 붙은 신발전 앞에서 이런 말을 주고받았다.

"돌이야! 두고 봐라. 언젠가 이 아부지가 이 읍성 안에다 저 신발전을 떡하니 낼 테다. 그래, 니 고생만하는 엄니 이쁜 신발 한번 신어보게 말이다 잉. 돌이야! 사람이 사는 게 발 아니냐. 발이 있는 곳이 내가 사는 곳이다 이 말이걸랑. 암, 발루 살아가는 거여. 그리야, 그 사람의 신발을 신고 십 리를 가기 전에는 함부로 콩이니 팥이니 말할 수 없는 법이여. 왜 사람마다 다 신을 신구 걷는 인생길이 다르잖니. 나

1장/ 덜커덩 방아나 찧어 히얘 | 19

는 니 엄니를 만났을 때 그 발을 본거여. 니 엄니가 노래를 을마나 잘 해는지 니두 알지?"

"야, 아부지도 참, 시삼스럽게스리. 아부지가 엄니의 노랫소리에 반했다는 말은 엄니한테두 많이 들었시여."

"그리여. 그런데, 이 아부지가 니 엄니를 봤을 때 말이다. 을마나 가슴이 아프든지. 그래, 그 고운 니 엄니 발은 다 떨어진 짚신조차 제대로 신지 못한게 아니겠니. 그 발루 걸으며 노래를 부른 거여. 살아가는 몸을 지탱해주는 게 발인데 말이여. 을마나 맴이 아프든지. 그나마 노래를 불렀기에 심을 내 산 걸거여. 돌아! 노래에는 살아가는 심이 있단다. 그래, 이 아부지는 니 엄니를 위해 우덜 고려의 노래집을 맹글어 주려는 거여. 참, 그러구 보니 니두 글공부를 좀 해야 쓰것는데…"

"예, 글공부유. 에유, 그런 것을 해서 뭐해유. 써 먹을 데도 읍시."

"돌이야! 앙 그리여. 아부지가 니 엄니를 위해 만드는 노래집도 니가 읽어야 해여. 지금은 으쩔 수 읍다만 이 아부지는 니가 꼭 글공부를 했으면 하거들랑. 암튼 그것은 담에 얘기하자. 돌이야! 나는 니 엄니 부르튼 발에 신발 하나 제대로 싱겨주는 게 소원이여. 해서리, 지금은 이렇지만 니하구 꽃님이에게도 좋은 옷 한 벌 지어 입히구, 좋은 신 한 켤레씩 싱겨주는 날이 올것이여. 그러니까 설라무네 우덜 그때까지 들메끈 고쳐 매구 살아보자. 그리구, 돌아! 꽃님이는 니 언니니 이 아부지가 읍서두 잘 챙겨주어야 하구. 알았지. 잉."

그러며 어찌나 손을 꽉 움켜쥐던지, 돌이는 속으로 '꽃님이 언니 잘 챙겨주라는 말은 꼭 하시지. 아들인 나보다 아부지는 더 딸을 좋아하신다닌까' 하면서 눈물을 찔끔 짰었다.

그 시절만 해도 돌이의 집은 이 떡전거리에서 제법 밥술깨나 먹는 떡집 가운데 하나였다. 사람들은 돌이 아버지의 떡 찧는 솜씨와 돌이 엄니의 떡고물 묻히는 솜씨도 야물지만 두 사람 노랫소리가 좋아서 그렇게 유난히 떡이 맛있다고들 하였다.

떡을 만들 때면 돌이 아버지가 "덜커덩 방아나 찧어 히얘" 하고 앞소리를 하면 돌이 어머니가 "거친 밥이나 지어서 히얘"라고 뒷소리를 받았다. 돌이 아버지는 이 노래를 싫어하면서도 떡을 만들며 부를 때면 함께 소리를 맞춰주었다.

그런데 회회아비가 들어와 만두를 팔고부터는 여러 떡집이 망했다. 회회아비네 만두가게가 돌이네 떡집이었다. 사람 좋기로 소문 난 미루 아버지조차,

"회회아비란 놈, 참 양심은 쌈지에 메다꽂아 동아줄로 친친 동여매 둔 눔이여. 저 낳고 지 엄니가 먹은 미역이 영 아까운 놈이걸랑!"

이라는 말을 입에 달고 살 정도였다. 돌이는 그래 회회아비놈의 심사는 샛바람 안개 속에 수수잎같이 꼬였고 모과나무처럼 뒤틀어져버린 저 몽고 놈들보다 더하면 더했지 못하던 않다고 생각했다. 돌이가 회회아비에게 맞아 죽는 한이 있어도 발을 건 데에는 저러한 이유가 있었다.

회회아비가 그 자빠진 쇠 눈깔 같은 눈을 더욱 부릅뜨고는, 뒷걸

음질 치는 돌이의 멱살을 억센 손아귀로 막 틀어잡으려 할 때였다.

"이놈의 아들 생겨 몽곳 놈,
이놈의 딸 생겨 몽곳 년."

아이들이 노래를 불렀다. 곰동이, 동고리, 매아지였다. 이 노래는 온 고려 백정(白丁)들이 모두 아는 가장 몹쓸 욕이기에 회회아비라고 모를 턱이 없었다. 회회아비는 불같이 화를 내며 돌이를 내동댕이치고 옆에 있던 지게막대기를 들고 아이들을 쫓아갔다. 어느새 뒤돌아섰는지 곰이는, 회회아비에게 혀를 날름거리며 엉덩춤을 추고 노래를 같이 불렀다.

•5
고려시대 백정은 조선시대 백정이 아니다. 고려시대에는 관리들을 정호(丁戶)라고 부른데 대하여 일반 양민을 그렇게 불렀다. 단독으로 정호를 구성하여 토지를 가지지 못하였으므로 한 사람의 정(丁, 성년 남자)으로 취급하지 않았기에 백(白, 가진 게 없다는 뜻)을 붙였다. 백정들은 3세(三稅)라고 토지생산물의 일부를 내는 전세, 지역 특산물을 바치는 공물, 국가의 각종 공사에 동원되는 부역 등 과중한 의무를 졌다.

"아나 쑥떡이다! 이 거랑말코 같은 누마."

그러고는 집어왔던 만두를 던지고는 다시 줄행랑을 놓는다. 회회아비는 끝내 아이들을 하나도 붙잡지 못하였고 돌이는 이튿에 뒤꽁무니를 빼어 집으로 들어갔다.

....

"돌아! 돌아!"

언제나 돌이를 부르는 돌이 엄니 목소리는 늦겨울 양지 짝에 비치는 이른 봄 햇살같이 따뜻하였다.

"돌아! 니, 뭐하노. 아부지 오나 저기 동구 밖으로 나가 봐야 안카나. 날이 저무는데 아부지 오실 때 됭능갑다. 어디보자. 날이 추븐데 옷은 단디 입었나?"

"에에! 엄니는, 내가 언넨가. 애 취급을 해여. 그러면 언니보고 가라구 그러지. 꼭 나만 시키걸랑."

"그럼, 자식은 언제나 얼라지. 니 누부야 내하고 음식 만들어야제. 그리고 사람들 눈이 있는데 누부를 그래 내돌리면 쓰갔나. 어서 퍼뜩 댕겨 온나. 아부지가 니 좋아하는 곶감 갖고 오신다 앙캤나. 응. 돌아!"

"야! 알겠시여. 가여, 가."

그러나저러나 돌이는 요즈음 저 회회아비 놈이 꽃님이 언니를 보는 눈이 되우 수상쩍어 늘 마음이 편치 못했다.

꽃님이와 돌이는 연년생이지만 생긴 건 딴판이다. 돌이는 아버지를 닮아 둥글둥글한 편이며 작지도 크지도 않은 키로 약간 몸집도 있었다. 돌이의 언니인 꽃님이는 마마를 앓어 살짝 곰보이지만 갸름한 얼굴, 오똑한 코에 희고 긴 손을 지녔다. 몸매는 호리호리하니 능수버들 같아 그렇지 않아도 큰 키가 더욱 크고 여리게 보였다.

꽃님이가 예쁘다는 것은 떡전거리 사람들뿐만 아니라 저 수주성 사람도 알 만한 사람들은 다 알 정도였다. 여하간 요새 이 꽃님이 언니 문제로 돌이는 몹시 마음이 쓰였다. 사실 꽃님이 언니를 누가 데려 가려는지 생각하면 걱정이 앞서는 것은 돌이만의 문제가 아니었다.

 돌이 아버지와 어머니에게도 보리 까끄라기처럼 늘 꽃님이가 가슬가슬 걸렸다. 그만큼 꽃님이가 모두의 근심거리가 된 데에는 다 이유가 있었다. 꽃님이 정신이 멀쩡치 못해서이다. 꽃님이는 어릴 때 마마를 심하게 앓아 열이 난 뒤로 그렇게 되었다. 그래, 돌이는 천연두가 심하다는 뜻으로, 일이 순조롭지 못하고 좋지 않은 징조가 보일 때 버릇처럼 내뱉는 '마마 그릇되듯하다'라는 말을 들을 때마다 가슴이 두 번은 철렁철렁 내려앉는다.
 특히 요즈음 들어 부쩍 회회아비는 드러내놓고 꽃님이를 훔쳐보았다. 회회아비가 능글능글 꽃님이를 볼 때면 그 눈길이 능구렁이를 대여섯 마리는 삶아 먹었거나 까치독사가 혓바닥을 날름날름거리는 듯했다.
 저번에는 꽃님이를 제 만두가게로 끌고 들어가 만두 서너 개를 주는 것을 돌이가 보고는 쫓아 들어가 끌고 나오기까지 하였다. 돌이가 이 일을 일러바쳤을 때, 돌이 어머니는 부지깽이를 들고 꽃님이의 눈물을 한 두어 사발은 족히 받아내고야 말았다.
 "망할 놈의 가씨나. 한번만 더 그 카면 내쫓아뻔다. 남들한테 뒷손가락질을 받으면 우짤라꼬, 그깟 만두쪼가리를 묵을라꼬 들어간다 말이여? 웅! 다시 한번만 그카면 다리몽둥이를 꽉 뿌지러 버릴 줄 알아라. 웅! 알간나."
 알아들었는지 못 알아들었는지는 알 수 없지만, 그 뒤로 꽃님이가 부쩍 회회아비를 무서워하는 것은 사실이었다.

돌이가 꽃님이 언니 생각으로 똬리를 틀어대며 언덕배기까지 와 아버지를 기다린 지도 한참을 지났다.

돌이는 아버지의 구수한 〈거사련〉이란 노랫소리를 기다렸다. 돌이 아버지는 노래를 채집한다면서도 썩 노래를 잘하는 편은 아니었다. 다만, "울타리 옆 꽃가지에 까치가 울었고 거미도 상머리에 줄을 치고 있네요. …"라는 〈거사련〉이란 노래는 참으로 구성지게 불렀다. 작년 설날에도 돌이는 이 노래를 듣고 아버지가 돌아온 것을 알았다.

멀리 겨울의 석양이 차갑고 무겁게 내려앉더니 시러꿀 앞산 귀퉁이에 걸치고는 이내 사라졌다. 붉은 노을이 사라진 자리엔 이내 하늘빛도 저물고 곧 달님이 목덜미 같은 보얀 이내가 내려앉았다. 이내 뒤로 어둠이 산자락을 끌고 다가섰다. 어둠이 우두커니 먼발치에 서있는 나무 끝에서부터 꼬물꼬물 기어오는 게 꼭 회회아비의 웃음 같아 돌이는 몸이 오싹하였다. 돌이는 어깨를 한번 흔들어보고 고개를 돌려 회회아비의 웃음을 털어내며 애써 다른 생각을 하였다.

돌이는 지금쯤 밥솥에는 엄니가 노래를 부르며 찧은 기장밥이 구수한 냄새로 익어갈 것을 떠올렸다. 돌이는 김이 모락모락 나는 누런 기장밥을 생각하니 입 안에 침이 고였다.

"그런데 우리 아부지가 오실 때가 됐는데…"

돌이는 옆에 누구라도 있는 양, 어슴푸레 저무는 동구를 지키고 서있는 지팡나무에게 돌아오지 않는 말을 건넸다.

겨울바람에 선뜩선뜩 몸이 놀라고 날은 어둑어둑하니 이불처럼 사물을 덮었다. 돌이의 몸이 후드득 떨렸다. 하늘엔 벌써 말긋말긋한 별 몇이 생겼다. 돌이는 어느새 뭉근한 아랫목과 화롯불이 생각났다. 그래도 돌이는 조금만 더 기다리다 들어가야겠다고 옷깃을 끌어 여미며, 이미 어둠이 반 허리는 내려온 지팡나무에 기대었다.

 돌이는 아부지가 좋아하는 "울타리 옆 꽃가지에 까치가 울었고 거미도 상머리에 줄을 치고 있네요. …"라는 노래가 들리나 가만히 귀를 기울였다.

2장

져재(시장에)
녀러신고요(가 계신가요)

각설

울타리 옆 꽃가지에 까치가 울었고
거미도 상머리에 줄을 치고 있네요.
우리 님 돌아올 날 멀지 않았으니
마음이 미리 알아 지레 설레네요.
〈거사련〉

• 6
작자·연대 미상. 지금은 원래의 노래는 전하지 않고, 다만 고려 말기 이제현(李齊賢, 1287~1367)이 한역한 시가『고려사』「악지」와 그의『익재난고』소악부에 수록되어 있다. 군역을 나간 사람의 아내가 까치와 거미에 비유하여 남편이 돌아오기를 기다리며 지은 노래라 한다.

돌이 엄니는 영창문을 통해 활짝 열어 둔 사립짝을 내다보며 노래를 흥얼거렸다. 그믐이라 달빛 그림자조차 없었지만 마당가까지 환하다. 돌이 엄니 경주댁의 목소리는 마지막 구절인 "마음이 미리 알아 지레 설레네요"라는 데서 더욱 높아졌다. 군역 나간 남편을 기다리며 어떤 여인이 지었다는 노래이다. 돌이 엄니는 남편이 부역을 나갔지만 돌아올 것을 간절히 비는 마음과 밝은 내용도 그렇지만 그 음이 여간 좋은 게 아니었다. 그래서인지 돌이 아버지도 이 노래만큼은 잘 불렀다.

돌이 엄니는 어려서도 이 노래를 불러댔다.

그럴 때마다 돌이의 외할머니는 눈을 흘겼다.

"얄궂데이. 시집도 안 간 것이 그런 노래를 뭣 땜시 좋타꼬. 곱다시 좋은 노래를 내뿔고. 아사라. 말이 씨데믄 우짜자꼬."

그래도 돌이 엄니는 좋았다.

그래서 그런가? 돌이 아버지도 작년 봄 꽃가지에 까치 울 때 떠났다. 해 저물도록 돌이가 시린 손을 호호 불며 기다려도 오지 않았다. 돌이 엄니는 해 지킴이기도 하지만 방은 물론이고 마루, 부엌, 다락, 곳간, 문간, 뒷간까지 온 집안에 샅샅이 불을 밝혀 놓았다. 오죽잖은 살림이다. 세간치장도 보잘 것 없는데 구석구석 불을 밝혀 놓는 건 정월 풍습대로 잡귀의 출입을 막고자 해서다. 하지만 오늘은 돌이 아버지가 훤히 불 밝힌 이 마당을 들어설 것이기에 기름을 아끼지 않았다.

"엄니! 아부지는, 아부지는…"

돌이 엄니는 아랫목을 돌아보았다. 돌이의 잠꼬대였다. 돌이 엄니가 그믐밤에 잠을 자면 눈썹이 하얗게 센다고 일러줬건만 처용놀이를 보고 온 돌이는 곤히 잠 들어 제 아버지를 찾는다. 돌이 엄니는 돌이가 몸을 웅크리고 이리저리 뒤척이는 것을 보니 제 아버지를 기다리느라 찬 곳에서 너무 오래 서있어서 그런가보다 여겼다. 그래,

"지금껏 안 오는 걸 …"

중얼거리며 이불을 끌어다 덮어주었다.

꽃님이는 아직 잠이 안 들었다. 눈만 깜박깜박하며 제 엄니하는 양을 가만히 보고 있다가 문득 아버지가 신발 사온다는 말을 생각하였는지 이불을 뒤집어쓰며,

"엄니, 아부지 안 오서 잉. 왜 안 오서? 내 신발 사오신다고 했거들랑 …"

하고 보채었다. 그러고는 돌이 엄니가 눕자 어린 송아지 어미 소 젖 찾듯 계속 제 엄니의 가슴팍을 파고든다.

돌이 엄니는 꽃님이 생각만하면 가슴이 먹먹하고 미어진다. 가만가만 꽃님이의 등을 토닥여 주며,

"응, 사오시겠재. 사오실꺼구마. 꽃님이 이쁜 신을 …"

라고 하였다.

어느새 앙가슴을 파고들던 꽃님이도 잠이 들고 그믐밤도 삼경을 지나고 있었다. 돌이 엄니는 저녁 해가 보금자리를 치려 끄물끄물하니 땅거미질 무렵에, 까치 한 마리가 울타리 옆 챙죽나무 가지에 앉아 '까악까악' 흉물스럽게 울고 간 게 몸에 잔진저리를 몰고 와 소스라치게 놀랐다.

'아침에 우는 까치는 좋은 소식이나 저녁에 우는 까치는 근심 까치

2장/ 져재(시장에) 녀러신고요(가 계신가요) 29

라카던데…, 돌이 아부지에게 무슨 일이 있나? 혹 오던 길에 변을 만났나? 그럼 이를 우짤꼬.…'

돌이 엄니는 뒤숭스레하니 잠도 오지 않았다. 돌이 엄니는 이불을 발치께로 차버린 꽃님이에게 이불을 끌어 덮어주곤 돌이의 얼굴을 한참이나 물끄러미 바라보다가 문을 열고 나왔다. 옷깃을 단단히 여몄는데도 찬 겨울바람이 꽃님이처럼 돌이 엄니의 가슴팍을 파고들었다. 돌이 엄니는 몸을 한번 후두들 떨며 가슴팍 옷깃을 여미었다. 아무래도 이렇게 손톱여물이나 썰고 앉았느니 이참저참 마음이 달아 장독신께 정한수라도 떠놓고 빌어야겠다고 생각했다. 우물둥치로 가 물을 정하게 떠가지고 와서는 장독대에 올려놓고는 두 손을 모았다.

  달님이시여! 높이곰 돋으셔서,
  어긔야 멀리멀리 비춰주세요.
  어긔야 어강됴리
  아으 다롱디리
  시장에 가 계신가요?
  어긔야 위험한 곳을 디딜까 두렵습니다.
  어긔야 어강됴리
  어느 곳에든 놓으세요.
  어긔야 내 가는 곳이 저물까 두렵습니다.
  어긔야 어강됴리
  아으 다롱디리
  〈정읍사〉

돌이 엄니가 자기 어매에게 어릴 때부터 들어 배운 노래였다. 돌이 엄니 어매는 옛 백제 유민의 딸로 떡전거리가 고향이었다. 돌이 엄니의 노랫소리가 나지막이 밤하늘에 퍼졌다. 돌이 엄니는 어릴 때부터 어매에게 이 노래가 삼국시절 백제 정읍지방의 노래로 어느 행상 나간 남편을 기다리던 부인네가 부른 노래라고 들었다. 돌이 엄니의 아버지는 뛰어난 노래꾼이지만 양수척(揚水尺)[7] 출신이었다. 하지만 돌이 엄니를 낳고부터 행상을 다녔다.

돌이 엄니가 노래를 잘 부르는 것은 모두 아버지의 덕이었다. 돌이 엄니는 그러고 보니 이 노래를 부른 여인의 처지가 우리 어매요, 제 터수와 어금지금하다고 생각했다. 돌이 아버지가 간 곳도 남쪽이고 혹 전주로 갔을지도 모를 일이라고 생각하니 제 신세가 서러웠다. 돌이 엄니는 눈물을 훔치다 혹 부정이라도 탈까하여 얼른 치마로 눈가를 콕콕 찍어 누르고

> **7**
> 『고려사절요』 제14권, 고종 안효대왕 1, 병자 3년(1216)에 "양수척은 태조가 후백제를 칠 때에 제어하기 어려웠던 남은 사람들로 본래 관적(貫籍)과 부역도 없었다. 수초(水草)를 따라 옮겨 살면서 일정한 거주가 없이 다만 사냥을 일삼고 또 고리(柳器)를 엮어 이를 판매하여 생업을 삼았다. 대개 기생들은 본래 유기장(柳器匠)의 후예이다"라는 기록이 보인다.
> 이 유기장의 후예인 기생들에 대한 기록은 흔하다. 그래 우리 속담에 '파리 수보다 기생이 셋 많다'까지 있다. 이 땅에 얼마나 많은 기생이 있었던가를 알 수 있는 자료이다. 고려시대에서 한참 후인 19세기 해주기생 명선이 지은 『소수록』을 보면 7~8세에 기생이 되었고 12세에 남자와 잠자리를 하였다. 그녀는 이를 "어디 당한 예절인지 짐승과 일반이라"라고 표현해 놓았다.(정병설, 『나는 기생이다』, 문학동네, 2007, 22쪽)

는 섣달그믐의 밤하늘을 쳐다보았다. 참 하늘엔 별도 많고 자기 가슴에는 시름도 많았다. 물기를 머금은 별이 서넛 물비늘 일 듯이 떨어져

돌이 엄니의 눈으로 들어왔다.
"엄니! 엄니!"
꽃님이 목소리가 장독대까지 들렸다. 꽃님이는 잠 속에서도 돌이 엄니를 불러댄다. 꽃님이 나이는 연실타래 풀어지듯이 줄달음치더니 새해엔 열다섯이 된다. 얼굴은 하야말개 탐스러운 게 해끄무레하고 겨울이라 그런지 두 볼에 더 살짝 발그레한 빛이 돌았다. 봉곳하니 솟은 도도록한 가슴이야 이미 두 해 전부터 그렇지만 요즈음 들어 부쩍 물오르듯 낭창낭창 잘록한 허리하며 엉덩짝이 펑퍼짐한 게 여간 색시꼴이 나는 게 아니다.

돌이 엄니는 제 속으로 낳은 딸이라 그런 게 아니라, 이 떡전거리에서 꽃님이가 제일이라고 생각한다. 가끔 달님이 엄니하고 몇 몇 여편네들이 달님이도 떡전거리 일색이라고들 하지만, 돌이 엄니는 가당치도 않은 소리라 손사래를 친다. 돌이 엄니에겐 꽃님이가 봉황이라면 달님이는 올빼미요, 꽃님이가 옥구슬이라면 달님이는 모래와 조약돌일 뿐이었다. 그런 일색 중에 일색인 꽃님이를 생각하니 돌이 엄니의 가슴이 먹먹하다.

돌이 엄니는 마마신을 위한 '손굿' 한번 못한 게 못내 아쉬웠다. 부모가 반 팔자라는데 불쌍한 것이 부모를 잘못 만나 어려서 마마 앓는 것을 약한 첩 쓰지 못했다. 꽃님이는 마마를 되게 앓아서인지 정신이 영 총명치 못하고 먹새까지 약했다. 돌이 아버지 말마따나 얼굴에 마마자국이 남아 얽벅얽벅한 얼금뱅이가 되지 않은 것만도 천만다행인지 모른다. 돌이 엄니는, '제 동생 돌이가 영특하니 돌봐주겠지만, 그래도 꽃님이가 시집가 사람구실이나 제대로 할지 모르겠다'는 생각을 하면 가슴팍이 아렸다.

"누구야!"

문득 인기척을 느낀 돌이 엄니가 울타리께를 보며 마른 소리를 쳤다. 희미한 별빛 아래 회회아비가 까치독사마냥 그 음충스런 눈빛으로 자라목을 해서는 기웃기웃 훔쳐보았다. 돌이 아버지가 없다고 음흉하게도 꽃님이를 넘보는 게 올해 들어 벌써 여러 번이다. 엊그제는 자기에게까지 눈빗질로 몸을 훑었다고 생각하니 돌이 엄니는 모골이 다 송연하였다. 돌이 엄니는 돌이에게 만두 이야기를 듣고 꽃님이에게 단단히 일렀지만 아닌 게 아니라 걱정은 걱정이었다. 외마디 소리에 어둠 속으로 그림자처럼 스며드는 회회아비를 보며 꽃님이에게 내일 다시 한번 다짐장을 놓아야겠다고 돌이 엄니는 생각했다.

그러며 돌이 엄니는 저 회회아비를 이 나라에 끌어 들여 온 몽고놈들의 세상이 언제까지 될지 모른다는 생각에 고개를 휘휘 저었다. 이때 몽고군은 벌써 여섯 차례나 고려에 쳐들어왔다. 돌이 엄니가 세 살 때부터니, 근 30년에 걸쳐 여섯 번이나 난리를 겪고 있다. 특히 여섯 번째 침입은 지금도 계속되는데 피해가 작심하기 이루 형언할 수 없을 정도다. 몽고 장수 찰날아대의 악행은 어찌나 심했는지 젖먹이들조차도 그 이름만 들으면 자지러지게 울던 울음을 그칠 정도였다.

돌이 엄니의 고향은 경주였다.

돌이 엄니의 아버지가 양수척인 것을 숨기려고 자리잡은 곳이었다. 돌이 엄니가 일곱 살 때, 몽고군의 세 번째 침입이 있었고 막 행상에서 돌아왔던 아버지는 전쟁에 끌려갔다. 이때가 1235년이었다. 몽고군은 서경과 개경을 거침없이 거쳐 전주를 짓쳐서는 경주까지 아예 쑥대밭을 만들었다. 돌이 엄니가 아버지와 어매 손을 잡고 가끔 찾아갔던 황룡사의 구층탑은 이때 불타버렸다.

돌이 엄니는 이 침입으로 아버지를 잃었다. 의지가지없는 돌이 외할머니는 돌이 엄니를 끌고 외가가 있는 이 떡전거리로 옮겨 올 수밖에 없었다.

그렇게 떡전거리로 오던 어느 날, 돌이 엄니를 숨겨두고 때거리를 찾으러 나섰던 돌이 외할머니는 그만 몽고군을 만나 저고리 앞섶이 찢겨져 들어왔고 끝내 자결하고 말았다. 돌이 엄니는 나이도 어린데다 워낙 경황이 없어 거기가 충주 어디쯤이라는 것 뿐, 이제는 돌이 외할머니를 어디에 묻었는지 기억조차 없다.

사실 몽고군에게 몸을 더럽힌 여인은 돌이 외할머니뿐만이 아니었다. 그 수는 헤아릴 수조차 없었다. 보다 못해 나라에선 연못을 파 몽고군에게 몸을 더럽힌 여인들이 이곳에서 몸을 씻으면 깨끗하다 했으나 돌이 외할머니는 자결의 길을 택했다. 돌이 외할머니의 죽음으로 돌이 엄니는 하늘 아래 고아가 되었다. 겨우 일곱 살인 돌이 엄니의 삶은 끈 떨어진 뒤웅박 신세였다.

지금도 그때만 생각하면 돌이 엄니는 자기를 두고 자결의 길을 택한 돌이 외할머니가 야속하다. 딸을 생각한다면 돌이 외할머니는 죽지 말고 살았어야 한다고 돌이 엄니는 지금도 생각한다. 돌이 엄니는 어머니된 자라면 무슨 일이 있어도 마땅히 살아서 자식의 목숨을 돌봐야 한다고 믿는다. 그래 돌이와 꽃님이를 위해서라면 제 목숨까지도 기꺼이 바칠 수 있다고 다짐했다. 돌이 엄니가 "호미도 날이지마는 낫같이 잘 들 리도 없습니다. 아버님도 어버이시지마는…"이라는 〈사모곡〉을 부른 것은 그때부터였다. 돌이 외할머니가 듣고 돌이 외할아버지가 저승에서라도 들으라고 말이다.

꽃님이와 돌이를 낳고 잇달아 겪은 몽고의 침입 때도 돌이 엄니가 아이들을 무사히 키운 것은 모두 이러한 생각 덕분이었다. 돌이 엄니는 힘들거나 어매 아버지가 생각 날 때면 더욱 〈사모곡〉을 불러댔다. 그러면 없던 힘도 우꾼거렸다.

그래서인지 돌이 엄니는 그 무슨 부처님의 힘을 빌려 몽고군을 격퇴하려 만든다는 팔만대장경도 영 못마땅하였다. 돌이 엄니는 씻나락 까먹는 소린지도 모르겠지만 꼭 묻고 싶었다.

"부처님! 팔만대장경을 만든 것은 우리 같은 천한 백정 아닙니꺼! 그런데 늘 복은 저 왕과 그 주위에 있는 벼슬아치들만 받고 우리 같은 촌무지렁이는 늘 삼재⁸에 팔난⁹에 시달리고, 제 아무리 길쌈을 하고 노역을 하여도 입에 풀칠하기도 어려우니. 부처님! 왜 하늘의 이치가 이러합니꺼?"

라는 말을 말이다. 그러면서도 한편으론 '팔만대장경을 만든 저 이들처럼,

- 8
화재(火災), 수재(水災), 풍재(風災)의 세 가지 큰 재난
- 9
여덟 가지의 괴로움과 재난으로 배고픔, 목마름, 추위, 더위, 물, 불, 칼, 병란(兵亂)

2장/ 져재(시장에) 녀러신고요(가 계신가요) 35

내도 까막눈인데, 뭔 뜻인지도 모르면서 무엇을 묻겠는가마는…'이라는 생각이 들면 자신의 이런 신세가 딱하기도 하였다.

돌이 엄니뿐만이 아니었다. 고려 백정이라면 몽고군도 원수지만 30년 넘도록 백정을 내 몰라라 버려두고 제 목숨 아까워 강화도로 도읍을 옮긴 왕이나 따라 간 높은 님네들도 밉기는 마찬가지였다.

돌이 외할머니는 죽기 전에 딸의 손을 잡고 이렇게 말했다.

"이 길로 쭉 올라만 가면 떡전거리다. 떡전거리, 알았지. 잊어뿌리면 안 된다. 잉, 알았지.…"

돌이 엄니에게 몇 번이고 되뇌며 다짐장도 놓았다. 돌이 엄니는 외가로 오다 떡전거리를 거쳐 서경으로 간다는 광대패를 만나 들병이가 되었고 〈사모곡〉이란 노래를 구성지게 불렀다. 〈사모곡〉 가락에 담은 돌이 엄니의 희망은 오로지 떡전거리 근처에 산다는 외가댁이었다. 그러나 어매가 일러준 대로 해를 넘겨 찾아간 돌이 엄니의 외가는 전쟁 통에 이미 집도 사람도 없었다. 그때 돌이 엄니의 광대패가 머문 곳이 돌이 아버지가 일을 봐주던 객줏집이었다.

광대패는 물론, 객줏집에 드나들던 사람들은 모두 돌이 아버지를 칭찬하였다. 드문드문 걸어도 황소걸음이라고 돌이 아버지의 믿음직스러움은 돌이 엄니의 눈에도 들어 왔으나 그뿐이었다. 돌이 아버지는 돌이 엄니와 동갑이었다. 돌이 아버지는 한눈에 돌이 엄니를 좋아하였다. 하지만 돌이 아버지가 암만 돌이 엄니를 좋아하여도 연분이 맺어지기는 어려웠다. 광대패의 우두머리인 대방이 돌이 엄니의 몸값으로 많은 돈을 요구하였기 때문이었다. 그러나 당시 돌이 아버지에게는 대방에게 줄 돈이 없었다. 더욱이 당사자인 돌이 엄니 쪽에서도 돌이 아버지에게 눈길을 주지 않았다. 돌이 아버지로서는 다 틀어진 연분이었다.

그러던 어느 날, 대방이 어디선가 칼에 찔려갖고 돌아와서는 갑자기 변심을 하였는지, 아니면 돌이 아버지의 간절한 마음을 알았는지 혼인을 하라 하였다. 눈길조차 주지 않던 돌이 엄니도 순순히 응하여 이곳에서 살림을 차리게 되었다.

그 뒤 돌이 엄니의 삶은 꽃님이와 돌이를 낳고 키우며 점차 안정을 되찾아갔다. 비록 몇 해 전 회회아비에게 떡 가게가 넘어갔지만 그래도 전과는 달랐다. 작년 같은 경우는 기근까지 겹쳐 성 안의 굶주린 사람들이 서로 잡아먹자 승천부(昇天府)[10] 새 성으로 옮기기까지 하였지만 돌이네는 용케도 견뎌냈다. 돌이 엄니는 구차한 목숨이나마 잇고 생쥐 입가심조차 넉넉지 않은 뒤퉁거리 살림살이일망정 남매까지 낳아 키운 것은 모두 돌이 아버지의 가족에 대한 사랑 덕이라고 생각했다.

· 10
경기도 개풍 지역의
옛 지명

사실 처음부터 돌이 엄니가 돌이 아버지를 좋아한 것은 아니었다.

둘이 신방을 차린 날, 돌이 엄니는

"뭐땜시 내캉 살고 싶은교?"

라고 물었다. 그때 돌이 아버지는 얼굴을 붉히며 이렇게 말했다.

"내, 아무 것도 가징게 읍지만 당신을 잘 보살펴 줄기여. 난 당신이 〈사모곡〉을 부르능 게 너무 슬프구두 좋아. 내 아부지 엄니도 생각나구…"

라며 말끝을 흐렸었다.

　돌이 아버지를 만난 다음부터는 비록 달리 마련도 없는 쪼들리는 가난살이일망정 돌이 엄니는 행복했다. 따지자면 돌이 아버지 역시 부모를 일찍 잃은 자신과 다를 바 없었다. 돌이 아버지는 그래도 밥술깨나 먹고 글깨나 읽을 수 있는 집안이었다고 한다. 그러던 것이 돌이 할아버지가 무신정권이 들어서며 비협조적이라 하여 가문이 멸문되었고 돌이 아버지만 겨우 살아남았다.

　그래 불쌍한 인생들이 서로 붙안고 푸념이나 하며 살아야 한다는 생각을 하니 마음이 짠했다. 더욱이 꽃님이를 끔찍이 여기는 돌이 아버지를 보면 돌이 엄니는 마음이 너무 아프다. 그것은 말로 할 수 없는 일이었다. 이 세상 끝까지 가더라도 말 못할 비밀이었다. 돌이 엄니는 '꽃님이에 관한 일만은 나 혼자만이 죽을 때까지 가지고 가야 한다'고 여러 차례 되뇌었다.…

　돌이 엄니는 이런저런 생각을 떨치려는 듯 체머리를 흔들었다. 돌이 엄니는 그나저나 돌이 아버지가 왜 안 오는지 모르겠어서 마음이 불안했다. '섣달그믐이면 나갔던 빗자루도 집 찾아온다던데'라고 혼잣말까지 중얼거렸다. 혹 저 〈정읍사〉 노래처럼 어느 곳에서 나쁜 일을 만난 것은 아닌지, 몸에 탈이나 난 것은 아닌지 뒤숭숭한 걱정에 걱정을 거두지 못하였다.

　"엄니! 엄니! 무서워여. 어디 갔어. 잉, 엄니!"

　어느새 꽃님이가 깼는지, 제 어미를 찾는 목소리가 동지섣달 밤하늘에 자지러지게 퍼졌다. 정한수엔 짙은 밤하늘만이 내려앉았다.

3장
이곳에서 닥치는 대로 죽이려 하네

차설 강화도에서 왕의 향락과 정권을 잡으려는 살육투쟁 속에서 백정들의 삶은 더욱 피폐해져가던 1259년, 고려 태자는 몽고의 쿠빌라이를 제 발로 찾아가 사대관계를 맺었다. 그 해, 정월 보름세기도 끝나고 삼월이 다가도록 〈청산별곡〉을 부르며 동경이를 데리고 떠난 돌이 아버지는 돌아오지 않았다. 돌이 아버지는 행상을 떠나면 돌이 엄니가 좋아하는 노래를 채록해 왔다. 돌이 엄니가 가끔 부르는 〈금강성〉이란 노래도 그렇게 돌이 아버지가 알려 준 노래였다.

다시 여기저기 푸르던 밭의 보리가 누릇누릇 익어가는 보리누름이 되도록 돌이 아버지는 소식조차 없었다. 돌이는 엄니와 꽃님이에게 '아부지를 찾아오겠다'하고 길 떠날 행장을 가뜬하게 꾸려 곰이네로 갔다.

　이제 겨우 열 넷인 돌이련만 올해로 들어와 돌이 엄니 눈에는 어찌 된 일인지 믿음직스러운 게, 아들 돌이의 어깨에서 그 아버지를 본 적이 여러 번이다. 돌이 엄니는 돌이가 정월 보름 무렵에 아버지를 찾아 보러 가야겠다고 말했을 때는 대꾸도 안 했지만 이제는 꼭 돌이가 제 아버지 소식을 갖고 올 것만 같았다.

　돌이 엄니는 길을 나서는 돌이에게 괴나리봇짐을 메어주며 '몸조심하라'는 말을 신신당부하였다.

　돌이가 집을 나섰을 때, 오늘도 떡전거리에선 광대패가 한창 놀음 중이었다.

　"깽! 깽! 깽!"

　"둥! 둥! 둥!"

　광대들은 보통 봄·여름이면 고기잡이를 좇아 어촌으로 모여들고 가을·겨울이면 추수철을 좇아 농촌으로 가는 법인데, 이 떡전거리는 광대패가 한번 들어오면 몇 달이고 머문다.

　광대패는 떡전거리 사람들 중, 돌이 엄니에게 가장 사람다운 대접을 받았다. 없는 살림에도 돌이 엄니는 객줏집에 묵는 그들에게 가끔 먹을 것을 가져다주었다.

　한번은 돌이가,

　"그 사람들 떠돌아다니는 광대패인데 뭘 잘해준 대."

라고 반토막 말을 하자, 돌이 엄니는,

　"돌이야! 그카면 못쓴다. 사람은 정으로 사는 긴데, 사람이 그러믄

안 된데이."
라고 눈을 꾹 감아보였다.

그런데 이번 광대 패거리에게는 웬 일인지 돌이 엄니의 태도가 싸늘하다. 한번은 광대패의 모가비인 죽이 아씨에게 생파리 잡아떼듯 냉정히 대하는 모습도 돌이가 보았다.

돌이는 객줏집을 드나들며 광대패와 안면을 텄다. 특히 광대패를 이끄는 모가비 죽이(竹伊) 아씨하고는 인사도 스스럼없이 주고받는 사이가 되었다. 죽이 아씨는 다른 사람들에겐 돌심보(-心-)[11]처럼 찼으나 어찌된 일인지 돌이에게는 다정하게 대했다. 죽이 아씨는 오히려 돈가이 굴며 돌이를 불러 주막 마루에 앉히고는 몇 번에 걸쳐 서경 이야기도 들려주었다.

·11
속을 겉으로 드러내지 아니하는 냉정한 마음보. 또는 그런 사람

돌이는 눈이 마주친 죽이 아씨에게 눈인사를 한 차례하고는 구경하는 사람들 가를 돌아 우물둥치 밑의 달님이 집으로 들어섰다.

"아줌니, 진지 잡수셨시여. 곰이 형 안에 있지여."

"니들은 꼭 거멀려 다니드라. 이것들아! 니들도 이제 시상 살구멍을 찾아야 될거 아니여. 맹 쏘다니기만 해서 쓰것어. 저 멧갓에 가서 낭구라두 해오든지."

사립문을 썩 들어서며 인사를 한 자나 꾸부리는 돌이를 보고 달님이 엄니가 눈을 흘겼지만 돌이는 상긋이 한번 웃을 뿐이었다. 곰이 엄니는 숭굴숭굴 얽은 얼굴에 말주머니 두어 개쯤 차고 다니며 낄 때 안 낄 때 언죽번죽 죄다 참견하는 푼더분한 몸집의 여인이다. 그래 떡전

거리 사람들에게 얼굴도 예쁘지만 말이나 행동이 곱고 음전한 달님이 엄니로는 영판 안 어울린다는 소리깨나 듣는다. 성격 또한 너글너글하여 아무한테나 덥절덥절 대하지만 돌이에게만은 이맛살을 찌푸린다.

곰이 엄니는 다 큰 돌이가 곰이를 핑계 삼아 제집 드나드는 것처럼 하는 게 영 못마땅하였다. 돌이와 달님이가 정분이라도 날까봐 마음이 편치 않아서다. 곰이 엄니도 어려서부터 돌이를 봐온 터였다. 드레질할 필요도 없이 돌이가 생긴 게 끼끗하고 미추룸하며 마음도 너볏한 것이 인금도 그만하면 됐다는 것을 모르는 바 아니었다.

하지만 달팽이 같은 집 생활이 거미와 같이 빈한한데다 꽃님이까지 모자란 것하며, 돌이 엄니가 예전에 광대패를 따라다니던 들병이였다는 사실도 영 마음에 안 들어서다. 사실 같은 여자로서 달님이 엄마 또한 몽고 놈들에게 더럽힌 몸을 호수만복(胡水滿腹)으로 씻어낸 여인이다. 더욱이 돌이 아버지가 장사를 다니기에 홀앗이로 살림 꾸리기는 저와 같은 처지였다. 가랑잎이 솔잎더러 바스락거린다고 할 모양새가

• 12
몽고군에게 몹쓸 짓을 당한 여인들에게 나라에서 커다란 못을 파고 그 물에 몸을 씻으면 깨끗해진다고 한 못을 말한다.

아니었다. 그러니 돌이 엄니에게 야박하게 대할 것도 아니지만 곰이 엄니는 왜 그런지 모르게 언짢았다.

그래 곰이 엄니는 저 시절 〈안동자청(安東紫靑)〉이라는 노래가 너무도 싫었다. 색깔이 있는 실은 순수하지 못하기에 몸을 버린 여인들에 빗댄 노래였다. 곰이 엄니는 이 노래를 다른 여편네들이 부를 때마

다 저에게 손가락질을 해대며 깐죽거리기나 하는 것 같아 자지러지게 가슴이 저리고 아팠다. 곰이 엄니는 노래를 부르는 이나 듣는 이나 대화 한마디 없지만 노랫소리만으로도 감동을 주고 가슴을 아리게 한다는 사실을 잘 알고 있었다.

 곰이 엄니는 저도 모르게 돌이의 뒤통수에 대고,
"망할 눔 같으니라구, 오달지기는 사돈네 가을 닭이여."
라고 퉁바리를 주고 말았다.

 돌이는 이 말을 듣고도 오히려 싱글싱글하였다. 사돈네 가을 닭이 아무리 살지고 좋아도 제게는 소용이 없으니 보기만 좋지 도무지 실속이 없음을 이르는 말이지만, 그래도 좋았다. 어떻든 곰이 엄니가 저를 사윗감으로 생각하는 것만은 틀림없어서다. 돌이는 곰이 엄니가 저를 마뜩치 않게 여기는 것을 알았지만 노여운 마음 없이 곰이 엄니가 턱짓으로 '저기 광에 있다고' 일러주는 대로 광으로 들어섰다.

 곰이는 마침 따비라도 일러볼 요량으로 막 곡괭이를 들고 나서는 참이었다. 사실 곰이가 곡괭이를 들고 나서

• 13
『고려사』「악지」에 내용만 보이지 노래는 없다. 이유원(李裕元, 1814~1888)의 『임하필기』〈해동악부〉에 〈안동자청(安東紫靑)〉이 보이니 이렇다.

몸 바쳐 한 낭군 섬기는 복주의 여인
 以身事一福州娘
여자의 경계를 이루어 옳은 방법 가르치네
 女誡漫成教義方
붉으면 푸르지 못하고 푸르면 희지 못하다고
 紅不綠兮靑不白
되풀이 비유해서 몸가짐 조심케 했네
 游辭反覆任行藏

부인의 몸으로 한 남편을 섬기다가 한번 그 몸을 더럽히게 되면 남편뿐 아니라 모든 사람들이 천하게 여기고 미워한다. 이것을 실의 홍색 · 녹색 · 청색 · 백색에 견주어 부른 노래가 〈안동자청〉이다.

야 곰이네에게 따비를 일굴 멧갓은커녕 호미 하나 꽂을 땅뙈기조차 없었다. 그냥 집 안에 있기가 멋쩍어 그랬다.

 곰이의 아버지는 두 해 전에 저승객이 되었다. 곰이 아버지는 몽고의 2차 침입과 3차 침입 때 군에 징발되어 오른 팔이 잘리기는 했지만 목숨은 건졌으나 복은 거기까지였다. 회회아비와 몽고 놈들에게 논을 뺏긴 그 해 겨울, 제 논처럼 부쳐 먹던 논두렁에서 곰이 아버지의 시신을 찾았다.

 원래 곰이네는 할아버지, 그 아버지 때부터 호족에게 잘 보여 논마지기깨나 얻어 굴리는 이 고을의 유지였다. 늘 광에는 볏섬이 있는 집도 이 떡전거리에서 곰이네가 유일하였다. 그런 곰이네가 곰이 아버지 대에 와서 모든 것을 잃었다. 두어 번의 징발과 몽고의 침입으로 집도 서까래 한쪽이 주저앉았으며 땅은 빚으로 넘어갔고 끝내 곰이 아버지마저 땅보탬이 되어버렸다.

 곰이가 회회아비나 몽고 놈들을 보면 눈불을 쏟아내는 데는 다 저러이러한 이유가 있었다.

 돌이는 곰이에게 아버지를 찾으러 다녀오겠다는 자초지종을 말하고는,

 "근데, 곰이 형! 달님이는…"

하고 눈짓으로 달님이를 찾았다.

 곰이가 뒤란으로 턱을 돌리며 눈을 찔끔 감아주었다. 돌이가 급히 뒤란으로 돌아들자 장독대 옆에서 마침 솜병아리들을 품고 게으른 졸음을 물고 앉았던 몸집이 앙바틈한 암탉이 벼슬을 세우고는 대들

듯이 노려본다. 돌이는 그런 암탉에게 고얀히 눈초리를 치세우고 "이놈!" 하며 어깨춤을 들어 을러댔다. 돌이는 미물조차도 제 새끼를 챙기려 드는 게 여간 대견하지 않았다.

달님이는 뒤란 울타리 밑에서 봄볕도 살이 올라 고인 양지쪽을 타고 앉아 냉이를 캐는 중이었다. 돌이는 달님이와 꽃님이 언니, 곰이 형과 넷이서 저 울타리 양지쪽에서 풀로 인형을 만들어 소꿉놀이를 하던 기억이 새록하여 잠시 멈칫하였다. 그때나 지금이나 달님이는 앞태도 그렇지만 가지런한 뒤태가 더욱 보기 좋았다.

달님이는 키는 별로 크지 않아 아리잠직하였지만 하얀 목덜미가 길고 눈이 큼직한데다 짙고 긴 속눈썹을 지녔다. 돌이는 달님이가 어쩌다 화들짝 놀랄 때면 그 큰 눈에서 한 바가지의 물이라도 쏟아질 것 같아 겁이 났다. 몸가짐도 얌전하고 자태도 더할 나위 없이 고왔으며 말수도 적었다. 그러나 생김생김이 그러할 뿐 목소리는 또랑또랑했으며 달님이가 한번 입을 떼면 조리 있는 말에 동네를 휘젓는 극성쟁이들도 쉽게 장난질을 못 쳤다. 그런 달님이가 오늘은 앞치마까지 잘 끈 동여 매고 장독대 옆에 쪼그려 앉아서는 냉이를 캔다. 그렇잖아도 보얀 목덜미가 더 길게 드러났다.

돌이가 "음! 음!" 잔기침으로 인기척을 냈지만 달님이는 그대로 제 할 일만 하였다. 서너 해 전까지만 해도 여름이면 날마다 아침저녁으로 두 번씩 목욕을 함께 했던 사이다. 목욕은 아무 냇가나 찾아 남녀노소 누구나 아침저녁으로 하는 일이었지만 늘 돌이는 곰이 형과 꽃님이 언니와 함께였고 목욕보다는 미역감기가 더 어울렸다. 옷을 언덕에 벗어 놓고 물구비 따라 들어가 물장구를 치면 달님이는 깔깔거리며 놀도 잘하던 계집아이였다.

그러던 사이였는데 언제부턴가 머리카락 헝클어질세라 곱게 빗어 밀기름에 잠재우고 옷고름 매무새 가다듬으며 얌전을 떨었다. 혹 농이라도 걸라치면 그 작은 콧궁기를 발씸발씸하고 이를 뽀도득 뽀도득 갈며 샛눈을 떴다. 이렇듯 한두 해로 제법 내외를 더하더니 이즈막엔 숫제 눈도 마주치지 않고 데면데면 대하는 듯해 돌이는 영 섭섭한 게 아니었다.

그러던 달님이도 돌이가 아버지를 찾으러 남도에 갔다 온다는 이야기를 할 때부터 호미질은 제자리였다. 그러더니 달님이는 치마폭으로 제 얼굴을 몇 번이고 훔쳤다. 돌이는 멋쩍어 달님이 뒤에 서서 금방 갔다가 올 것이며, 꽃님이 언니를 잘 좀 봐 달라 하고는 돌아섰다.

뒤란 모퉁이를 돌아설 때,

"잘 댕기 와."

하는 달님이의 말이 다급하게 돌이 귓가를 챘다. 달님이의 말투에는 꽤 섭섭함이 묻어났다. 돌이는 달님이의 촉촉하니 부드럽고 곱살스런 말투가 봄비 같다고 생각했다.

돌이는,

"내 올 때 댕기 하나 끊어 올게."

하고는 성큼 달님이네 사립짝을 나섰다. 더 이상 있다가는 괜히 사내체면이 말이 아니게 될지도 모른다는 생각이 들어서였다.

광대패는 이제 곤두꾼 줄똥이가 나섰다. 만날 때마다 돌이에게 살갑게 눈인사를 하는 줄똥이는 얼굴에 별자국이 숭숭난 애송이인데 펄떡펄떡 참 몸을 잘도 뒤집는다.

"돌이야!"

모가비 죽이 아씨가 어느새 왔는지 구경꾼들 틈에 끼어 든 돌이 팔을 넌지시 잡아끌었다. 죽이 아씨는 큰 키에 몸은 꽤 호리호리하며 얼굴은 해끄무레하다. 겉만 보아서는 영락없는 대갓집 도련님짜리이지만, 얼굴 왼쪽 뺨부터 아래로 긴 상처가 목청 있는 곳까지 나 있는 것이 흠이었다. 그 상처를 낸 사람은 분명 죽이 아씨의 목숨을 노렸던 것임에 틀림없었다.

그런데 돌이 엄니는 이 죽이 아씨를 양수척 출신이라며 영 내켜하지 않는다. 그렇다고 뺨의 상처 때문만은 아닌 듯했다.

언젠가 돌이가 물은 적이 있었다.

"엄니는 다른 광대패에겐 잘해 주면서 왜 죽이 아씨는 그리 박대해여. 아따 얼굴에 숭터 하나 있다구 그리시는 거여? 광대패에게 잘해주라드니…"

돌이 엄니는 그때 낯까지 붉히면서 말했다.

"어디, 얼굴에 칼자국이 있다고 그러나, 세상살이를 하다카 보면 생채기가 나고 그 생채기마다 사연이 있지. …"

그러더니 잠시 어물쩍하다가

"…저 사람은 양수척 출신 아이가. 그래, 저 사람들이 낳은 가시내들은 얼굴이 이뻐가 기생이 된다 안카나."

돌이는 도대체 엄니가 무슨 말을 하는지 알 수가 없었다. 그때 돌이는 죽이 아씨가 양수척 출신인지 어찌 아느냐고 묻고 싶었지만 그만 두었다. 사실 돌이 엄니 말대로 광대패는 거반이 양수척 출신이었으니 집도 절도 없이 떠돌아다니는 이들이었다. 평생 가면을 쓰고 광대짓이나 하거나 그나마 재주가 있으면 그것으로 밥술이나 먹으면 족한 삶이다. 그렇지만 돌이는 이번에 떡전거리에 들어온 광대패 모가비인 죽이 아씨에게선 여느 광대와는 다른 기운을 느꼈다. 뺨의 길게 파인 흉터조차 예사롭지 않은 사연을 담고 있는 듯했다.

"돌이, 지금 아부지 찾으러 가는 거냐? 우리 패가 남쪽으로 가다 소식 전해주면 되는데…"

모가비 죽이 아씨는 한결같이 돌이에게 다정히 대한다.

"야! 암만 생각해두 지가 다녀와야 것시여."

"그래, 그럼 잘 다녀오너라. 한두 달이면 넉넉할 거다. 그때까지 우리 패가 여기 있을지는 잘 모르겠다만. 나도 며칠 있다가 어디로 갈지 모르겠다. 내일쯤 나도 다음 연희 장소를 물색해 보려고 저기 당성(唐城)[14] 쪽으로 다녀오련다. 여하간 길조심하고, … 잠깐만 기다려라."

[14] 지금의 경기도 화성시 남양

그러고 객줏집으로 뛰어 가더니 무엇인가 들고 와 돌이에게 주며,

"이것은 노자에 보태거라."

라고 하며 싫다고 뿌리치는 돌이의 바랑에 굳이 백금 한 냥을 넣어 주고 손을 꾹 잡았다. 돌이는 언젠가 아버지에게 손을 잡혀 눈물을 찔끔

흘렸던 생각이 나 괜히 얼굴이 붉어졌다.

돌이가 떡전거리를 지나 아랫녘으로 빠져나오니 들녘엔 보리누름이라 황금들판이었다. 돌이는 길을 걸으며 생각에 잠겼다. '땅은 저렇게 제 몸으로 사람을 멕여 살린다. 그러나 여기저기 깜부기가 보리보다 더 많은 것을 보니 올해도 겉풍년인가부다' 이런 생각을 하다가,

"그리여, 땅이 사람을 암만 멕여 살리려 해두 여러 조화가 붙걸랑."

이라고 저도 모르는 사이에 푸념을 내뱉었다.

'세상에 가장 높은 고개가 보릿고개'라는 말이, 작년, 아니 그 전부터 늘 그랬듯이 올해도 이 고려 땅에서 그 위력을 떨칠 게 분명했다. 아직 날씨가 쌀쌀해선지 돌이의 팔뚝에 소름이 돋쳤다. 몸에 한기를 느끼며 돌이는 불현듯 엄니와 꽃님이의 때거리가 다 떨어져간다는 것을 생각해내고는 깊은 한숨을 내쉬었다. 가슴이 답답했다.

돌이는 '보리누름에 애늙은이 얼어 죽는다'고 추위나 오지 않았으면 좋겠다고 생각하며 깜부기를 하나 뽑아 입으로 훑었다. 밍밍했다. 입매만 때 시장기만 속여 둔 아침나절이 기울어서인지 오히려 허기를 느끼게 한다.

돌이는 혹 뉘 집 보리라도 베는 날이면 일손을 도와주고 아침 겸 곁두리라도 얻어먹어 볼 요량으로 평택 쪽 길로 들어섰다. 평택에서 안성, 천안, 대전, 전주까지 훑으며 다녀온다 해도 넉넉잡고 두 달이면 된다.

돌이는 아버지를 만날 생각에 마음이 슬며시 달뜬다. 아직 찔레꽃

3장/ 이곳에서 닥치는 대로 죽이려 하네

머리도 아닌데 길녘에는 이른 찔레꽃이 폈고 소나무에선 송홧가루가 날렸다. 돌이는 찔레순을 꺾어 먹고 송홧가루도 털어 입에 넣어 보았다. 꽃잎인 듯 눈송인 듯 꽃씨를 날리는 물오른 버들가지 하나를 꺾어서 반은 껍질을 벗겨 양치질을 하고 반은 호드기도 만들어 불었다. 돌이 머리 위로 종다리 한 쌍이 높이 떴다 보리밭으로 내리꽂고 제비 한 쌍이 푸른 산허리를 베며 남쪽하늘로 치솟았다.

"부우…"

돌이의 호드기소리가 파란 하늘로 가뭇없이 사라진 자리에 송골매 한 마리가 높이 떴다. 돌이의 눈이 송골매를 따라잡은 곳에 달님이가 따라오는 것도 아니련만 보얀 목덜미와 같은 낮달이 얌전하게 떠있었다.

4장

회회(서역인) 아비가
내 손목을 쥐여이다

각설 늦가을의 폭염이다. 조금만 더 있으면 기러기는 줄지어 북으로 갈 것이다.

  돌이는 뜨거워진 머리카락이 바스락 소리라도 지를 듯하여 연거푸 쓰다듬었다. 엄니와 기약한 두 달이, 배나 되는 긴 걸음이 되었다. 더욱이 아버지의 죽음을 알고 오는 길이라 마음이 무겁다. 돌이가 장꾼들에게 물어물어 아버지가 머무르는 주막을 찾아 들었을 때는 꽃신 두 개와 노래집만이 덩그러니 돌이를 기다리고 있었다.

  객줏집 주인에게 들은 사건의 내막은 이랬다. 객줏집 옆의 소리네에 관리들이 들이닥쳤다. 세금을 걷으러 왔으나 걷지 못하자 드잡이를 놓았고 보다 못해 노독으로 앓고 있던 돌이 아버지가 대든 게 화근이었다. 결국 돌이 아버지는 관청으로 끌려가 매를 맞았고 그렇잖아도 앓던 몸이기에 견디지 못하고 죽고 말았다.
　이것이 돌이가 도착하기 한 남짓쯤의 일이었다.
　이야기를 대충 간추린 객줏집 주인은,
　"그래, 마을 사람들이 조 뒤 멧갓에 임시로 먼가래라도 장례를 치뤘지 뭐요. 천하에 망할 놈들같으니…날 따라오우. 이런 아들을 두고 어찌 객사를 하누. …"
하고는 혀를 차며 돌이 아버지 무덤으로 데려다 주었다.

　떡전거리가 다가올수록 돌이의 발걸음은 더 더뎠다. 저 멀리 황계 들녘 군데군데 올벼는 황금물결이다. 하지만 그 위로 먹황새 두어 마리가 날았다. 올해도 구멍 난 멍석을 기워가며 타작을 해도 조세를 내고나면 한숨만이 남을 것이다.
　관가의 조세란 그렇듯 가혹하기가 몽고 놈들 못지않았다. 백정들의 살갗을 벗기고 뼈까지 긁어가면서도 관리들은 눈썹 하나 찡그리지 않았다. 그래, 때거리를 찾느라고 노인들과 어린애들까지 사타구니에 가래톳이 서고 밑구멍에 불이 나도록 산으로 들로 돌아다닌다. 씀바귀보다도 쓰고 색깔이 숯보다도 검은 도토리를 주워 겨울양식으로 삼으려하지만 이마저도 여의치 않다. 수탉소리를 듣고 일어나 천길만길 낭떠러지를 기어오르고 칡넝쿨을 헤치며 해질녘까지 돌아다녀도 먹을거리를 한 광주리조차 채우지 못한다. 고려 산골짜기마다 같은 처지의 사람들로 그득했다. 빈 광주리를 끼고 돌아갈 수 없어 주린 창자를 산나물로 잠시 속여 두고 해 저물고 바람 부는 골짜기에서 잠을 청해 보지만, 서리와 이슬이 뼛속까지 파고들어 신음소리가 처참한 것이 당시 고려 백정들의 일상이었다.

돌이는 어금니를 꽉 깨물었다. 아무 힘도 없는 자신이 미웠다. 아버지의 죽음에 대해서 관청을 찾아가 따지지도 못 하는 자신을 생각하니 분통이 터지고 눈물만 쏟아졌다.

"다농다리호지리다리야(多農多利乎地利多利也)"

어디선가 5월에나 부르는 논 매는 소리가 구성지게 들렸다. 이 구절은 함께 부르기에 좋아서 서로가 서로에게 힘을 주었고 마을 사람들을 하나가 되게 하였다. 돌이는 그 목소리가 컬컬하고 흥이 제법 도는 것으로 보아 언년이 아버지가 틀림없다고 생각했다.

보리누름에 떠났으니 근 넉 달 만이다. 그나저나 꽃님이 언니와 엄니는 잘 있는지, 또 달님이도. 생각이 이렇게 머리에 돌자 돌이는 그리움이 더했다.

돌이는 떠날 때보다 무거워진 바랑을 추켜올렸다. 바랑 안에는 죽이 아씨가 준 백금으로 바꾼 꽃님이와 달님이의 댕기가 두 개, 일을 해주고 받은 품삯으로 엄니를 위해 산 용과 나무, 집이 그려진 동경 거울과 소금 두어 됫박, 젓갈, 말린 생선 두어 쾌, 여기에 아버지가 남긴 신발 두 켤레와 노래집이 들었다고 생각하니 그래도 무거운 마음이 조금은 덜어진다.

4장/ 회회(서역인) 아비가 내 손목을 쥐여이다

"동이야! 어여 가자."

"멍멍!"

돌이가 다정히 말을 건네자 동이가 꼬리를 흔들며 힘차게 짖어댔다. 동이는 돌이 아버지가 데리고 다니던 동경이의 새끼였다. 동경이는 경주에서 나는 개인데, 꽤 총명한 암캐였다. 재작년 돌이 아버지는 돌이 엄마의 고향인 경주에 장사를 하러 갔다가 동경이를 데려왔다. 경주가 동경이기에, 동경이라 부른 게 이름이 되어 버렸다. 돌이 아버지가 죽을 때 동경이도 함께 죽었고 새끼만이 남은 것을 그동안 객줏집에서 돌봐주었다.

아버지의 죽음을 확인하고 돌이도 객줏집에서 시름시름 며칠을 앓아 누워있을 때였다. 그날은 서글픈 빗줄기가 새벽부터 후득였다. 돌이가 멍하니 객줏집 마루에 앉아 있는데 마당 한 구석에서 이 동이를 보았다. 어미가 없어도 다른 동경이의 새끼들은 비교적 건강하였다. 그런데 그 비를 맞으며 울타리 밑에서 오들오들 떨고 있는 게 눈에 들어왔다.

돌이는 제 신세와 비슷해서인지 안아 와 밥을 씹어 먹여주었다. 이를 본 맘씨 좋은 객줏집 아줌니가 말추렴을 하였다.

"총각! 이거 경주개라지요. 총각 아버지가 관리놈들에게 맞을 때 얘 에미가 얼마나 무섭게 대들든지. 아, 관리 서너 놈은 그 개에게 물렸지 아마. 그래, 그놈들이 칼로 죽여 버렸지 뭐요. 아버지가 키우던 개의 새끼이고 하니, 데리고 가 잘 키워봐요. 무녀리로 태어났지만 몸집이 작아. 그렇지만 눈매가 아주 영글다니까."

돌이는 동경이의 이름 앞 자를 따서 동이라고 불렀다. 시간이 지나자 동이가 차츰 기운을 차리는데 보암보암 여간 기특한 게 아니었다. 꼬리가 짧은데 뾰족하게 솟고 잘 짖지 않는 것하며, 놀놀한 빛에 나슬나슬한 털도 보기 좋았다. 먹성이 붙자 어린놈이지만 제법 개꼴을 내기 시작하였다.

"동이야! 여기가 내가 사는 떡전거리여. 니두 이제부턴 여기서 살 거걸랑."

"컹! 컹!"

동이는 알아듣기라도 한 것처럼 돌이보다도 앞서 뛰어갔다.

그렇게 돌이가 동이와 앞서거니 뒤서거니 하며 떡전거리로 들어서는 동구 밖 당산나무 아래에 도착했을 즈음엔 땀이 등골을 따라 흘렀다. 돌이는 동이를 옆에 앉히고 머리를 쓰다듬으며 잠시 나무그늘에서 쉬었다. 열 걸음쯤 떨어진 방죽에서 수런수런하더니 노랫소리가 들렸다. 가만히 들어보니 검불이 목소리다. 검불이는 말더듬이지만 노래만은 잘한다.

　　만두집에 만두 사러 갔더니만
　　회회(서역인) 아비가 내 손목을 쥐었어요
　　이 소문이 가게 밖에 나며 들며 하면
　　다로러거디러 조고마한 새끼 광대 네 말이라 하리라
　　더러둥셩 다리러디러 다리러디러 다로러거디러 다로러

4장/ 회회(서역인) 아비가 내 손목을 쥐여이다

그 잠자리에 나도 자러 가리라
위 위 다로러거디러 다로러
그 잔 데 같이 덦거츠니 없다
〈쌍화점〉 1연

"아! 그그그, 그 다음에 뭐뭐뭐 뭐지? 그 근데, 이 이 노래 진짜 꽃님이 언니 맞어."

잠시 노래가 끊기는가 싶더니 검불이의 혀짤배기소리가 들린다. 뒤이어,

"부부부 북쇠야! 니니, 니 담에 알어?"

하자 북쇠가,

"그리여. 그러테니께. 나도 봤거들랑"

하며 노래를 받았다.

두레 우물에 물을 길러 갔더니만
우물 용이 내 손목을 쥐더이다.
이 소문이 우물 밖에 나며 들며 하면
다로러거디러 조고마한 두레박아 네 말이라 하리라.
더러둥셩 다리러디러 다리러디러 다로러거디러 다로러
그 잠자리에 나도 자러 가리라.
위 위 다로러거디러 다로러
그 잔 데 같이 덦거츠니 없…
〈쌍화점〉 3연

돌이는 검불이가 꽃님이 언니를 말했을 때만 해도 무슨 말인가 했다. 그렇지만 가만 속가량을 해 보니 꽃님이 언니를 훔쳐보던 회회아비 놈의 느물느물한 눈이며 흉한 낯짝이 떠오르고 무언가 일이 단단히 틀어진 게 분명하다는 생각이 번뜻 들었다. 북쇠의 노래가 채 끝나기도 전에 한달음에 방죽 위로 뛰어 올라갔다.

"컹! 컹!"

동이도 놀라 일어서 돌이를 따라 붙었다.

"이 상누무 시끼들!"

돌이가 눈딱부리 개구리처럼 놀란 눈으로 먼저 일어 선 검불이 멱살을 움켜줬다.

"가마니 보니깐두루 이 자식들이! 검불이, 니 그게 무신 노래야? 응. 뭐라 주둥아릴 나불나불 뜨드는 거여."

"아아아 아니여! 저저저저 긍께, 돌이 형. 그그그 근데, 운제 왔어? 다다 다른 애애 애들이 불불 불러서 나두…"

"니 이 자식! 말 지대루 못해. 어디서 틀린 수작을 붙이고 있어. 그러니깐두루, 시방 니가 부른 노래가 뭐냐니까? 이 자식아! 북쇠! 니는 꽃님이 언니가, 그래 무엇을 보았단 말이여? 니 이 자식, 안 일어나!"

북쇠는 앉아서 돌이를 올려다보며 울상을 지었다.

"미안해 형, 애들이 불러서…나두 그냥. 꽃님이 언니가 그렇다는 게 아니구…저 형, 그런 게 아니거들랑…"

"뭐? 이것들! 아따 이거, 오늘 죽으려구들 환장했나. 은다 거짓부렁이여."

돌이는 왈칵 눈물이 쏟아졌다. 검불이를 밀치고 비칠비칠 일어서는 북쇠의 멱살을 잔뜩 움켜쥐곤 막 치려할 때였다.

"야! 이 이거 누구여. 돌이 아니여. 인제 와?"

뉘 집 물꼬를 봐주고 오는지 삽자루를 어깨에 멘 곰이가 성큼 방죽 위로 올라섰다.

"아! 곰이 형, 지금 막 돌아오는 길이여. 그런데 이 자식들이 이거. 무신 만두가게 어쩌고저쩌고 하는 노래를 부르는데, 꽃님이 언니가…도대체 이것들이 지금 무슨 개소리를 시불대는 거야? 이 상누무 시끼들이, 이거. 꽃님이 언니가 뭐…"

그러며 돌이는 다시 북쇠의 얼굴에 주먹질을 하려는 듯 멱살을 더욱 바짝 당겼다.

"아니여, 아니여! 돌이야! 됐걸랑. 무신 말인지 알겠어. 걔네들만 때릴 일이 아녀. 당조짐을 해댄들, 저 어리보기들이 뭐 아나. 내 다 얘기해 줄께. 야! 니들은 가라. 돌이야! 저 당산나무 밑으루 가자. 잉!"

곰이가 한참을 달래서야 돌이는 북쇠의 멱살을 풀었다. 곰이는 돌이의 소맷자락을 잡아끌어 당산나무 아래에 앉혔다.

"컹! 컹! 컹! 컹! 컹! …"

동이는 제 주인에게 무슨 일이 일어난 듯 계속 짖어대었다.

곰이는,

"니가 데려 온 개냐? 거 똘똘하게 생겼는데."

하며 동이 머리를 쓰다듬고는 말했다.

"우선 내가 미안하다고 니한테 사과부터 히야겠다. 내가 니 대신 꽃님이를 잘 돌봐줬어야 하는데, 아휴! 그때 하필이면 왜, 읍성엔 들어가 가지구. 아니, 참! 돌아! 근데 이건 무신 강생이냐? 저 아랫녘에선 강생이라구들 하지? 그런데 꼬리도 읍구 이거 니가 데려오는 거니?"

"응, 동이라고 해. 우리 아부지를 따라간 동경이 새끼야, 아유! 다 따가, 개 얘긴 왜? 내 이따 말해줄게. 그런데 형! 저 자식들 노래와 우리 꽃님이 언니가 무신 관련이 있다는 거여?"

"돌이야! 그랴, 그러니까 설라무네. 사실은, 아유, 어차피 알게 될 일이니…. 니가 떠나고 한 달쯤 됐을 거 걸랑. 그 모가지를 뽑아 똥장군 마개로나 쓸 회회아비 그눔이 그만, 그때 나두 저 뒤 멧갓에다가 따비 좀 일러 보려고 안녕읍성에 들어갔잖니. 대장간으루 괭이며 삽을 사러들어 갔다가 잉, 이 삽도 그때 사온 건데. 그러니깐두루 그 뭐시냐 그만, 니도 아는 개! 왜 있잖니. 그 염생이 자식 패거리를 읍성에서 만나서…"

"아! 형! 지금 뭔소리야."

"알았다. 알았어. 그래서리 여하간 내 대엿새 만에 왔거들랑. 그랬더니 아! 그눔이 꽃님이를 만두가게루 불러들여서는 그만, 그렇게 되었나봐. 암만 그눔들 시상이라 해두. 한 마디로 우덜얼 먹을 콩으로 알구 뎀빈거지. 그날, 여북했으면 니 엄니가 회회아비를 찾아가 드잡이를 하였다나, 근데 어디 그눔이 그렇게 당할 눔이냐. 그 뒤에 꽃님이는 정신이 더…, 니 엄니도 자리보전하구 근 한 달은…."

"이런 우라질! 이 오랑캐 눔이…"

곰이의 말이 채 끝나기도 전에 돌이가 일어섰다. 더 들을 필요도 없이 일이 어찌 돌아간 영문인지 뻔하였다. 돌이는 득달같이 떡전거리를 향해 뛰었다. 화롯불을 끼얹은 듯 온몸이 활활 달아올랐다. 돌이의 머릿속에 엄니, 꽃님이의 얼굴과 회회아비의 흉물스런 선웃음질이 엎치락뒤치락 하였다. 동이도 곰이도 그 뒤를 따랐다.
"컹! 컹! 컹! 컹! …"
"돌이야! 돌이야! 돌이야! …"
……………

"돌이야! 돌이야!"
돌이는 분명 회회아비에게 한 주먹을 내질렀다는 것만 기억이 났다. 곰이와 동이가 떡전거리에 들어섰을 때, 돌이는 이미 얼굴이 피범벅이 되어 회회아비네 만두가게 앞에 고꾸라져 있었다. 돌이보다 두 배는 힘이 센 곰이와 힘을 합친대도 회회아비를 이겨내지 못한다. 돌이가 무서웠다면 애초에 회회아비가 꽃님이를 그리 만만히 보지도 않았을 터였다. 곰이가 쓰러진 돌이를 들춰 업으며 회회아비를 노려보았으나 회회아비는 대수롭잖다는 듯 손을 두어 번 탁탁 치고는 돌아서버린 게 끝이었다.
돌이는 곰이가 업어다 제 집 마루에 놓은 지 한 식경은 지나서야 눈을 떴다. 얼굴에 축축한 게 느껴져 눈을 떴다는 게 옳다. 돌이 엄니의 눈물이 쉼 없이 돌이의 얼굴을 적셨기 때문이다.
돌이가 부어오른 눈을 뜨자 제일 먼저 엄니가 들어왔다. 고개를 돌리자 멀찍이 서있는 꽃님이 언니가 돌이의 눈에 들어왔다. 꽃님이는 돌이를 아는지 모르는지 히죽히죽 웃고만 있고 그 뒤에 달님이가 근심어린 눈으로 옷고름만 손으로 돌돌 감았다. 곰이는 마루 끝에 앉아 연신 눈만 꿈쩍거리고 그 옆에 서있는 모가비 죽이 아씨도 돌이 눈에 들어왔다. 돌이는 그 상황에서도 '죽이 아씨는 우리 엄니가 별로 달갑게 여기지 않는데도 아마 내가 걱정되어 온 듯하다'라는 생각이 들었다.

돌이가 눈을 뜨자 돌이 엄니의 울음은 "애고대고!" 곡성으로 바뀌었다.

"아이고! 이눔의 원수 같은 시상. 나 같은 년이 딸복에 아들복이면 호사한 것을, 무신 좋은 복을 받겠다고. 돌아! 돌아! 괘안나? 괘안나? 우짜꼬. 이 눈 때꾼한 것 좀 보소. 그래 마, 그 도적놈에게 덤벼들어. 그놈이 어떤 잡놈이라꼬.…"

돌이는 엄니의 넋두리를 이만 들어야겠다고 생각하였다.

"엄니! 난 괜찮어여."

돌이가 일어나려고 몸을 모루 돌리니 곰이가 얼른 다가와 겨드랑이에 팔을 끼어 부축해 벽에 기대주었다.

"돌이야! 괜찮니?"

죽이 아씨도 근심어린 표정으로 어깨를 투덕투덕 두드렸다.

"돌이야! 돌이야! 나 알아보겠니? 괜찮니?"

"예! 괜찮어여."

돌이가 일어나 앉은 것을 본 돌이 엄니는 부리나케 부엌으로 들어가 보리밥 한 덩이를 내왔다. 돌이는 보리밥도 밥이지만 어찌나 세게 맞았는지 입안이 퉁퉁 부었고 앉아있자니 겨드랑이하며 허리께의 통증도 몹시 고통스러웠다. 돌이가 몇 숟가락을 뜨는 둥 마는 둥 하다가 이내 숟가락을 내려놓자 돌이 엄니가 다시 숟가락을 쥐어주었다. 그러나 돌이는 끝내 숟가락을 들지 못하고 그대로 누웠다.

울타리 너머로 보이는 가을 해는 이미 산마루에 노루꼬리만큼 걸렸고 긴 감빛 노을은 안마당까지 슬금슬금 삵쾡이처럼 기어들어왔다. 곰이와 달님이가 돌아가고, 모가비 죽이 아씨가 나갔다 다시 와 돌이의 얼굴에 무슨 약인가를 발라주며 귀엣말을 하였다.

"욕봤다. 돌아! 자고로 사내라면 제 한 몸은 지킬 힘이 있어야 한다. 힘! 힘이 없으면 나도, 내가 사랑하는 사람도 지킬 수 없단다. 무엇인가 지킬 게 있는 사람은 힘이 있어야 해. 나는 근본이 양수척으로 태어나 사랑하는 여인도 잃어버렸단다. 돌아! 너는 백정이니 힘만 키우면 네 몫의 삶을 산다. 돌아! 사내는 힘이 있어야 한다. 알았니? 힘! 말이다. 지킬 게 있다는 것은…난 지킬 게 없단다.…"

그러고는,

"내가 당성으로 가는 게 아니었는데 …"

라고 혼잣말을 할 때는 두 눈에 붉은 핏줄이 섰다.

돌이는 죽이 아씨가 무슨 말을 하는지 이해할 수 없었다. 다만, '힘! 힘'이라는 말이 머릿속을 두어 번 맴돌더니 이내 다시 잠에 빠져들었다. 돌이는 집 아랫목이 이렇게 편한 줄 예전엔 몰랐다.

얼마나 지났을까? 돌이는 꽃님이 언니의 "엄니! 엄니!" 하는 잠꼬대 소리에 다시 깨어났다. 호롱불이 보였다.

돌이 엄니는 돌이를 내려다보며 근심어린 표정으로 물었다.

"일 날 수 있나? 그래, 니 아부지는 만났나? 저 강생이는 니가 데려 온 것 맞재?"

돌이는 겨우 일어나 바람벽에 등을 붙였다. 옆구리가 켕기고 뼈마디가 다 시큰거렸다.

"웅! 엄니! 엄니! 저 강아지가 동경이의 새끼여. 객줏집 아줌니가 데리고 있다가…."

"뭐라카노? 동경이의 새끼라꼬? 그럼, 동경이는 아니, 느 아배는?"

돌이 엄니는 순간 무엇이 잘못되었다는 생각이 지나갔다.

"엄니! 아부지는, … 아부지는 …"

"야가 뭐라카노? 돌이야 정신 좀 차리거라. 느거 아배가 어찌 됐단 말이가?"

"엄니! 아부지는…아부지는 관리놈들에게 맞아 돌아가셨시여. 전주 객줏집에서 아부지와 함께 장을 돌았다던 사람에게 남원 쪽 어디에 좋은 노래가 있대서 그것을 채록하려 가셨다는 말을 듣구 설라무네. 그래, 남원까정 갔는데…"

"그래, 남원에 계시드나?"

"아니, 그게 아니고 남원에선 기셨드랬는데, 노래만 채록하구 다시 경주 쪽에 좋은 노래가 있다며 가셨다하여 내친 김에 경주까지 갔시여. 그러다 경주성 인근마을에서 노독이 나서 한 객줏집으로 들어갔다가, 사람들 이야기를 듣고 알았시여. 그 마을에서 아부지가 관리놈들과 댓거리하다 그만…"

돌이는 아버지의 죽음과 동이를 데려온 사연을 하나씩 내려놓았다.

"그래 설라무네, 동리 사람들이 뒷산에 임시로 먼가래를 해놓았시여. 내가 모셔 올 수 없어, 그냥…"

돌이 엄마는 돌이가 이야기를 마치고 윗목에 있는 바랑을 끌러 노래집을 건네자 비로소 울음이 복받쳐 올랐다.

"아이고! 아이고! 돌이 아배!…"

돌이 엄니의 곡성이 머춤해지자 돌이가 엄니의 손을 잡았다.

"엄니! 그만 우시여. 그만 우시여.…아부지 무덤은 동네 사람들이 잘 만들어 주었시여. 의리 있는 사람이라구. 내가 객줏집에 머무를 때도 동네 사람들이 나를 찾아와 아부지 칭찬을 많이 해드라니까."

"그래. 느거 아배가 그런 사람이제. 암, 그런 사람이데이. 니 아배는 딴 사람들캉 다르지.…그기 끝내 저승길로 시려가삣나부다.…"

마치 언젠가는 이런 일이 일어날 줄 알았던 사람처럼 돌이 엄니는 허허로이 말했다.

"그런데, …꽃님이 언니 일은 또… "

돌이는 옆에 누워 자는 꽃님이 언니를 멍하니 바라보다가 겨우 엄니를 쳐다보고는 물었다. 등잔불이라 그런지 돌이는 엄니가 떠날 때보다 몇 해는 더 늙어 보였다. 눈은 푹 꺼졌고 늘 곱게 빗던 머리도 헝클어져 있었다.

　그러나 그 표정은 겨울 하늘처럼 차가웠고 목소리도 흔들림이 없었다. 돌이는 엄마가 전과 다르다고 생각했다.

　"알았다. 꽃님이 일은 내일 말하자. 먼 길 댕기오느라꼬 골병이 들었는갑다. 이러다가 병이라도 더치면 으째. 얄궂데이. 찾으러 보낸 나나, 찾으러 간 니나 다 똑같다 마. 돌아올 사람이면 돌아올 것을, 괜히 니 고생만 시켰능갑다. 건 그렇고, 뼈는 으디 다친 덴 읍나? 명주머니, 복주머니는 없어도 자손주머니는 있다카던데, 그런 쳐 죽일 놈들! 내 그놈들을…이놈! 이 숭물스런 오랑캐 같은 놈들이. 늑대새끼 둔갑한 것 맹키로. 인두껍을 쓰고 어찌 아배와 얼라들까지 모두 이 지경으로 해코지할꼬.…"

　돌이 엄마는 꽃님이 이야기는 하지 않았다. 돌이는 흔들리는 등잔불 때문에 엄마의 넋두리가 가뭇없이 사라지는 듯했다. 돌이는 다시 한번 깊은 잠 속으로 곤하게 빠져 들어갔다.

　돌이가 잠든 후에도 돌이 엄마의 넋두리는 한참을 이어졌다. 그러고는,

　"우야꼬!… 굽도접도 할 수 없는 안팎곱사등이 신세라니. 암만 백번 생각해도 죽는 것 이외에는 가망 없는 삶인기라.…저놈이 기어이 내 목숨을 훔쳐가고 말았으니, 내 이제 더 살 맘 읍다. 내 니 죽고 내 죽짜. 내 어매는 어매를 위해 죽었지만, 나는 내 얼라들을 살릴라꼬 죽을라칸다.…"

라는 말을 할 때에 돌이 엄마의 푹 꺼진 눈자위에선 형형한 빛까지 맴

돌았다.

  그날 밤, 떡전거리조차 물속에 잠긴 것처럼 조용한 밤. 초승달이 찬 낯빛으로 서쪽으로 줄달음칠 때였다. 문고리를 잡은 돌이 엄니는 온몸을 부르르 떨었고 눈에는 새파란 독기가 흘렀다.

5장
호미도 날이지마는

차설 "돌아! 돌아!…저, 저기…저 살강에 있는 깨소금 항아리…비녀…."

피투성이가 되어 업혀 들어온 돌이 엄마가 남긴 말은 이것뿐이었다. 돌이가 제 엄마를 안았을 때는 이미 얼굴이 하얗게 되었고 솔잎 같은 숨소리조차 들리지 않았다. 돌이 엄마의 왼쪽 목 위와 오른쪽 가슴팍을 타고 흐른 검붉은 피는 벌써 굳었다.

…

꽃님이와 돌이의 잠든 얼굴을 물끄러미 내려다보던 돌이 엄마는 무엇인가 아퀴라도 지으려는 듯 이를 앙다물고 광으로 들어가 낫을 들고 나왔다. 떡전거리의 밤은 낮의 수다스러움을 벗으려는 듯 인기척 하나 없이 괴괴하였다. 검은빛 너머도 검은 가을 밤, 서너 토막 난 달빛만이 떡전거리를 지나는 돌이 엄마의 손에 들린 낫에서 창백한 파란 빛을 보았다.

회회아비 집에 들어서는 돌이 엄마의 발걸음은 익숙하였다. 벌써 여섯 해 전, 이 집은 돌이 엄마에게 생명과도 같았다. 돌이 아버지를 만나 첫 살림을 난 것도 꽃님이와 돌이를 낳은 것도 이 집이었다. 그런 이 집을 회회아비에게 빼앗긴 것은 몽고군이 다섯 번째 쳐들어왔을 때 피난을 갔다 온 뒤였다.

몽고군은 이때 경기, 충청, 전라 지역을 휩쓸었다. 몽고군은 성을 함락하면 열 살 이상 된 사내들이란 사내는 모두 죽이고 여자들은 전부 군인들에게 나누어 주었다. 전리품으로는 귀를 잘랐다. 남경[15]을 함락한 후에는 여인의 젖가슴까지 잘라 삶아 먹었고 길에는 떼송장이 나뒹굴었다.

•15
지금의 서울

꽃님이와 돌이를 들쳐 업고 떡전거리로 돌아왔을 때는 이미 회회아비가 이 집을 제 집으로 삼고 있었다. 회회아비는 무력도 무력이지만 몽고군과 함께 들어왔기에 도리가 없었다. 그렇게 말 한 마디 못하고 허무하게 회회아비에게 집을 빼앗겼다.

그러나 갈 곳이 없었기에 떡전거리 한 귀퉁이에 다시 얼기설기 집을 얽어 지금껏 살아왔다.

돌이 엄마는 낫을 고쳐 쥐었다. 낫을 든 손은 작은 떨림조차 없었다. 돌이 엄마의 얼굴은 창백한 달빛보다도 더 찼다. 바깥채 상점 문을 열고 안으로 들어선 돌이 엄마는 안마당을 지나 성큼 마루로 올라서 왈칵 방문을 열고는 들어섰다. 칠흑 같은 방 안에서 방문 소리에 놀라 벌떡 일어서는 검은 물체의 두 눈에,

"이 머리 민 놈!"

하며 낫을 꽂았다. 돌이 엄니는 다시 한번,

"도섭, 여우맹키로. 이놈! 죽어라!"

하며 꽂은 낫을 뽑으려 하였지만 낫을 쥔 손은 더 이상 움직이지 않았다. 돌이 엄니의 팔목이 이미 회회아비의 손에 잡혀서였다.

회회아비는 잠결이지만 문이 열리는 소리를 듣고 눈을 떴을 때 한 물체가 자기에게 다가오는 것을 보고 엉겁결에 손을 뻗은 게 돌이 엄니의 팔목이었다. 웬만한 남정네들도 당해내지 못하는 회회아비의 완력을 돌이 엄니가 이겨낼 수는 없었다.

낫을 빼앗긴 돌이 엄니 가슴팍에 아니, 몸 이곳저곳에 낫은 깊숙이 여러 번 박히는 것을 문틈으로 희미하게 들어온 가을밤 초승달만이 당산나무 위에서 괴로움에 겨워했다.

돌이 엄니는 그렇게 꽃님이 언니와 돌이 곁을 떠나갔다.

"리러루 러리러루 런러리루, 러루 러리러루, 리러루리 러리로, 로리 로 라리, 러리러 리러루 런러리루, 러루 러리러루, 리러루리 러리로"

〈군마대왕〉

날콩을 씹듯 비린 가을비가 추적추적 내렸다. 모가비 죽이 아씨의 입을 타고 흐르는 평조가락이 빗줄기를 탄다. 죽이

•16
〈군마대왕〉은 마신(馬身)을 일컫는 무가(巫歌)로 『시용향악보』에 실려 있다.

5장/ 호미도 날이지마는 69

아씨의 목청은 맑고 깨끗하며 경쾌하고 분명한 음빛깔이었지만 노랫소리는 봄비에 벚꽃 떨어지듯 하였다. 한 맺힘을 푸는 태평소 소리도 가을 빗줄기 가락을 따라 울었다. 꽃샘잎샘바람인양, 가을 빗줄기인양, 차갑고 쓸쓸한 설움의 덩이들이었다. 죽이 아씨의 입을 타고 부드럽게 흐르던 가락이 꺾이는 시김새 소리는 더욱 사람 마음을 서글프게 했다.

돌이는 죽이 아씨 패거리는 당성(唐城)에 있는데도 찾아와 엄니를 위해 굿을 해주는게 고마웠다.

죽이 아씨의 노랫가락에 자신을 올려놓고 있던 돌이는 속으로 말했다.

•17
지금의 경기 화성시 서신면 상안리에 있는 산성.

'엄니 부디 안녕히 가시여. 아무런 고통 없는 곳으루. 엄니!'

죽이 아씨의 목울대를 적신 시나위 가락이 느릿느릿 끊어질 듯 이어질 듯, 한을 품고 정녕 구천으로 넘어가는 듯했다.

"징징징-징징징…"

무당의 징소리는 한층 더 크게 울려 울타리 밖으로 울렁울렁 빗줄기를 타고 나가 하늘로 퍼져 올랐다. 울타리에는 돌이 엄니가 심어놓은 수세미가 오롱조롱 매달려있고 그 위로 먹구름만이 꾸역꾸역 밀려들었다. 죽이 아씨의 소리가락이 어찌나 슬픈지 아줌니들은 연신 치마폭을 눈으로 가져갔다. 남정네들은 먼 하늘만 바라보며 눈을 끔쩍였다. 돌이는 가슴 속이 뭉클한 게 울컥 무엇이 올라오는 듯하였다. 노래라는 게 이토록 사람 마음을 울리는지를 처음 알았다.

"리로 리런나 로리라 리로런나 로라리 리로리런나 오리런나 나리런나 로런나 로라리로 리런나"
〈구천〉

죽이 아씨는 신명이 지피는지 알 수 없는 소리를 내며 얼굴을 일그러뜨렸다. 죽이 아씨가 마당으로 내려섰다. 돌이도 따라 마당으로 내려섰다. 창백한 죽이 아씨와 돌이의 얼굴에 가을 빗줄기는 어룽어룽 흘렀다.

• 18
무가로 곡조 옆에 가사 대신 관악기의 "러루르라로리" 따위로 흉내 내어 부르는 평조의 노래이다. 『시용향악보』에 전한다.

꽃님이는 정녕 실성한 사람마냥 동이의 없는 꼬리를 만지며 깔깔깔 웃어댄다. 꽃님이의 웃는 소리에 사람들은 몸에 오싹하니 소름이 끼쳤다.

곰이가 저만치서 눈물을 찍어내고 달님이도 연신 치마폭을 눈으로 곱게 가져갔다. 좁은 마당에 들어선 동네사람 중, 바른 말 잘하는 수새 아버지가 한마디 하였다.

"에이! 이런, 드런 시상. 회회아비놈은 천벌을 받을 거구말구. 암, 이제 관가에서 끌어갔으니 주리를 틀 거여."

사람들은 묵묵하였다. 되도 않는 소리라는 것을 수새 아버지도 잘 알고 있었다. 수새 아버지는 멋쩍어 다시 한번,

"암! 그렇구말구, 암! 그래야지!"
라고 하며 빗속으로 사립문을 밀쳤다.

죽이 아씨의 노랫소리가 높아질수록 가을비는 이제 아예 달구비로 변하여 점점 세차게 퍼부어댔다.

하관할 때 꽃님이가 잠시 정신이 들어,

"엄니! 엄니! 나랑 같이 가! 나랑 같이 가!"

하며 무덤구덩이로 뛰어들었다.

죽이 아씨가 얼른 꽃님이를 꺼내어 들쳐 업었다.

가을 빗줄기는 꽃님이 등판에 넉살좋게 퍼부었다.

그렇게 돌이 엄니는 이제 두견이 울던 집 울대, 봄이면 화전 부쳐 먹던 진달래 곱게 핀 붉은 산 빛이 농울졌던 그 자리에 묻혔다.

그날 밤, 안 가려는 달님이를 엄마가 걱정한다면서 곰이가 데리고 나간 지도 한참이 지났다. 곰이와 달님이가 제 집으로 가기도 전에 꽃님이는 아랫목에서 곤하게 잠들었다. 돌이는 벽에 깊숙이 기대어 생각에 잠겼다. 이제 의지가지없는 세상이었다. 돌이는 저 꽃님이 언니를 어떻게 챙겨야 하는지 앞으로 가도 넘어지고, 뒤로 가도 자빠지는 서툰 삶이기에 참 막막한 것이 절벽같은 심정이었다.

"뚝. 뚝. 뚝.…"

한낮에 그토록 퍼붓던 빗줄기도 꽤 힘이 들었나보다. 그제서야 처마 밑으로 떨어지는 낙숫물소리가 돌이의 귀에 들렸다.

돌이는 엄니의 주검을 안았을 때도, 하관할 때도, 그렇게 나오지 않던 눈물이 비로소 흘렀다.

"엄니!"

돌이는 조용히 언니가 부르던 〈사모곡〉 가락을 불렀다.

호미도 날이지마는
낫같이 잘 들 리도 없습니다.
아버님도 어버이시지마는
위 덩더둥셩
어머님같이 아껴 주실 턱없어라.
〈사모곡〉

돌이가 태어나 옹알이를 하고 부라부라를 하면서부터 들은 노랫소리다.

"호미도 날이지마는 낫같이 잘 들 리도…"

돌이는 제가 부르면서도 엄니가 부르는가? 아니면 꽃님이 언니가 부르는가? 아니면 할머니가 부르는지도 모른다고 생각했다.

"아!…엄니! 엄니!"

꽃님이가 잠꼬대를 해댔다.

돌이는 꽃님이 언니가 차 놓은 이불을 다시 올려 주며 중얼댔다.

"엄니! 아부지 만나셨시여. 엄니! 부디 저승에서나마 잘 기시여. 엄니가 그렇게 미워하던 외할머니와 잘 사시여. 아부지하구두…"

"뚝. 뚝. 뚝.…"

언젠가 엄니가 불러주던 노래가 낙숫물 소리를 따라 돌이의 귀를 타고 가슴으로 온몸으로 들어왔다.

나무 끝에 작고 예쁜 닭을 조각하여
젓가락으로 집어다가 벽 위에 놓았네

이 새가 꼬끼오 울어서 때를 알리거든
엄니 얼굴 비로소 지는 해처럼 늙으리
〈오관산곡〉[19]

돌이는 가만히 〈오관산곡〉을 불렀다.

문충은 나무로 만든 닭이 '꼬끼오!' 울어야만 엄니보고 늙으라고 한다. 어찌 그럴 까닭이 있겠는가마는, 불가능한 상황을 바탕에 깔아 결코 헤어질 수 없음을 간곡히 기리는 마음으로 만든 안갚음하는 노래임에 틀림없었다. 돌이는 '통솥안에 삶은 닭이 알낳거덩'이나 '삼년묵은 쇠뼉다구 살붙거든', '붓두막에 삶은 콩이 싹나거든' 같은 경우가 그렇다고 생각했다.

•19
고려시대에 문충(文忠)이 지은 가요로, 〈목계가(木鷄歌)〉라고도 하는데 가사는 전하지 않는다. 문충은 송도에 있는 오관산(五冠山) 밑에 살았는데 벼슬살이하는 곳에서 어머니가 계시는 곳까지 삼십 리를 매일 왕복했다. 그리고 어머니가 날로 늙는 것을 슬퍼하며 지은 것이 이 노래이다.
이 책에 실린 〈오관산곡〉은 이제현의 한역시로 원래 이름은 〈목계가〉이다. 아마도 궁중에 수용되며 〈오관산곡〉으로 바뀐 듯하다.
원문은 아래와 같다.
木頭雕作小唐鷄 筯子拈來壁上棲
此鳥膠膠報時節

돌이는 돌덩이에 짓눌린 듯 가슴이 맥맥하였다. 이제 엄니가 없어 다시는 부르지 못할 노래라 생각하니 더욱 마음이 아리었다.

이젠 낙숫물 떨어지는 소리도 들리지 않는데, 눈물은 그칠 줄을 모르고 돌이의 생각은 오히려 더 소란하였다. 돌이는 언젠가 엄니가 이런 말을 한 기억이 문득 떠온다..

"돌이야! 내가 왜 노래를 자주 부르는 줄 아나? 노래에는 이 숭악한 시상을 살아내는 힘이 들었다카대. 내 어매의 어매로부터, 또 그 어매로부터 지어졌고 불려졌다 안카나. 그러니 만인들의 맴이 담겼다 이 말 아이가."

 돌이는 그런데 그 노래의 힘도 그악시러운 저 회회아비에게는 댓거리가 되지 않았다고 생각하며 눈을 질끈 감았다.

 그나저나 그 회회아비 놈이 관가에 붙잡혀 갔다지만 곧 나올 것은 하늘이 파랗고 땅이 누른 거와 같이 빤한 이치였다. 돌이는 어릴 때부터 그런 일이야 이골이 나도록 보았다. 저놈들에게 바른 말이니 옳은 말은 파리나 각다귀와 같이 성가신 존재일 뿐이다. 가끔 떡전거리에서 개씹단추 풀어 헤친 쌈꾼들 간에 싸움이 날 때면 관가 놈들은, 부자 놈이나 이렇게 저렇게 권력자에게 청탁 댄 놈 편만 들어줬다.

 작년에 수지 아버지도 회회아비 놈과 시비가 붙어 두들겨 맞았지만, 관가에 끌려가 혼찌검을 당한 것은 오히려 이쪽이었다. 돌이는 왜 우리는 늘 이렇게 살아야하는지 이해가 되지 않았다. 거짓, 허물, 과실은 가진 놈, 권력 있는 놈들이 저질러 놓고 뒷 설거지를 하듯 저희들 죄는 돌이 아부지처럼 농사나 짓고 행상이나 하는 백정들이 뒤집어쓰는지를.

 왕의 경우만 해도 그렇다. 저희들은 도읍을 강화도로 옮기고 백정들은 나 몰라라 손사래 치는 왕이 무슨 이 나라의 왕이냔 말이다.

 돌이는 늘 아버지가 입버릇처럼 달고 다니던,

 "빌어먹을 시상! 이 땅에 태어나, 이 땅에서 살아가는 게 왜 이리 심드냐. 엠병할! 보리밭에 더부살이하는 냉이두 아니구! 암만 열심히 살려해두."

라는 말이 떠올랐다.

하루 이틀 새에 돌이의 생각은 웃자라 점점 복잡하게 얽혔다. 걱정인 것은 꽃님이 언니라고 생각하다가는, 우선 회회아비 놈을 이대로 두어서는 안 된다는 종잡을 수 없는 생각이 뒤엎었다. 돌이는 '손 한 번 옴짝 못해보고 당할 순 없어!'라고 입술을 꽉 깨물었다.

언젠가 모가비 죽이 아씨가 하던 말도 생각났다.

"돌아! 영웅과 겁쟁이 차이를 아니? 그것은 잘못을 알았을 때 어떻게 행동하는지를 보면 안다. 영웅은 행동을 하지만 겁쟁이는 생각만 하지."

그러고 보니 모가비 죽이 아씨에게 '고맙시우'라는 말 한마디도 못했다. 죽이 아씨는 엄니가 별로 다정히 대하지도 않았는데 무당에게 양해를 구하여 굿거리까지 대신 불러주었다.

달님이 엄니가 웬일인지 옴니암니 드는 비용을 마다않고 후한 인심을 베풀어 무당을 불러 왔지만 실상 굿은 모가비 죽이 아씨가 이끈 거나 마찬가지다.… 돌이는 여러 생각이 옹송방송하더니 기어이 머리가 지끈지끈 아프고 온몸이 사시나무 떨리듯 오한이 들었다.

....

햇살이 영창문으로 들어와 눈이 부시다. 돌이는 벽에 기대고 앉아 그대로 잠이 들었다. 돌이가 눈을 떴을 때 꽃님이는 아직도 긴 잠에 취해 있었다.

돌이가 아침을 차려 꽃님이 손에 숟가락을 막 들려주려는데 달님이가 바가지에 보리밥과 아욱국, 미나리 김치, 어디서 뜯어왔는지 상추쌈까지 가져 와서는 근심스레 보았다.

"돌이! 돌이두 뭣 좀 들어야지. 어제부텀 아무 것도 못 먹었잖어. 그런데 알아? 오다가 봤는데 그 회회아비놈이 풀려나서는 가게 문을 열든데. 어쩜 그럴 수 있지. 동이야! 너두 이리 와. 배고프지?"

달님이는 돌이를 생각해서인지 어울리잖게 얼레발을 쳤다.

달님이가 동이 먹이까지 챙기는 것을 보며 돌이가,

"그리여, 내 그럴 줄 알았지. 이미 생각한 게 있으니 달님이는 집에 가서 곰이 형 좀 보자고 해줄래."

라며 일어섰다.

"잉. 알았어. 그런데 곰이 언니는…아니여. 시방 아침 들고 있으니 가서 말할게. 꽃님이 언니! 돌이하구두 같이 먹어야지. 돌아! 어서 한 술 떠."

언제나 한결같지만 돌이는 오늘따라 달님이가 참 고맙다. 늘 꽃님이 언니를 친동기간처럼 돌봐주고 또 자기에게도 곰이 형 만한 사람이 없다는 사실이 새삼스러웠다. 돌이는 저도 모르게,

"달님아! 고마워.…"

라며 말끝을 흐리고는 멋쩍게 고개를 숙였다.

"무신 소리여. 그런 말 들으러 온 것 아니잖어. 어서 돌이는 밥이나 먹어. 내가 가서 곰이 언니에게 보자고 한다고 전할게."

달님이가 돌이를 안쓰럽게 바라보며 채 사립짝도 못 나섰는데, 곰이가 성큼 들어왔다.

곰이는 돌이의 기운이라도 차리게 하려는지 수선을 떨었다.

"어, 돌이야! 이제 아침 먹니? 꽃님이두 잘 잤구. 달님아! 너는 엄니가 찾으니 어여 가봐. 그리구 설라무네, 나 여기 있단 말은 말구."

달님이가 가고 대충 상을 물린 뒤, 곰이와 돌이는 돌이 엄니 무덤가에 가 앉았다.

"곰이 형! 아무래도 내가 회회아비 저눔을…. 죽여야겠어. 그리고 일이 잘 끝나면 나는 서경으루 갈거여. 미안하지만 형하구 달님이가 내가 돌아올 때까지만 꽃님이 언니를 좀 봐줘. 응."

"뭐, 돌이야! 느린 소도 성낼 적이 있다더니 꼭 니짝이걸랑. 암만 그래두 그건 아니여. 니가 무신 심으루 회회아비 눔을 죽여. 덮어놓구 대들 눔이 아니여. 이번엔 오히려 니가 죽을지도 몰러. 그눔이 어디 사람 눔이냐. 우덜 몸땡이 둘로는 암만 심을 합쳐도 안 되는 눔이걸랑. 매련 업시 뎀비면 우덜만 토깽이 짝 나."

"형, 그래설라무니 내가 다 생각한 게 있어. 소심도 심이여, 새심도 심이라고 했잖여. 내일이 9월 9일 중양절이여. 그눔이 술을 좋아하니 틀림없이 국화주를 많이 먹을 거란 말여. 평소에도 장사 끝나면 늘 몽고눔들과 어울려 술을 먹잖여. 술 취하면 시상 모르게 잠들구. 그러니깐두루 그때 해치우면 돼. 살다 보면 '싸울 때가 있고 참을 때가 있는 법'이라는 생각이 들어. 오죽 못났으면 사내가 이런 꼴을 당해. 엄니한테두, 꽃님이 언니한테두… 내 죽는 한이 있어두…."

돌이는 돌맹이를 하나 주어 손등에 퍼런 힘줄이 솟도록 주먹을 쥐었다.

곰이가 무슨 생각을 하는지 한참 하늘을 올려다보다가 결심이나 한 듯 무겁게 입을 열었다.

"돌이야! 니하구 내하구는 부모는 달래두 참 형제처럼 지금까지 지냈걸랑. 앙 그러냐? 그런데 이제와 설라무니, 니 맴은 알겠다만. 그렇잖니 잉. 꽃님이가 그렇게 된 것두 내가 읍성에 들어가 동무들과 어울리는 바람에…에이! 그 얘긴 그만하구. 으째됐건 돌아! 낭중에 나하구 함께하자. 따지구 보면 우리 아부지가 그때 돌아가신 것두 그 회회아비 놈의 죄가 읍다고는 할 수 읍거들랑."

"형! 말은 고맙지만, 이것은 고향을 떠나야만 한다는 뜻이여. 형두 알지만 회회아비가 보기엔 그래두 오새가 말짱한 눔이여. 만약 그 회회아비를 죽이지 못하면 내가 죽을 수두 있구. 형마저 그러면 내가 꽃님이 언니를 두고 으떻게…. 아니여, 그러니 형은 모르는 척 해줘."

"돌이야! 내가 어거지루 중뿔나게 나서는 게 아니여. 딱히 그 일 때문만도 아니구, 잉. 몰러? 아, 세 해 전에 우리 아부지가 돌아가신 거. 아는 기여 모르는 기여? 그때 우리 아버지가 술에 취해 저 둑에서 안 돌아가셨냐. 잉. 저 회회아비와 몽고 눔들에게 니네는 집을 빼앗겼다만 우리 아부지는 그만큼 빚 독촉에 시달렸걸랑. 아, 나뭇지게 작대기며, 하다못해 아궁지 재까지 퍼가는 눔들 아니냔 말이여."

"에이, 형도 내가 왜 모르겠어. 그눔이 고리대를 놓아, 두꺼비 파리 채듯 늘름늘름 모조리 먹어치운 걸 왜 몰러. 그때 형네 집을 웬만큼 괴롭혔어야지. 하기야 나랏눔들부터 토지를 겸병하여 토지 한 곳에 여러 잡눔들이 이 세금, 저 세금으로 몽주리 쓸어가 버리니.…"

5장/ 호미도 날이지마는

돌이가 말을 끊고는 먼 하늘만 바라보니, 곰이가 허공에다 주먹을 휘두르며 말했다.

"그리여, 니두 말이 맥히지. 지눔덜은 그 세밭은 거루 주둥아리며 창자며 밑구멍까지 두루두루 호사만하걸랑. 앙 그러냐. 아 그런데두 모자라 우덜 집에 와 좀 행패를 부렸냐구. 우리가 부쳐 먹던 논 닷 마지기는 그때 저눔들 손에 으뗳다 말 핸 마디 못하구 뺏긴 거란 말이여. 그래 설라무네, 우리 아부지가 그 추운 겨울날 홧김에 배짝 술을 자시고는 그만 그렇게 된 거거들랑. 까딱했으면 우리 엄니두 아부지 뒤를 따랐어. 안적 사시는 게 용하지. 용해."

"곰이 형. 알아들었으니 그만해여."

"돌이야! 나두 옴니암니 따지자문 니와 매한가지루 할 말이 많걸랑. 그랭께 인제 나두 참을 수 읎서. 그러니깐두루 나를 말릴 생각일랑 말어, 잉. 나두 한다면 하는 눔이여."

곰이는 손가락으로 둑을 가리키며 이를 앙다물었다.

해가 중천이 되도록 돌이와 곰이는 회회아비를 응징할 방법을 짬짜미했다. 만약 일이 새알꼽재기만큼이라도 틀어지는 날에는-, 어림 셈 쳐도 돌이와 곰이 두 목숨은 물론 그 동티가 꽃님이와 달님이까지 엮인다. 돌이는 이런저런 생각에 마음도 소마소마하고 뒤숭숭하였다.

6장
가시리 가시리잇고

각설 "아직꺼정 먹구 있지?"

달님이가 회회아비네 만두가게를 다녀오자 돌이가 성급히 물었다.

"웅! 아무래도 밤새 술을 먹을 듯한 기세든걸."

곰이가 그것보라며 고개를 끄덕거리며 돌이를 보았다.

"돌이야! 내 말이 거반 맞잖여. 그눔들이 벌써 술자리를 끝낼 눔들이 아니라구. 그눔들에겐 오늘 아침부터 중양절[20] 이라니께."

돌이 엄니 초상으로 달님이네는 중양절을 제대로 치르지 못했다. 떡전거리 사람들도 중양절 명절을 보내지만 야단스럽지는 않았다. 한 동리에서 너니 내니 이웃하

[20] 중양절(重陽節)은 음력 9월 9일로 고려의 큰 명절이었다.

던 사람의 초상 끝에 치르는 명절이라서 모두들 불편한 모습이 역력했다. 그러나 회회아비와 몽고 놈들은 아예 장사를 일찍이 작파하고 해거름부터 여봐란 듯이 술판을 벌였다.

달님이는 언젠가 중양절에 돌이네 만두가게에서 달님이 아버지와 돌이 아버지가 함께 술을 마시다,

"옛다. 국화주는 약이니까. 곰이도 달님이도 한잔 하거라."

하며 국화주를 달님이와 곰이 언니에게 한 잔씩 주던 생각이 새록하였다.

그러자 돌이 아버지가,

"어! 이 사람, 왜 지 아덜만 위하나. 우리 아덜은 빼구, 꽃님아! 돌이야! 이리 오느라. 옛다. 니들은 두 잔씩 먹어라."

라고 하여 웃던 기억이 났다.

'몇 년 사이에 그 모든 게 변해버렸다. 그런 돌이 아부지두 그때 잠잠히 옆에서 웃던 돌이 엄마두, 또 내 아부지도 거짓말처럼 이 세상에 없다.'

달님이가 멍하니 이런 생각에 잠겨있는데 곰이가 툭 쳤다.

"달님아! 달님아! 무신 생각해여? 돌이하고 나는 여기서 기다릴 테니. 이제 망 안 봐도 돼. 지깐 눔들이 밤이야 새겠니. 그리고 달님아! 바람도 시게 불고 날씨도 추우니 꽃님이하고 우리 집으로 어여 가서 자라, 잉."

달님이가 곰이의 말을 듣고도 엉거주춤 앉아있자 돌이가 옆에서 등을 떠밀었다.

"그래, 달님아! 우덜이 알아서 할게. 걱정 말구. 꽃님이 언니 좀 부탁해. 어이 들어가. 바람이 시다."

"컹! 컹! 컹!"

곰이와 돌이의 재촉에 달님이가 꽃님이를 데리고 나오는데 동이가 사립짝으로 꼬리를 흔들며 짖었다. 들어선 것은 모가비 죽이 아씨였다. 죽이 아씨는 들어서며 동이에게 붙임성 있게 인사말을 건네며 등을 쓰다듬어 준다.

"돌이! 자냐? 그래, 이 녀석 동이구나. 며칠 새에 부쩍 자란걸."

"오셨시여."

달님이가 인사를 하자 죽이 아씨는 밝게 답한다.

"어! 꽃님이하고 달님이 아니냐. 달님이도 마실 왔었나 보구나. 이제 가려고. 꽃님이도 달님이네 집에 가 자려나보구나. 거, 어두워 우물둥치가 미끄러우니 조심해 지나가렴."

달님이는 다소곳이 대답했다.

"야."

웬일인지 죽이 아씨는 아버지처럼 기댈만한 어른 같았다. 꽃님이 언니를 내려다보는 죽이 아씨의 눈길은 한 없이 깊어 보였다.

모가비 죽이 아씨의 말은 늘 따뜻하였지만 굳센 힘이 그 속에 있었다. 죽이 아씨가 방으로 들어가는 것을 보고서야 달님이는 꽃님이를 데리고 되돌아섰다.

"컹! 컹! 컹!"

동이는 그 사이 달님이와 가까워졌다. 이미 달님이와 꽃님이보다 서너 걸음 앞서 저만치 달음질친다.

"동이야! 같이 가자. 꽃님이 언니, 가자."

떡전거리는 을씨년스러울 정도로 조용했다. 죽이 아씨 말대로 우물둥치는 그새 얼어붙었는지 미끄러웠다. 꽃님이는 달님이의 팔짱을 꼭 끼고 씨암탉걸음질을 쳤다.

달님이는 모가비 죽이 아씨가 광대패 모가비지만 참 사람이 다정하면서도 무섭다는 생각을 하였다. 돌이가 아버지를 찾아 남쪽으로 간 얼마쯤이었다.

우물둥치에서 몽고 놈들이 달님이 물항아리를 뺏어 장난질을 쳤고 이를 본 모가비 죽이 아씨가 그러지 말라고 눈짓으로 말렸다. 그러자 한 몽고 놈이 모가비 죽이 아씨에게 무어라 욕하며 주먹질을 하였다. 아니, 달님이는 주먹질까지만 보았고, 그 다음에 그 몽고 놈의 손은 죽이 아씨에게 이미 반쯤 꺾여 엎어진 뒤였다. 동시에 달님이 물동이를 흔들어 대며 웃던 또 한 놈은 다리를 걸어차여 서너 걸음은 뒤로 나뒹굴었다.

그 일 이후로 몽고 놈들이 달님이에게 장난질을 함부로 치지 못한다. 모가비가 되기 전에 죽이 아씨는 광대패에선 드물게 칼을 잘 던지는 고수였고 수박(手搏)을 잘한다는 말도 수새 아버지에겐가 들었다. 태어나기도 전 일이지만, 죽이 아씨의 얼굴에 난 상처는 떡전거리에 광대패로 들어와 있을 때 대방과 싸워 난 것이라 하였다. 그때 광대패를 이끌던 대방을 달님이는 한 번도 보지 못했지만 어찌나 무예가 뛰어난지 회회아비가 서넛이 덤벼도 안 된다는 이야기도 언젠가 아버지가 하였다. 여하튼 죽이 아씨와 다툰 그 이듬해부터 그 대방은 이 떡전거리에 다시는 나타나지 않는다고 한다.

달님이는 집에 와서도 '곰이 언니와 돌이에게 모가비 죽이 아씨가 온다는 말은 못 들었는데…'라는 생각을 하며 소마소마 마음을 졸였다. 달님이는 곰이와 돌이가 회회아비에게 무슨 일을 하려는 것은 분명한데, 그 다락같은 회회아비의 완력은 우리 동네 씨름장사인 메아지 아버지도 나가떨어지지 않았다. 암만 술을 먹어 취했다고는 하나 호락호락 당할 예사 되놈이 아니기에 여간 걱정스러운 게 아니었다.

달님이 엄니는 검둥네서 먹은 국화주 두어 잔에 취해서인지 초저녁부터 잠들어 있더니 이제는 주럽이 들어서인지 코까지 곤하게 골았다. 꽃님이는 정신 줄을 놓았는데도 돌이 일을 알기나 하는 것처럼 잔뜩 웅크려서는 달님이의 치마폭을 꼭 쥐고 놓지 않았다.

가을바람이 어찌나 무섭게 불어 젖히는지 문풍지가 부르르 떨었다. 달님이는 불안한 마음을 달래려고 꽃님이를 흔들었다.

"꽃님이 언니! 언니! 내가 옛날 얘기해줄까?"

옛날 이야기라는 말에 꽃님이는 치맛자락을 놓고 얼굴을 코앞에 들이댔다. 달님이가 들려 주려는 이야기는 시루말 이야기였다. 이 이야기는 전해 오는 것으로 이 지역 사람이라면 아이들까지도 다 안다.

· 21
이 이야기는 제주도의 〈천지왕본풀이〉와 함께 우리 나라 창세신화로서 중요한 가치를 가지는 자료이다. 큰굿의 제차(祭次)에서 가장 먼저 구연하는 신화라는 점에서 창세신화임을 알 수 있다. 천상계의 남신과 지상계의 여신이 결합하여 인간계의 시조신을 출생했다는 내용으로 보아 단군신화나 주몽신화 등 국조신화와 유사한 신화임을 알 수 있다.

"꽃님이 언니, 시루말이라고 알지? 떡을 찌는 시루, 왜 가을이면 시루떡을 쪄서는 부뚜막 장독대에 올려놓고 조왕신, 터주신, 성주신에게 고사를 지내잖아."

"맞어, 시루떡 나 잘 먹어. 엄니가 해줬어. 엄니가 하늘나라에서 또 해줄거야. 그렇지? 달님아!"

"응. 꽃님이 언니 말이 맞어. 그 시루떡을 찌는 시루의 구멍은 하늘을 말한대. 왜 시루에 보면 어떤 건 7개, 어떤 건 9개, 어떤 건 12개의 구멍이 뚫려 있잖여, 그지 꽃님이 언니?"

"알아! 알아! 그게 하늘을 말해는 거여. 엄니에게 들었어."

"맞어, 꽃님이 언니. 이 시루말 얘기인데. 지금부터 할 테니 잘 들어 봐. 옛날에 옛날에 저 하늘에 천하궁이 있었는데 거기에 당칠성이란 멋있는 사내가 살았대. 근데 이 당칠성이 하늘에서 내려와 지하궁에 사는 매화부인을 사랑했걸랑."

"그래서, 그래서."

달님이는 꽃님이 언니가 정신 줄을 아예 놓기 전에도 얘기 듣는 것을 참 좋아했지만, 여전히 이야기만은 알아듣는 게 참 이상했다.

"그래서 매일 밤, 매일 밤, 당칠성이 내려와 자고 갔더니, 글쎄 매화부인이 아이를 가졌고. 아들 형제를 낳았다지 뭐야. 큰아들은 선문이고 작은아들은 후문이라 이름을 지었대. 그런데 당칠성이는 잠만 자고 하늘로 올라간 거야. 그러니까 설라무네, 애들이 선문이하고 후문이에게 아부지 없는 자식이라고 놀려댔지 뭐야."

"망해다. 망해다. 회회아비눔 같어. 달걀구신 같어."

꽃님이가 얼굴을 찌푸리고 고개를 좌우로 저으며 가슴으로 파고 들었다. 달님이는 이야기를 끊고 꽃님이를 품에 꼭 껴안았다. 가늘고 연약한 어깨가 달님이의 가슴에서 바들바들 떨었다. 꽃님이를 안고 있는 달님이의 손도 어깨도 문풍지처럼 파르르 떨렸다.

"아니여. 꽃님이 언니. 이젠 괜찮어. 돌이하구, 곰이 언니가 막 혼내줬어."

"증말."

"그럼. 그럼 이젠 다시 이야기해두 되지?"

"응!"

"그래서, 두 형제는 엄니인 매화부인을 졸라서 아부지 당칠성이 천하궁에 산다는 것을 알아냈대. 두 형제는 천하궁으로 아버지를 찾아갔지. 당칠성이는 아들 형제를 만나 선문이는 대한국을 주고 후문이는 소한국을 주었어. 그런데 이 시절에는 해와 달이 둘이라 사람들이 살기가 어려웠대. 해와 달이 두 개씩이니 낮엔 해가 둘이 비처 뜨겁고 밤엔 달이 두 개나 되니 너무 추워서 잠을 잘 수 읍거들랑. 그래, 형제는 쇠로 만든 활로 해와 달 하나씩을 쏘아 없애 살기 좋은 시상으로 만들었다는 얘기지.…"

꽃님이 언니는 어느새 잠이 들었는지,

"돌이야! 돌이야!"

하고 잠꼬대를 한다.

달님이는 '그래, 좋은 시상, 좋은 시상, 왜 이 시상은 이럴까? 그런 좋은 시상이라면 돌이도 곰이 언니도 나도 편안하게 살 텐데. 그런데 도대체 어떻게 일이 돌아가는 걸까?'라고 혼잣말을 하였다.

또 한번 맹렬하게 바람이 지나갔다. 사립짝에서 삐걱삐걱 하는 소리가 안방까지 짓쳐들어왔다. 아직 겨울도 아닌데 사뭇 북풍이 몰아치는 듯하다. 뒤란에 자귀나무잎이 부수수 부수수 하였다. 꽃님이는 이리뒤척 저리뒤척 잠을 이루지 못하였다.

깊은 가을 밤 한 허리에 걸린 달빛이 견디다 못해 휘영청 창호에 우려 들고 이런저런 생각에 지친 달님이의 몸이 아슴아슴 막 잠이 들려 할 때였다.

"불이야! 불이야!"

갑자기 밖에서 와자지껄하는 소리가 나며 창문 밖이 환해졌다. 사람들의 외침에 달님이 엄니도 꽃님이도 엉겁결에 일어나 앉았다. 달님이는 '혹 돌이와 곰이 언니가 회회아비와 싸우다 무슨 일을 당하는 것은 아닌지' 하는 숭한 생각이 떠올랐다. 달님이가 부랴부랴 옷을 걸쳤다. 겨우 발에 걸린 신발을 끌고 밖으로 나왔을 때, 떡전거리 허리쯤에 있는 회회아비네 만두가게에서 불길이 치솟았다.

달님이가 우물둥치를 지나 만두가게 앞까지 한 걸음에 달려오니 돌이가 저만치 보였다. 그 옆에는 곰이도 팔짱을 끼고 서있었다. 마을 사람들도 모두 나왔다. 모가비 죽이 아씨는 불길이 치오르는 맨 앞에 서있고 광대패 역시 저쪽 뒤에 서서 불길을 쳐다보고 있었다. 달님이는 불길에 일렁이는 죽이 아씨의 눈가에 '반짝' 하고 물 별이 뜬 것을 보았다.

몽고 놈들 몇이서 그래도 두남두는지 술 취한 걸음으로 바가지를 들고는 우물둥치로 갔다. 저번에 우물둥치에서 달님이를 놀리다 모가비 죽이 아씨에게 얻어맞은 몽고 놈도 보였다. 그러나 사람들은 아무도 불을 끄려하지 않았다.

누군가,

"회회아비가 술에 취해 못 나오나 보군. 천벌을 받는 거여. 암, 천벌을…"

하자, 도야지 아버지가,

"암! 천벌이구 말구, 하늘이 하늘 구실을 하는 건데, 불을 왜 꺼. 그렇게 못된 짓을 제 머리털만큼이나 해대더니."

라며 침을 "캭!" 뱉었다.

바람이 워낙 세어 이미 온 동네 사람이 힘을 합해도 불길을 잡을 수 없게 되었다. 거센 불길은 둘러선 사람들 얼굴까지 발갛게 물들여 놓았다. 몽고 놈 두엇이 바가지에 물을 떠와 끼얹고 사람들에게 "물! 물!" 하였으나 그도 그뿐이었다. 아무도 거들어 주는 사람이 없자 머무적머무적 거리더니 구경꾼들 틈에 섞였다.

잠시 후 만두가게 왼쪽이 무너져 내리며 불꽃이 확 일더니 반딧불처럼 하늘에 불꽃수를 놓고는 검은 하늘로 사라졌다. 회회아비의 만두가게와 붙어있는 몽고 놈의 집도 이미 반이 타들어갔다. 일이 이렇게 돌아가자 몽고 놈들은 비칠비칠 사람들 사이를 빠져나와 땅바닥에 털썩 주저앉았다.

주먹을 꽉 쥐고 곰이와 서서 이 광경을 바라보는 돌이의 얼굴에도 불기운이 비쳐서인지 붉게 이글거렸다. 달님이는 갑자기 돌이가 큼지막한 바위처럼 느껴졌다. 달님이는 무엇보다 돌이와 곰이가 무사하여 마음을 쓸어내렸다. 만두가게 불길이 반 넘어 사그라질 때쯤 곰이가 소매를 당겼다.

"달님아! 엄니, 꽃님이두 그만 들어가자. 지 눔이 하두 망한 짓을 했으스리 죽어 마땅하지. 돌이야! 니도 오늘은 우리 집이서 자자."

달님이는 그제야 엄니가 꽃님이 언니를 데리고 나와 옆에 서 있는 것을 보았다. 죽이 아씨는 어느새 보이지 않았다.

참 무서운 밤이었지만, 달님이는 그날 밤 차가운 가을바람이 따뜻한 봄 햇살같이 느껴졌다.

곰이와 돌이는 회회아비에 대해 한마디도 말하지 않았고 달님이 역시 물어보지 않았다. 다음 날, 읍성에서 조사차 두어 사람이 나왔으나 회회아비가 술에 취해 등잔불을 켜놓고 잠을 자다 발로 차 그런 변을 당한 게 맞을 거라는 소문만 듣고 갔다.

그렇게 그 해 가을이 노랑, 파랑, 빨강 꽃비가 떨어지듯이 갔다. 겨울을 맞고 지내고, 고양이 같은 새 봄이 왔고, 여기저기 새싹이 돋더니 제비꽃이 폈다. 제비꽃은 제비보다 먼저 와 제비보다 먼저 지는 꽤 슬픈 꽃이다. 이제 보릿고개가 시작됨을 알리는 꽃이요, 그렇기에 북방의 굶주린 오랑캐가 양식을 찾으러 쳐들어옴을 알리는 꽃이기도 했다. 꽃의 뒷모양은 꼭 머리 태를 드리운 오랑캐의 뒷머리와도 같다.

그래도 달님이는 이 제비꽃이 참 좋았다. 귀족들의 정원에는 모란꽃이 그득하다고 하지만 노랑, 보라의 제비꽃은 땅에 착 엎드려있는 게 꼭 백정들의 삶 같아선지 봄이면 달님이 눈길을 늘 야무지게 뺏어댔다.

막 돌이 엄니의 산소 곁에 제비꽃이 봄 햇살 문 채 몽우리를 맺힐 무렵, 돌이가 달님이를 제 집 뒤란으로 불러냈다. 달님이는 깍짓손을 하고 반쯤 외면하며 울타리 섶만 보았다. 돌이는 그런 달님이를 흠칫흠칫 보며 몇 번이나 입맛만 쩍쩍 다셨다. 그렇게 한참이나 입만 달싹이고 뜸을 두어 번이나 들이더니 말문을 열었다.

"달님아! 나 서경 좀 댕겨올거여."

그러더니 돌이는 달님이 손을 잡아당겨 뜬금없이 댕기 둘을 쥐어준다.

"하나는 니꺼구, 하나는 꽃님이 언니 꺼다. 단옷날 매여. 저번에 아부지 찾으러 가며 사다준다고 했잖여. 그때 사온 건데, 그동안 정신없어 이제야 주는거여. 나는 서경 좀 다녀올거걸랑."

"서경? 갑재기 서경은 왜?"

"거기 '심(힘)'이 있다더라."

"뭐, 심? 심이 뭔데? 누가 심이 거기 있다고 했는데?"

달님이는 들음들음 무슨 소리인지 몰랐다. 달님이가 옴니암니 따지자니 돌이는 대답 대신 달님이 손을 꼭 잡았다.

달님이는 돌이의 손이 그렇게 크고 따뜻한 줄 처음 알았고 돌이의 숨소리와 심장소리가 그렇게 사내다운지를 안 것도 처음이었다. 달님이는 돌이의 얼굴에서 저번 회회아비네 불난 날 본 모습을 보았다.

며칠 뒤, 돌이는 곰이와 함께 서경으로 떠났다. 달님이의 눈에 질 끈 괴나리봇짐을 등에 동여매고 서경으로 가는 돌이의 뒷모습이 앞산만 했다가 뒷산만 했다, 달만 했다 별만 해졌다. 그러더니 달님이의 눈동자에 맺힌 돌이의 뒤태가 달막달막한 가슴으로 내려와 둥지를 틀고는 앉아버렸다. 달님이는 가슴이 아리고 쓰렸지만 눈바래기만 할 뿐이었다.

이른 봄날 때 이른 아지랑이가 달님이의 두 눈에 아롱아롱 피어오르더니 귓결에 노랫소리가 들렸다. 〈서경별곡〉이었다.

"서경(西京)²²이 아즐가 서경이 서울이지마는
위 두어렁셩 두어렁셩 다링디리

닦은 곳 아즐가 닦은 곳 작은 서울을 사랑하지마는
위 두어렁셩 두어렁셩 다링디리"
...

• 22
지금의 평양으로 고려시대에는 송도가 제1의 서울이고 서경이 제2의 서울이었다.

"컹! 컹! 컹!"

동이도 헤어지는 것이 서운한지, 가다간 서고 가다간 서고 한참을 짖어대며 돌이를 따라갔다. 꽃님이는 한 손엔 돌이가 준 부러진 비녀를 들고 한 손으론 달님이 치맛자락을 꼭 쥐었다.

가시리 가시리잇고 나난
바리고 가시리잇고 나난
위 증즐가 태평성대

날러는 어찌 살라하고
바리고 가시리잇고 나난
위 증즐가 태평성대

잡사와 두어리마나난
선하면 아니올셰라
위 증즐가 태평성대

셜온님 보내압노니 나난
가시는 듯 도셔 오쇼셔 나난
위 증즐가 태평성대
〈가시리〉

 달님이는 저도 모르게 〈가시리〉를 불렀다.
 〈서경별곡〉과 〈가시리〉, 누구나 이별을 할 때 부르는 노래였다. 이별은 이별이기에 슬프지만 결코 절망은 아니라고 달님이는 입술을 자그시 깨물었다.
 백정들은 가는 사람도 보내는 사람도 이 노래를 부르고 보내고 이 노래를 부르며 떠났다. 떠나고 보내지만 다시 만날 것을 이미 알고 있는 노래요, 삶이 자신들의 몸을 스쳐갈 때면 부르는 노래이기도 하였다.
 달님이는 아리아리한 그 무엇이, 앙가슴을 불에 데 듯 파고든다고 느꼈다.

7장
박넝쿨 다 끌어들여도 한 드레박

차설 "곰이 헝! 즘 쉬었다 가."

"그래, 나두 다리깽이가 아프네. 그런데 아까 보니깐두루. 뭐, 꼬불쳤다가 꽃님이에게 주던데. 그거 뭐여?"

"꼬불치긴, 부러진 비녀여. 엄니가 돌아가시면서 살랑의 깨소금 항아리 말씀을 하셨어. 그래, 그동안 까맣게 잊어버렸다 엊그저께 깨소금 항아리를 쏟아 보니 부러진 비녀가 그 속에 들어 있더라구."

"그래, 뭐 금비녀 비스꾸무리한 거라두 되남?"

"곰이 헝은 참. 무신, 엄니가 꽃님이 언니 주려고 장만했다가 부러진 게 아닌가 해. 비녀에 뭐라 적혀있는데 헝이나 나나 글자를 모르잖여. 여하간 뭐, 여자 꺼니까 꽃님이 언니 주라는 거겠지."

"근데, 돌이야! 죽이 아씨는 당성 패거리에게 갔나부지."

"응. 떠나셨나봐. 물어 보지는 않았지만 어디 댕기러 가다 우리 집 일을 알고, 그래 우덜 때문에 못 떠난 거지, 뭐."

"그건 그렇지. 돌아! 그런데, 그날, 말이어. 그 회회아비놈 집에 불을 낸 게 혹 죽이 아씨 아니여?…"

"글쎄, 누군가 우덜 일을 대신 해준 심인데,… 죽이 아씨에겐 딱히 그럴만한 이유는 읍잖여. 여하간 회회아비에게 그런 일을 낼만한 사람들이 우리 동네에 어디 우덜뿐이겠어. 그나저나 형! 저물녘까진 남경[23]에 들어가야 해."

돌이는 코대답을 하며 곰이에게 어서 가자고 오금을 박고는 부지런히 걸었다. 금주(衿州)[24]를 지날 무렵 다리도 쉴 겸, 안양사(安養寺)로 찾아들었다. 맑은 시내가 절 앞으로 흘렀다. 돌이와 곰이는 두어 모금 목을 축이고 절간으로 들어섰다.

· 23
지금의 서울특별시로 고려시대에는 제3의 서울이었다.

· 24
지금의 경기도 시흥시

안양사는 태조 왕건이 세웠다. 돌이와 곰이가 조약돌을 잡을 듯한 시냇가를 건너 절에 들어가 보니, 절의 크기도 크지만 마당에 2월 보름 연등절에 걸어 놓았던 수박, 연꽃, 마늘, 참외 등 식물모양과 거북이, 봉황, 잉어 등 동물모양의 연등이 이리저리 걸렸다. 그 사이사이엔 종이로 개, 호랑이, 사슴, 꿩, 토끼 모양을 오려 매달아 놓았다. 절의 추녀에도 일월등, 선인등, 칠성등, 북등, 누각등이 죽 걸린 것하며 여간 장관이 아니었다.

곰이가 갑자기 멈춰 서서는,

"돌아!"

하고는 뜬금없이 진지한 얼굴로 정색을 하고는 물었다.

"돌아! 굉장하다. 그런데 부처님두 절이 이렇게 크면 좋아하실까?"

"글쎄…."

돌이의 무심한 답에 곰이는,

"그렇지."

하고는 고개를 주억거렸다.

돌이는 '곰이 형 말대로 야단스레 치장해 놓았지만 부처님이 좋아하실지는 모르겠다'고 생각하였다.

절 남쪽, 절 마당 한가운데는 탑이 우뚝 솟아 있었다. 벽돌을 포개어 7층으로 쌓고 그 위는 기와로 덮었다. 맨 아래층은 빙 둘러서 12칸의 긴 행랑방을 만들고, 벽마다 부처님과 보살, 혹은 사람과 하늘을 그린 탱화를 걸어두었는데 색채가 어찌나 화려한지 돌이는 감탄이 절로 나왔다. 아미타불 그림은 더욱 화려하였다. 푸른 연꽃이 깔린 큰 대좌에 오른발을 왼편 허벅다리에 얹고 왼발을 오른편 무릎 밑에 넣고 앉아 있었다. 돌이의 눈엔 그 표정이 너무나 평화롭고 입가의 미소는 온화해 보였다. 화려하기 이를 데 없는 황금색 가사를 입고 있었지만 그래도 괜찮았다. 저런 부처님을 모시고 나쁜 짓과 군짓이나 대구 일삼는 중들이 문제였다. 돌이는 저도 모르게 두 손을 합장하고,

"나무아미타불."

하고 인사를 두어 번이나 구부렸다. 곰이도 돌이가 하는 양을 따라하

며 웃었다.

밖에는 난간이 있었다. 그 뒤에서 맑은 노랫소리가 났다.

> 박 넝쿨 다 끌어들여도 겨우 한 두레박
> 가난한 부엌살림 다 긁어도 겨우 한 두레박
> 가세나! 가세나! 멀리멀리 가세나!
> 저기 저 산마루 멀리멀리 가세나!
> 서리 내리지 않으면 낫 갈아 삼 베러 가세나!
> 〈호목(瓠木)〉[25]

가사 장삼을 입은 스님은 나이가 쉰 중반쯤 되어 보이는데 몸가짐이 단정하며 엄정하였다. 양 볼은 두툼한데 입은 모지고 눈은 고리 눈처럼 빛나 여느 중들과는 어딘지 좀 달라 보였다.

당시 중들의 짓거리는 궁궐의 비호 아래 사뭇 누가 더 많이 타락하

• 25
고려 고종(高宗: 재위 1214~1259) 때 백성들이 어려운 생활을 한탄하여 부른 노래라 하나 가사는 전하지 않고, 『문헌비고(文獻備考)』에 다만 그 한역시가 보인다. 〈드레박 노래〉라고도 한다.
瓠之木枝 切之一水鏄
陋臺木枝 切之一水鏄
去兮去兮 遠而去兮
彼山之嶺 遠而去兮
霜之不來 磨鎌刈麻去兮

는지를 경쟁이라도 하는 듯하였다. 귀족과 함께 놀아나며 세상을 개떡같이 주무르는 것이 이 중들이었다. 순천사(順天寺) 주지 같은 경우, 세도를 믿고 방자하게 기생 자운선(紫雲仙), 상림홍(上林紅) 등과 어울러서 난을 저지른 것은 온 고려 사람이라면 다 아는 이야기다.

나라에서는 승록사(僧錄司)를 두어 중과 절을 관리했으나 오히려

폐단을 더 키웠다. 중들은 국사(國師), 대선사(大禪師), 선사(禪師), 대덕(大德), 대선(大選) 등의 벼슬까지 하며 조정과 한 패거리로 놀아났다. 말로만 부처님인 땡추중들 천지였고 부처님 말씀은 '중이 빗질하는 소리'일 뿐이었다. 중들의 부처님에 대한 염불소리는 하안거(夏安居)와 동안거(冬安居)를 번갈아 드는지, 듣지 못하니 더 이상 사찰은 도를 닦는 도량이 아니었다.

물론 한때는 개경의 장랑(長廊)에서 매 10칸마다 장막 안에 불상을 설치하고, 큰 독에 멀건 죽을 끓여 저장해 두고 국자를 놓아 둔

•26
하안거는 승려들이 음력 4월 15일부터 7월 15일까지, 동안거는 음력 10월 15일부터 이듬해 1월 15일까지 일정한 곳에 머물며 수도하는 것을 말한다.

적도 있었다. 귀하고 천하고를 막론하고 왕래하는 사람 누구나 마음대로 떠먹게 말이다. 이를 스님들이 맡았다고 하는데 이젠 다 옛말이 되고 말았다.

그래, 돌이가 그냥 지나치려는데 곰이가 열통적게 설레발을 쳤다.

"시님! 우덜은 시방 개경으로 귀경 가걸랑여. 노랫소리가 나서… 여기는 돌이고 저는 꽃님이 언니, 아니 달님이 언니 곰이에여. 꽃님이는 애 언니구."

물색없는 곰이의 말에 스님은 빙그레 웃으며 한쪽으로 비켜 앉아 자리를 내주며 말을 건넨다.

"애동대동한 사람들이구먼. 응, 이리들 와 앉아들 보게. 그래 어디를 가나. 난 일연(一然, 1206~1289)[27]이라고

•27
후일 『삼국유사』를 지은 스님이다. 일연은 14세에 출가하여 78세 때 국사(國師)가 된 고승으로 『삼국유사』를 지었다. 본명은 김견명(金見明)이다.

하지. 나는 저 강화도의 선월사(禪月寺)[28]
에 머무는데, 잠시 일이 있어 나왔다가 이
절의 객승으로 묵는다네."

• 28
강화도에 있었던 절로 일연은 1261년(원종 2) 왕명으로 이 절의 주지가 되었다.

돌이가 가만 보니, 음성이 부드럽고 얼굴에도 욕심이 없어 보였다. 돌이는 엉거주춤 앉으며 인사치레를 하였다.

"야, 일연 시님이여. 서경을 좀 가려구여. 전 돌이여. 그런데 아까 부르신 노래가 무신 뜻이여. 동이야! 이리와 이 옆에 앉아."

"어, 그 개 잘 생겼네. 꼬리가 짧은 것을 보니 경주개로군. 나도 경상 땅 장산군(章山郡)[29] 이 고향이라네. 저 달성의 비슬산에 묵을 때 이런 개를 한 마리 키웠었지."

• 29
지금의 경상북도 경산

"야, 잘 생겼시여."

"그렇군. 그런데, 자네. 요즈음, 세상사는 게 험하지. 막돼먹은 세상 아닌가. 내 아버지도 자네와 같은 백정이시지. 암만 새벽같이 일어나 가래톳이 서도록 일을 해봤자 조세네 뭐네 모두 빼앗겨 생쥐 입가심할 것조차도 없으니. 또 가을은 풍요로워야 하는데 어디 그런가. 박넝쿨을 모두 거둬들여도 남는 것은 한 쭈그렁 표주박뿐이고, 가난한 부엌살림을 모두 합쳐도 한 바가지를 채우지 못하니 참 딱하기 그지없는 곤궁한 삶이야. 하지만 제 아무리 힘들어도 우리는 서리가 내리지 않으면 낫을 갈아 삼베를 베러 가야지.

7장/ 박넝쿨 다 끌어들여도 한 드레박

멍하니 아무 일도 없이 앉아 있으면 입에 거미줄밖에 더 치겠나. 자네, 돌이라 했지. 땅에 뿌린 씨앗은 간혹 나지 않는 것도 있겠지, 그렇지만 뿌리지 않은 씨앗은 아예 싹이 날 수조차 없다네. 안 그런가? 젊은이!"

돌이는 가만 듣고 보니 아까 스님이 부른 노래를 말하는 듯한데 정확히 무슨 말인지 몰라서 물었다.

"아, 야. 그러니까 설래무네, '서리'는 잘난 귀족들이 빼앗는 걸 말하구…, 하기야 지들한테 흔해 빠진 게 우덜 같은 놈들이 다 일꾼이 지여, 뭐. 그건 그렇구, 좀 자시히 말씀해 주시겠시여."

일연은 돌이를 물끄러미 보더니 입을 열었다.

"그렇다네. '낫을 갈아 삼을 베듯'이는 백정이나 천민들의 반항이요…."

"그러니깐두루. 거, 머시기냐. 새로운 삶을 만들어보자는 뭐, 그런 마음을 굳게 다져먹으라는 노래란 뜻이네여."

"허! 그렇지, 그렇지! 총명하구먼. 금방 말귀를 알아듣네. 그런데 아까 개경에 간다고 그랬던가? 왜, 무슨 일로 가나?"

돌이는 머뭇거리다가,

"야! 심을 찾아보려구여. 시님도 말씀하셨듯이 이런 시상을 살려면 심이 있어야 해서시리."

"힘! 힘이라고! 그래, 그 힘을 찾아 어디에 쓸꼬?"

"그냥여. 심이 없으면 사랑하는 사램도 못 지키잖어여."

"그 힘이 어디 있는데?"

"그러니깐두루 서울 구경하는 심치고 개경으로 가는 거에여. 거긴 서울이니 심도 찾을 수 있겠지여, 뭐."

일연 스님은 돌이의 얼굴을 한참 보았다. 그만하면 생김새도 미추름하니 됨됨이도 드레졌다.

곰이는 언제부턴지 저만큼 털이 굽실 굽실한 누런 개하고 장난질이다. 가만히 돌이를 보던 스님이 한참 만에 눈길을 거두더니 아까보다도 더 따뜻한 말투로 물었다.

"그래, 돌이라고 했지. 그런데 글은 아는가?"

"아니여, 몰라여. 배운 적도 읍시여. 아부지는 글을 꼭 배워야 한다고 하셨지만서두… 배울 데도 읍구여."

"그래, 힘을 찾으려면 배워야하는데 나한테 글 좀 배워보지 않으려나. 돌이라 했지. 돌이는 이게 무슨 말인 줄 아는가?"

그러며 일연 스님은 나무를 꺾어 흙에다 무언가를 썼다.

"구구유작이해위(拘拘有雀爾奚爲) 촉착망라황구아(觸着網羅黃口兒) 안공원래재하허(眼孔元來在何許) 가연촉망작아치(可憐觸網雀兒癡)"

돌이가 모른다고 고개를 젓자 스님은 뜻풀이를 하였다

"잘 들어 보게. 요 첫 구절은 '한심한 참새야 어찌해서 그렇게 되었느냐'이고, 두 번째 구절은 '어린 게 그물에 걸리고 말았으니'이고, 요 세 번째 구절은 '눈은 두었다가 무엇에 쓰려느냐'이지. 맨 마지막 구절은 '불쌍하게도 그물에 걸린 못난 참새야'로 풀이되지."

"그러니깐두루 참새야말로 덫에 치인 범이요, 그물에 걸린 고기라. 들숨도 날숨도 쉴 수 없는 처지란 말이지여."

돌이가 말참례를 하였다.

일연 스님은 빙긋이 웃으며,

"그렇지."

하고는 말을 이었다.

"여기서 '참새'는 두영철이란 사내이고 '그물'은 정치판이지. 정치판에서 자칫 죽을 수도 있으니 나가지 말라는 뜻도 있지만, 그물에 걸린 참새꼴이 안 되려면 세상을 잘 보라는 말도 되지. 우리가 본다고 보는 게 아니기에 하는 말이지. 돌이! 지금 자네는 나를 보고 있지만 암만 보아도 나를 아는가? 모르지, 얼굴만 아는 거지. 처음 보는 내 속을 어찌 알겠나? 물론 참새가 다른 노래에선 왕이나 권력자로 바뀌어 나타나기도 하니, 노래를 들을 때는 그 뜻매김을 잘 새겨 들어야 하네."

그러면서 스님은 말을 이었다.

"생계불감 불계부증(生界不減 佛界不增)이로고."

돌이가 그 말씀은 또 무슨 뜻이냐고 물었다.

"'우리 세상은 줄지 않고 부처님의 세상은 늘지 않는다'라는 말이지."

다시 돌이가 무슨 뜻이냐고 물었지만 스님은,

"진득하니 한무릎 글 공부를 하면 알 날이 있을게다."

라며 알 듯 모를 듯 웃기만 하였다.

돌이는 무슨 말인지는 모르겠지만 도토리를 터는 큰 메로 뒤통수를 얻어맞은 것 같았다. 돌이는 '심이란 게 글 속에 있는 거구나'라고 생각하였다. 노래를 들을 때 그 뜻매김을 잘 새기라는 말에선, 그동안 불렀던 이 노래도 비로소 이해가 갔다.

> 참새는 어디서 날아왔는가
> 한해 농사가 아랑곳없구나
> 늙은 홀아비 혼자 갈고 매었는데
> 밭에 벼와 수수 모조리 없앴구나
> 〈사리화〉

•30
이제현(李齊賢, 1287~1367)의 한역시로 당시 농민들의 궁핍한 생활과 관리들의 타락된 일면이 잘 풍자되어 있다. 한역시는 다음과 같다.
黃雀何方來去飛 一年農事不曾知
鰥翁獨自耕芸了 耗盡田中禾黍爲

돌이는 아버지의 죽음도 이제야 이해가 되었다. 왕은 이 나라 백정들에게 세금을 무겁게 매기고 방귀깨나 뀌는 힘 있는 놈들은 백정을 뼛속까지 우려먹는다. 참새는 저들을 말한다. 늙은 홀아비만 남은 것으로 보아 젊은이들은 모두 전장에 나가고 없다는 뜻이다. 여기에 관청의 가혹한 세금 독촉은 곡식이 아직 푸른데도 성화이고 심지어 의지가지없는 고아에게까지 징수할 정도였다. 그러니 집안 식구들 모두 모여서 머리를 맞대지만 별 뾰족한 수도 없다. 밭에 뽕나무·밤나무·옻나무·닥나무 따위 유실수를 재배하도록 장려한다지만, 비가 오나 햇볕이 내리 쬐나 밭이랑에 엎드려 까맣게 그을린 얼굴로 저들을 살찌우는 세금만 만들어 내는 꼴이다. 밭이랑 한 골 한 골이 세금 장부인 셈이었다.

눈물로 벼포기마다 심어도 추수한 곡식의 반을 떼어 지주에게 세금을 바치고 남은 것에서 다시 십분의 일을 떼어 나라에 바치는데도 가진 자들은 백정들을 각다귀정도로 생각하였다. 여기에 또 향리들에게 떼이고 종자를 빼고 나면 식구들은 먹을 게 없기에 그야말로 초근목피로 연명하는 게 백정들의 삶이었다.

　여기에 권력자들의 토지겸병까지 심하니 땅을 뺏기고 소작농으로 전락한 백정들이 오히려 몽고병이 오기를 기뻐했다 한들 나무랄 수만은 없는 노릇이었다. 이 노래에서 곡식을 쪼아 먹는 참새가 왕과 귀족이고 백정이 이 노래를 지어 저들을 비꼰 것임을 돌이는 이제야 알았다.

　돌이는 아버지가 왜 글을 배우라고 하였는지도 이해갔다. 돌이는 속으로 외쳤다. '그래, 이게 심이다. 글이 심이었어!'

　곰이는 저 만치서 어깨를 후두둑 떨더니 소나무 밑둥치에 오줌을 누고 있었다. '저러다 이 절 스님에게 경이라도 치면 어쩌려고…' 하며 돌이는 일연 스님을 따라가야겠다고 생각하였다.

　그로부터 며칠 뒤, 돌이와 곰이는 일연 스님을 따라서 강화도 선월사에 들어가 불목하니로 지내며 글공부를 시작하였다. 돌이는 그동안 사찰의 중들은 모두 나쁘다고만 생각했는데, 지눌, 혜심, 천인, 천책, 운묵 등 꽤 괜찮은 스님들도 있음을 알았다.

　특히 일연 스님은 지눌(知訥) 스님의 법통을 계승하였는데, 스님의 말씀이 지나간 자리마다 폭포가 쏴와 떨어지고 낙락장송이 우뚝우뚝 솟는 듯했다. 돌이가 처음 만난 날 들었던 '생계불감 불계부증'이란 말이 삶의 경계는 줄어듦이 없고, 부처의 한계는 끝이 없어 무궁무진하다는 뜻이며 일연 스님이 현풍(玄風)의 포산(包山) 무주암(無住庵)에

계실 때 참선하여 깨달아 얻은 구절임도 알게 되었다.

하루는 돌이가 제 신세가 처량하여 승방에 쭈그려 앉았는데 일연 스님이 이런 말을 하였다.

"돌이야! 지눌 스님께서는 '인지이도자(因地而倒者)는 인지이기(因地而起)라'고 말씀을 하셨다. 땅에 넘어진 자 그 땅을 짚고 일어서야 한다라는 말씀이시지. 그렇잖니? 넘어져 봤자 이 땅 아니냐. 그러니 너도 이 땅을 짚고 일어서면 되지. 네 아부지도 엄니도 모두 돌아가셨지만 너도 네 누이도 버젓이 살아 있잖니. 그러니 일어서야지."

그러며 일연 스님은 돌이의 어깨를 툭툭 쳐 주었다.

돌이는 우쩍 힘이 나는 듯했다. 돌이는 줄곧 이 말을 가슴에 넣고 살아야겠다고 생각했다. 일연 스님은 다른 절의 스님과는 달랐다. 관으로부터 물품을 받지 않았으며 탁발을 하거나 밭을 손수 가꾸어 먹이를 꾸렸다. 제자라야 머리가 댕글댕글한 무극(無極)이란 솔봉이 꼬마스님만이 시봉하였다. 일연 스님은 그때 우리나라의 역사를 담은 『삼국유사』라는 책을 만들고 있었다.

눈이 펑펑 내리는 날이었다. 돌이가,

"시님! 시님이 지금 쓰시는 그 『삼국유사』는 어떤 책이여?"

라고 물었다. 일연은 쓰던 글을 멈추고 책상을 옆으로 물린 뒤 돌이에게 들어와 앉으라고 하였다.

"돌이가 이 책에 관심이 있는가

•31
『삼국유사』는 정사에 실리지 않은 우리나라의 역사와 고승, 그리고 설화들을 수록한 책이다. 특히 향가 14수와 많은 노래들을 수록하였으며 책의 첫 구절이 "옛날 성인들은 예절과 노래를 가지고 나라를 세웠단다(大抵古之聖人方其禮樂興邦)"이다.

보구나. 옛날 성인들은 예절과 노래를 가지고 나라를 세웠단다. 나는 이러한 우리나라의 예절과 역사를 쓰려했다. 내가 틈만 나면 온 나라를 돌며 여러 이야기를 모은 것은 모두 이 책을 쓰기 위한 자료이지. 지금 기록해 두지 않으면 모든 게 다 없어진단다. 나중에 다 쓰거든 너도 읽어 보거라."

"야, 나라를 세우는 게 예절과 노래라고여? 예절은 알겠는데, 노래가 그렇게 중요한감요?"

"암, 세상을 사는 사람들의 이야기가 그대로 담긴 게 노래이지. 좋으면 좋고 싫으면 싫다고 노래는 그렇게 마음을 표현하지. 그렇기에 노래를 가만히 들어보면 그 시대가 어떠한지를 아는 게지. 나도 이 책에다가 우리 노래를 넣는단다."

돌이가 놀라며 물었다.

"시님! 지 아부지께서두 엄니를 위하여 노래집을 만드셨는데여. 그럼 그것두…"

"뭐! 네 아부지께서 글을 아셨니? 그럼 그, 그 노래집은 어디 있니?"

"사실 아부지는 엄니가 노래를 좋아하신다고 행상을 떠나시면 속요를 채집해 오셨시여. 따지고 보면 속요를 채집하려 갔다가 돌아가신 거나 마찬가지걸랑여."

일연 스님이 놀라 물었다.

"그럼, 지금 네 아부지께서 만들었다는 그 노래집은 어디 있니?"

"아니여, 지금은 없시여. 지가 경주서 가져와서리 집 다락에 넣어

두었시여."

　……

　돌이와 일연은 이 날, 한참동안 이야기를 더 주고받았다. 돌이 아버지가 만든 속요집은 내년 봄 얼음이 풀리면 돌이가 집에 가서 가져오기로 하였다.

　돌이는 그날, 아부지가 노래를 채집한 일이 꽤 큰 일임을 비로소 깨달았다.

　선월사에서 그렇게 여름을 나고, 가을을 보내고, 겨울이 되었다. 돌이는 글을 읽은 횟수를 세는 서산(書算)을 한눈씩 제쳐놓고 글 읽는 재미에 점차 빠져들었다. 솔붕이 스님과도 속내를 제법 드러내었다. 곰이는 스님이 키우는 멍구라는 하얀 털이 눈을 뒤덮은 개하고 동이와 어울리며 흘러가는 날과 달만 이렁저렁 세었다. 솔붕이 스님은 이런 곰이를 여전히 머슬머슬하게 대했다.

　돌이가 보기에 곰이 나름대로는 무예를 익힌다고 했지만 늘 멍구, 동이와 함께 어울리며 와락, 펄떡, 껑충 뛰어다니기 일쑤였다. 이럴 때면 솔붕이 꼬마스님은 혀를 차며 일연 스님에게 '저런 종자를 왜 절에 데려오셨냐'고 볼이 탱탱 부어서는 구시렁구시렁 되는대로 말하곤 했다.

　돌이는 한겨울을 나며 화로를 끼고 앉아 화젓가락으로 재에다 글씨를 썼다. 심심하면 곰이는 그러한 돌이에게 다가와 '재에다 그림만 그리고 앉았구먼' 하며 군수작이나 붙이고 퉁박을 주었지만, 눈썰미가 없어도 돌이의 글씨가 제법 틀 잡혀가는 게 보였다. 돌이도 한겨울을 나며 가만가만 곰이를 보니 슬금한 구석이 있었고 동이는 여간 똑똑한 개가 아니었다.

근 반 년이 넘도록 한무릎공부를 착실히 한 덕으로 돌이는 드디어 떠듬적떠듬적 글을 소리 내 읽기 시작했다. 더욱이 아버지가 채집했다는 속요집을 읽을 수 있다고 생각하니 글공부가 더욱 잘 되었다.

그렇게 새해가 밝고 흰 눈이 온통 절을 뒤덮은 어느 날이었다.
그날도 곰이는 동이와 멍구를 데리고 놀다 삼태기에 재를 퍼 나오던 솔붕이 스님과 부닥뜨려 눈총을 한껏 받았다. 뭍에 사는 사람이 절에 들어와 뒤늦게 철수하던 몽고 놈들에게 저 떡전거리가 불태워지고 사람들이 많이 끌려갔다는 말을 듣게 되었다. 이미 그 일이 있은 지 석 달이 지나서였다.

8장

덕일랑 앞에서 받잡고
복일랑 뒤에서 받잡고

각설 찢어진 막사 틈으로 허연 별무리가 보이더니 이내 잔눈발이 날렸다. 압록강변의 추위는 살점이 떨어져 나갈 정도였다. 달님이는 지독한 추위에 온 몸이 저렸다. 꽃님이는 그런 달님이 허리를 꼭 끌어안고 된바람 맞는 문풍지처럼 떨었다.

 끌려 온 지 벌써 얼마가 지났는지도 모르겠지만 길에서 새해를 맞은 것은 확실하였다. 몽고군에게 끌려가는 여인들은 얼마 전까지만 해도 달빛과 별빛을 베개 삼아 베고 잠들었다. 요즈음은 몽고군도 추운지 임시 막사를 얼기설기 쳤지만 겨울철, 이 나라에서 가장 큰 압록강의 한기를 막아내지 못하였다. 서로를 끌어안고 밤을 새우는 수밖에 없다. 오리의 머리 빛깔 같은 강물은 이미 얼음으로 덮였다. 내일

날이 밝으면 저 강을 건넌다.

"내 비녀! 내 비녀!"

꽃님이는 며칠 전부터 더 저렇게 비녀를 찾아대며 잠 덧을 심히 하여 달님이를 깨우곤 했다. 그럴 때마다 달님이는 제 몸도 불덩이지만 하릴없이 꽃님이 언니를 꼭 안아주는 수밖에 없었다. 이마저도 오늘이 마지막이 될듯하였다. 그렇게 피하였건만 올 게 오고야 말았다. 며칠 전부터 달님이에게 눈길을 주던, 누린내 풍기는 몽고 장수 놈이 오늘 저녁에 밤시중을 들라고 하였다.

내일이면 저희들 나라로 들어가서인지 오늘은 술판이 꽤 길게 이어졌다.

"내 비녀! 내 비녀!"

또 한번 꽃님이는 진저리를 치며 비녀를 찾아댔다. 돌이가 떠난 뒤 꽃님이는 늘 그 부러진 비녀를 손에서 놓지 않았다. 그러던 비녀를 몽고 놈들에게 붙잡혀 올 때 방에다 떨어뜨리고 왔다. 몽고 놈들이 떡전거리에 들이 닥쳤을 때 달님이는 꽃님이네 집에서 옷을 깁고 있다가 함께 붙잡혔다.

돌이와 곰이가 떠나고, 얼마간 지난 작년 가을이었다. 달님이와 꽃님이는 몽고군에 잡혀 북으로 북으로 지금껏 끌려왔다.

떡전거리에 들어온 몽고군은 닥치는 대로 불을 지르고 사람들을 죽였다. 그러더니 세 패로 나뉘었다. 일부는 남자들이 도망간 산으로 쫓아갔고 일부는 달님이 엄니 또래의 아낙들을 모두 우물둥치 옆의 밭으로 끌고 갔다. 또 다른 한 패의 몽고군은 달님이와 같이 젊은 여자만을 데리고 읍성 안으로 들어갔다. 달님이 엄니와 달님이는 그렇게 맥없이 헤어지고 말았고 이제는 서로 생사도 모른다.

그때 읍성 안에는 이미 다른 곳에서 몽고군에게 끌려온 여인들로 가득했고 모두 달님이 또래였다. 그 수는 어찌나 많은지, 달님이가 아는 셈으로는 모두 헤아릴 수조차 없었지만, 지금은 퍽 많이 줄었다. 몽고 놈들의 능욕을 참다못해 목숨을 끊은 여인들이 반이라면, 반은 여인의 몸으로 천릿길을 걷다가 벼슬아치 집에 그렇게 많다는 백목련꽃 떨어지듯 슬프게 죽어갔다.

목련꽃은 잎보다 꽃을 먼저 피운다. 꽃이 져야만 잎이 난다. 앞뒤가 바뀌어서인지 꽃이 피는 날이 곧 지는 날이다. 벙그는 새하얀 목련꽃 봉오리는 꼭 순결하고 아리따운 계집애같지만 일찍 지고 만다. 바짝 말라 마른 갈색으로 땅에 뒹구는 꽃잎은 참으로 슬프다. 달님이는 제 신세나 내 신세나 다를 바 없다고 생각했다.

하지만 아직도 앞으로 뒤로 끝없이 이어지는 행렬이다. 달님이는 꽃님이 언니만은 놓치지 않았다. 달님이는 꽃님이 언니를 놓치기라도 하는 날이면 돌이도, 곰이 언니도, 엄니도, 다시는 만나지 못한다는 생각이 들었다.

몽고군은 낮에 눈여겨 보아두었던 여인들을 밤마다 갈아들였다. 달님이는 틈만 나면 꽃님이와 제 얼굴에 흙을 묻히고 되도록 몽고군의 눈에 띄지 않게 행동하였지만 도리가 없었다.

다른 날이면 잠자리에 들 시간인데 오늘은 술자리가 길어서인지 밖은 여전히 소란하다. 어차피 능욕을 당했다면 벌써 죽은 목숨이었다. 달님이 없이는 꽃님이 언니도 며칠을 넘기지 못할지 모른다. 북으로 끌려오면서 그래도 다행인 것은 꽃님이의 정신이 조금은 돌아왔고 달님이보다도 오히려 몸은 더 건강하였다.

달님이는 낮에 눈길을 주던 몽고 놈을 상대해야 한다는 생각을 하자, 그렇잖아도 추위로 잔뜩 옹그린 몸이 자지러지게 놀라며 머리털이 곤두 서는 듯 했다. 이마를 짚어보니 어스름저녁 무렵보다도 열이 더 오르고 땀기까지 촉촉하다. 언제부터인가 생각나지도 않았던 돌이의 얼굴이 오늘은 또렷이 떠오른다.

"돌아!"

달님이는 가만히 돌이의 이름을 불러봤다. 어차피 죽은 목숨이다. 여러 차례 도망칠 기회를 엿보았지만 기회를 찾지 못하고 여기까지 오고야 말았다. 이젠 더 이상 피할 수 없다. 이래 죽나 저래 죽나, 가로 지나 세로 지나 죽는 것은 마찬가지였다. 달님이는 첫잠이 깊이든 꽃님이를 살며시 깨웠다.

"꽃님이 언니! 꽃님이 언니!"

다행히도 꽃님이는 금방 눈을 떴다. 달님이는 입가에 손을 갖다 대고 눈을 깜짝이고는 꽃님이 언니 손을 잔뜩 움켜쥐었다. 심장은 중이 법고 치듯, 두 방망이질을 치고 조비비었다.

꽃님이도 무슨 일이 일어나는지 아는 듯이 손아귀에 잔뜩 힘이 들어갔다. 도망을 치려면 낮에 보아둔 압록강변의 갈대 기슭으로 들어가야 한다. 달님이는 언젠가부터 길에서 주워 허리끈에 숨겨 넣어 둔 작은 칼 조각으로 막사의 뒤를 찢었다. 막사 천막은 의외로 쉽게 찢어졌다. 생각대로 여기저기 술판을 벌이느라 막사 뒤에 보초병은 없었다.

보름인가 보다. 달은 휘황한데 박꽃처럼 하얀 별빛이 소나기처럼 쏟아지고 있었다. 먼저 꽃님이를 내보내고 달님이가 손어름으로 땅을 짚으며 뒤따라 나왔을 때다.

누군가 막사 뒤로 오는 발자국 소리가 들렸다. 달님이는 겁결에 꽃님이 입을 막고 돌아섰으나 이미 발자국 소리는 뒤에서 멈췄다. 달님이는 오금이 풀리고 눈앞이 캄캄하여 꽃님이를 안고는 그대로 주저앉아버렸다.

거친 손아귀가 달님이의 목덜미를 쥐었다. 달님이는 온힘을 다 하여 칼 조각을 쥔 손에 힘을 주어 휘두르며 일어섰다. 엉겁결에 한 발짝 물러서며 히죽 웃는 몽고군은 하필이면 낮에 눈길을 주던 그놈이었다. 놈은 다른 병사들을 부르지 않았다. 달님이가 잼처 칼 조각을 움켜쥐고는 놈의 웃는 얼굴을 향해 힘껏 내저었다.

그러나 칼 조각이 허공에 하얀 달빛만 흩뿌려 놓았을 뿐이었다. 놈의 표정이 바뀌고 달님이의 손에서 칼 조각은 힘없이 떨어졌다. 어느새 뽑은 놈의 칼끝은 초닷새 달 그늘처럼 싸늘하게 달님이의 옷고름을 향했다.

달님이는 하늘을 올려다보았다. 하늘엔 달과 별이 소금꽃처럼 활짝 피더니 배추나비처럼 달님이의 몸으로 훨훨 날아 들어왔다. 고름 풀던 봄날 어름조각이 서럽게 햇살을 받으며 스러지듯. 별빛도 쏟아져 날아들었다.

달님이는 눈을 감았다. 달도, 별도, 하늘도, 어둠뿐이다. 이제 모든 게 끝이다. 돌이가, 엄니가, 떡전거리가, …어둠속으로 지나갔다. 삶의 끈을 여기서 놓는다는 게 그렇지만, 혀를 깨물기만 하면 된다고 달님이는 생각했다.

그때였다.

"어! 죽이…아씨!…"

꽃님이의 낮은 외침이 달님이의 귀에 들렸다. 달님이가 눈을 떴을 때, 하얀 달빛에 놈의 뒤에 또 다른 사람 얼굴이 어룽어룽했다. 순간, 놈의 얼굴이 손으로 가려졌는가 싶더니 목 줄기에 한 줄기 섬광이 지난 자리를 따라 검은 물줄기가 하얀 달빛을 받으며 허공에 줄을 그었다.

달님이의 눈에 죽이 아씨가 어룽거렸다. 죽이 아씨는 조용히 손을 입에 갖다 대었다.

"역시! 달님이가 보통은 아니구나."

죽이 아씨는 아무 일 없다는 듯 놈의 시체를 끌어 옆 도랑에 놓고는 싱긋이 웃으며 달님이의 어깨를 툭 쳤다. 그러고는,

"잠깐만 기다리거라."

귀엣말을 하고는 여러 막사 뒤를 여기 저기 찢어 놓았다.

"이 정도면 됐겠지. 가자!"

죽이 아씨는 꽃님이와 달님이를 양 손에 갈라 잡고 갈대숲으로 조용히 들어갔다. 강을 따라 오 리는 실히 왔을 때쯤 다른 처녀들도 찢어진 막사 틈으로 나왔는지 여기저기 횃불이 비치고 소리가 요란하

였다.

달님이는 긴장이 풀려서인지 몸이 덜덜 떨리고 정신도 몽롱해졌다. 죽이 아씨가 그런 달님이의 모습을 보고는 잠시만 쉬었다 가자고 하였다.

그러고는 꽃님이의 손을 가만히 끌어당겨서는 얼굴을 찬찬히 뜯어 보는 듯했다. 달님이는 죽이 아씨 눈에서 분명 달빛이 반짝이는 것을 보았다. 잠시 뒤, 죽이 아씨는 허리춤에서 무엇인가 꺼내서 꽃님이의 손에 쥐어 주었다.

"꽃님아! 다시는 잃어버리지 마라."

"아! 내 비녀."

꽃님이 언니 말처럼 비녀는 분명한데, 한 개가 아닌 부러진 비녀가 두 개였다. 죽이 아씨는 멍하니 쳐다보고 있는 달님이에게 말했다.

"달님아! 지금부터 내가 하는 말 잘 들어라. 나는 며칠 전부터 이곳에 와 너희를 기다렸다. 나는…"

순간, 죽이 아씨의 말소리는 몽고 군사들의 군호(軍號)소리에 묻혔다. 소리 나는 쪽을 돌아보니 훤한 달빛으로 마치 소금을 뿌려놓은 듯한 갈대밭 저쪽에 어느 틈에 쫓아 왔는지 몽고 군사 여러 놈이 먼발치로 보였을 때였다.

"쉿!"

어느 놈이 활시위를 당겼는지 눈발과 달빛을 뚫고 화살 하나가 꽃님이 가슴팍으로 날아들었다. 달님이의 외마디 소리와 화살 꽂히는 소리가 동시에 밤하늘을 짧게 갈랐다.

"아!"

"퍽!"

화살은 어느새 꽃님이를 감싸안은 죽이 아씨의 등에 꽂혔다.

그러나 죽이 아씨는 이미 생각이나 했던 듯 조금도 당황한 빛이 없었다.

"달님아! 시간이 없어 이야기를 다 못하겠구나. 이대로 함께 갈 수도 없고. 내가 저놈들을 유인할 테니 너는 강을 따라 죽 내려가라. 그러면 중씰한 두 사람이 배를 대고 있을 게다. 그들이 너희를 안전한 곳으로 데려다 줄 테니 걱정 말아라. 달님아! 꽃님이를 잘 챙겨주기 바란다. 내가 살아 있으면 곧 만나게 될 거지만. 만약 안 오면. 아니다! 다 운명인 것을. 연연하여 무엇 하겠니. 이제까지도 모르고 살았거늘…, 너희들만 무사하면 됐지. 어서 가라."

죽이 아씨의 음성은 낮았지만 단호했다. 순간 죽이 아씨 눈에 맑은 달빛이 '반짝' 내려앉았다. 죽이 아씨는 잠시 꽃님이를 보는가 싶더니 와락 끌어안았다.

"고맙다! 꽃님아! 그러면 그렇지, 내 이미 짐작하였다만."

그러고는 알 듯 모를 듯한 말을 하며 달님이 손을 끌어 꽃님이 손에 쥐어 주었다.

"달님아! 꽃님이 잘 부탁한다."

달님이가 무어라 말할 틈도 없이 죽이 아씨가 갈대를 헤치며 냅다 몽고군들 쪽으로 뛰기 시작했다.

"이놈들! 여기다! 내가 고려인 죽이다!"

달밤 차디찬 허공으로 죽이 아씨의 음성이 차갑고도 무겁게 튀어 올랐다. 바짝 얼어붙은 겨울밤을 깨는 우렁찬 소리였다. 거의 동시에 몽고군들의 외마디 소리와 아우성이 달님이의 귀에 들렸다.

달님이는 꽃님이의 손을 잡고 달빛 아롱거리는 강가를 따라 아래로 뛰기 시작하였다.

그 뒤 달님이와 꽃님이는 죽이 아씨가 말하는 뱃사람을 만났고, 그 배를 타고 이 강화도의 김준(金俊, ?~1268)의 집으로 들어와 기생이 되었다. 김준은 죽이 아씨가 오지 않는다며 달님이와 꽃님이가 노비로 살든지, 아니면 달님이에게 기생이 되라고 강요하였다. 죽이 아씨에게 배와 사람을 빌려 주었으나 오지 않으니 달님이에게 그 값을 치르라고 종주먹을 들이댔다. 달님이는 선택의 여지가 없었다.

강화도는 딴 세상이었다. 여인들은 대단히 비싼 중국산 비단 옷을 입었고 사치스런 치장으로 몸을 감쌌다. 저고리 위에 치마를 입고 그 위에 소매 없는 반비라는 겉옷을 걸쳤다. 허리에는 오색 비단끈에 맵시 있게 쟁그랑거리는 금방울을 달아 꾸몄고 비단으로 만든 향주머니도 찼다. 얼굴에는 미인수를 바르고 분가루를 칠하고 머리에는 다리라는 가발도 얹었다. 이 다리는 백정들의 머리카락을 모아 만들었다. 저 다리는 부역 나간 남편의 식량을 대기 위해, 혹은 식구들의 곯은 뱃속을 위해 잘라 판 머리였다. 이 머리에 비단으로 만든 몽수라는 검은색 너울을 썼다. 아이들은 단단한 강엿을 입에 달고 살며 끼니때마다 감주도 먹었다.

그러나 백정들의 남루한 삶은 제 몸조차 가리기 어려웠다. 하루에 한 끼조차 때 꺼리를 찾지 못해 배를 곯는데 권세가들은 하루에도 연화무늬나 학이 그려진 비취색의 청자에 담아 만금어치를 먹어치웠다. 여기저기 그득히 온갖 맛난 음식을 차려놓고 하인들도 술에 취해 비단요에 토악질을 해 놓고 말이나 개들조차 살이 피둥피둥 쪘다.

벌써 한 해가 지나 그맘때가 되었다.
그날, 참 길고도 무서운 밤이었다. 달님이는 '그날도 희읍스름한 달빛이 저렇게 밝았지'하며 긴 한숨을 들이쉬었다.
어느새 나왔는지 꽃님이가 달님이 손을 꼭 잡고 한 손에 비녀를 내보이며 쳐다보았다.
"죽이 아씨는?"
그날 이후로 꽃님이는 비녀를 손에 꼭 움켜쥐고 다니며 혼잣말처럼 죽이 아씨를 찾았다.
하지만 죽이 아씨는 지금껏 오지 않는다. 달님이는 꽃님이에게 준 부러진 비녀 두 개가 무엇을 말하는지 궁금하였다. 무어라 글자가 적혀 있었지만 달님이는 글을 배운 적이 없었다.
달님이는 가만히 생각해 보니 오늘 배운 노래가 제 신세와 다를 바 없었다. 떡전거리에서 정월을 보내고 달래꽃지짐을 해먹고 수릿날엔 엄니가 익모초 삶은 물을 억지로 먹여 여름 더위를 막으려던 기억이 새록새록 떠올랐다. '아! 돌이는 지금쯤 어디서 무엇을 하고 지낼까? 또 곰이 언니와 엄니는 어디에 있는지? 아니 모두 살아있는지조차 모

르겠다.…'

달님이의 생각은 끝 가는 줄 몰랐다.

달님이는 내일이면 기생으로 이 노래를 불러야 한다. 〈동동〉이라는 노래인데 '동동'은 북소리이다.

> 덕은 뒤에 바치옵고, 복은 앞에 바치옵고
> 덕이여 복이여 하는 것을 바치러 오시어요.

달님이가 알던 속요에는 없는 노랫말이었다. 원래 이 노래는 다달이 노랫말을 붙인 달거리체이다. 팔관희의 백희가무를 위해서 궁에서 바꾸어버렸다. 원래 달거리체는 그 옛날부터 불려 왔다하니 오래되긴 꽤 오랜 노래기에 이 땅에 사는 사람이라면 누구나 안다.

'동동'이란 북소리로 심장과 맥이 뛰듯, 사람들의 온 몸을 자극하고 생기를 넣어준다. 오늘 기생어미는 이 노래를 달님이에게 가르치며 궁중에선 아박춤이라 불린다고 했다. 그러니 전처럼 부르지 말고 우아하게 불러야 한다고 꽤나 구박을 주었다.

> 정월 냇물은 아아! 얼고자 녹고자 하는데
> 세상 가운데 태어난 내 몸은 홀로 지내지요
>
> 2월 보름에 님의 모습은 높이 켜 놓은 등불 같고요
> 만인을 비추실 모습이시어요

8장/ 덕일랑 앞에서 받잡고 복일랑 뒤에서 받잡고

3월 지나며 핀 아이! 늦은 봄 달래꽃이여
남이 부러워할 모습을 지니고 나셨어요

4월을 아니 잊으시고 오신 꾀꼬리 새여
무슨 일로 임은 옛날의 나를 잊으셨는지요

5월 5일 수릿날 아침 약은
천년을 길게 사실 약이라 바치어요

6월 보름에 벼랑에 버린 빗과 같은 신세여
돌아보실 임을 조금이나마 뒤따르고 싶어요

7월 보름에 백가지 음식을 진열하여 두고
임과 함께 살아가고자 하는 소원을 빌어요

8월 보름은 한가위 날이지마는
님을 모시고 지내야만 오늘이 진짜 한가위 날이어요

"음! 음!"

달님이는 목이 막혔다. 늘 흥겹게 부르던 노래였다. 목소리를 낮추어 입술만 달싹이며 우아하게 부르자니 흥이 날 턱이 없다. 그래도 2월의 달놀이, 5월의 단오놀이, 6월의 유두놀이, 7월의 중원놀이까지는 별고 없이 넘어갔으나 또 8월의 한가위놀이에 와서 목소리가 걸렸다. 달님이는 연습 중에도 몇 번이나 이 8월의 노래에서 틀려 기생어미에게 잔소리깨나 들었다.

달님이는 '오월 농부 팔월 신선이라던데…' 라고 혼잣말을 하고는 3·4월이면 화전놀이를 하고 농악을 치던 떡전거리를 떠올렸다. 그때는 꽹과리와 북, 징, 장구만 있어도 마을 사람들은 덩더쿵 흥을 냈었다.

기생어미는 궁궐에선 피리·소금·대금·해금·아쟁·장구·북·박과 같이 합동으로 연주해야 한다며 매몰차게 눈을 흘겼다. 달님이는 '백정들의 삶은 고단하기만 한데, 백정들이 살기 위해 부르는 노래는 참 호사한다'는 생각이 들어 잠시 동안 멍하니 벽만 바라보았다.

> 9월 9일 중양절에 약이라고 먹는 국화
> 꽃이 집안으로 드니 계절이 깊어만 가요
>
> 10월에 잘게 썬 보리수나무 같은 내 신세여
> 꺾어버린 후에 이것을 지니실 한 분이 없어요
>
> 11월 살고 있는 토방 자리에 한삼을 덮고 누워
> 고운 이를 놔두고 따로 지내 슬픈 일이어요
>
> 12월 분지(산초)나무로 깎은 소반 위에 있는 젓가락 같은 내 신세여
> 임의 앞에 들어 사랑을 보이니 엉뚱한 손님이 젓가락을 쓰네요
> 〈동동〉

달님이는 겨우 노래를 끝마쳤다. 자신의 신세가 그야말로 꺾어진 보리수요, 벼랑에 버려진 빗이요, 소반 위의 젓가락 같았다. 동지섣달

추위라지만 돌이가 있다면 여름에 입는 한삼을 덮고 누운들 어떻겠는가마는 지금은 살아있는지조차 모른다.
"음, 돌아! 돌아!"
일찍 잠자리에 든 꽃님이가 가위를 눌리는지 두 손을 허공에 저으며 몸을 뒤챈다.

9장
비 오다가 개어 눈 많이 내리신 날에

차설 곰이와 돌이는 일연 스님께 말씀드리고 절을 나섰다. 병점으로 가기 위해선 손돌목 쪽으로 건너는 게 가장 빨랐다.

일찍 나섰건만 강화도를 건넜을 때, 이미 하늘엔 성근별이 하나 둘 자리했다. 손돌목의 물살이 너무 거칠어 뱃사공이 배를 띄울 수 없다고 손사래를 쳤다. 돌이와 곰이가 통사정을 하여 겨우 탈 수 있었지만 물살이 어찌나 거친지 한 나절을 넘기도록 씨름하고서야 건널 수 있었다.

겨우 건너 와서야 뱃사공 늙은이는 건너온 강화도 하늘에 눈길을 두고 혼잣말처럼 중얼거렸다.

"여름에는 사공, 겨울엔 뱃놈이라드니. 손돌의 원한이 맺혔나부네, 손돌 추위[32]란 말두 그렇구. 하긴 원, 그럴만두 하지. 대꾸만 그래 죽었으니. 그나저나 날이 거지반 이렇게 시커먼데두 길을 가려나. 산 사람은 살아야지. … 하기사 어리 알아서 하려구. 그리만, 두 사람서껀 잘 가이다."

겨울철 해는 짧았다. 서산마루에 노루꼬리처럼 남았던 노을은 이내 사라졌다. 제 아무리 밤길이 붙는다 해도 길을 재촉할 수밖에 없었다.

> **32**
> 고려 때 한 임금이 강화도로 가던 길에 손돌목(통진과 강화 사이에 이르니 바람이 불었다. 뱃사공 손돌은 바람이 위험하니 쉬었다 가자고 하였으나 임금은 오히려 손돌을 의심하고 죽여 버렸다. 그러자 광풍이 불고 배가 위태롭게 되자 임금은 손돌을 죽인 것을 뉘우치고 그 넋을 제사하니, 그때서야 바람이 잔잔해져 무사히 강화도에 닿게 되었다는 전설이 있다. 이때부터 해마다 그날인 음력 10월 20일이 되면 큰 바람이 불기 때문에 이 바람을 손돌바람이라 하고, 또 이날의 추위를 손돌추위라고 한다.

관솔에 불을 밝혀 밤을 낮 삼아 허위허위 떡전거리에 도착했을 때, 서늘한 아침 안개만이 떡전거리에 옴두꺼비처럼 납작 엎드려 있었다.

이미 떡전거리의 집들은 모두 불에 타거나 허물어져 예전의 모습은 없었다. 돌이네 집이며 곰이네 집은 아예 형체조차 없었다. 안개가 꼈다하지만 이미 주인 없는 무덤이 되어버린 듯한 떡전거리가 돌이의 눈에 그대로 들어왔다. 돌이와 곰이는 한동안 장승처럼 우뚝 서 아무말도 못하였다.

이 나라의 불행을 떡전거리가 한몫에 받아낸 듯 몽고군의 침입은 그대로 흔적을 남겼다. 길거리도 스산하기 짝이 없었고 살아남은 개조차도 아예 보이지도 않았다. 곰이와 돌이가 정표를 새겨둔 감나무도 반은 불탔고 반은 부러져나갔다. 우물둥치엔 형체를 알 수 없는 시체 두엇이 깨진 두레박을 무덤 삼아 쓰러져 있었다.

산으로 숨어 간신히 살아남았다는 동고리를 본 것은 곰이와 돌이가 시체들을 수습하여 간신히 타다 남은 짚으로 가려준 뒤였다. 동고리는 곰이의 엄니는 죽었으며 꽃님이와 달님이는 몽고 놈들에게 끌려갔다는 말과 그로부터 며칠 뒤 죽이 아씨가 왔었다고 하였다. 말을 하는 동고리의 눈에 핏발이 섰고 공포가 스쳤다. 늘 사람이 좋다 못해 어리눅고 늘쩡늘쩡한 동고리였다. 그날 일이 얼마나 가혹했는지가 그 눈에서 짐작되었다.

동고리가 그 핏발 선 눈으로 콩팔칠팔 떠들며 데리고 간 곳은 곰이의 엄니와 동네 아줌니들의 시체더미였다. 장례를 치를 수도 없어 그대로 벌말 들 한 귀퉁이에 버려두었다. 엉겨어붙은 시체더미 위에 개미와 구더기가 끓고 까마귀와 솔개가 떼를 지어 앉아 파먹고 있었다. 시체는 누가 누구인지 알 수도 없었다. 제 아무리 땅보탬이 되는 게 인생이라지만, 참혹한 이 지경을 보고 곰이는 울지도 못 했다. 땅이 얼어붙어 덮을 흙조차 없었다.

곰이는,

"이런 생눈 나올 일이. 워터케… 이런, 제길헐 눔들! 숭물스런 눔들!"

만 되뇌었다.

곰이와 돌이는 동네로 가 타다 남은 짚을 가져다 대충 덮을 수밖에 없었다. 거반 덮었을 무렵 눈이 오기 시작하였다. 돌이는 '우째 하느님도 맴이 아퍼 눈을 시켜 조문이라도 하나보다'라는 생각을 하였다.

그러고 보니 시체더미를 덮은 눈이 하얀 소복을 한 것 같았다.

그러고는 돌이와 곰이는 곧 등걸잠을 자며 급히 온 길을 되짚어 갑곶을 거쳐 강화도로 다시 들어왔다. 곰이 엄마의 주검도 못 찾았지만 살아있을지도 모를 꽃님이와 달님이가 더 급했다. 몽고로 끌려 간 꽃님이와 달님이를 찾으려면 죽이 아씨의 말대로 힘 있는 자가 필요했고 힘 있는 자들은 죄다 강화도에 있었다.

우선 일연 스님에게 말씀을 드렸으나 "나무아미타불관세음보살!"만 욀 뿐이었다. 승려로서 정갈한 삶을 사는 일연 스님이었다. 힘 있는 자들을 알지도, 또 누구에게 청탁을 넣을 만한 터수도 못되었다. 돌이에게는 일연 스님의 말씀도 중이 빗질하는 소리로밖에 들리지 않았다.

곰이와 돌이는 하릴없이 북산에 올랐다. 북산(송악산)에서 내려다본 이 나라 왕이 머무는 강화도는 마치 비단을 펼쳐 놓은 듯, 도끼로 깎아놓은 듯 딴 세상이었다.

궁궐과 관아건물이 즐비하였고 정궁 이외에도 행궁 · 이궁 · 가궐을 비롯하여 수많은 궁과 궐이 강화도를 딴 세상으로 만들었다. 정문은 승평문이고, 양쪽에 삼층루의 문이 두 개, 동쪽엔 광화문이 있으며, 바닷가를 따라 외성도 쌓았다. 이 성은 흙과 돌을 섞어서 쌓은 성으로 바닷길을 따라 강화도를 맴돈다.

이 외성 안에 중성과 강화읍성이란 내성을 더 쌓고 그 안에 궁궐을 두어 고려의 왕과 신료들은 전쟁과는 별개인 그들만의 삶을 살았다. 끼니때마다 떡하니 붙어 앉은 호화로운 집들에서는 밥 짓는 연기가 서로 잇달았다.

곰이가 벌떡 일어나,

"제길헐! 두억시니는 뭐하는거여. 저런 눔덜 잡아가지두 않구. 저 눔덜은 저렇게 잘 사는데…우덜언 천상 누룽지 팔자란 말인감."
하며 돌멩이 하나를 집어 아래로 던졌다. 아무런 의미도 없는 돌은 허공에 잠시 떠있다 이내 숲으로 떨어졌다.

돌이는 열흘 전에 읽은 최자(崔滋, 1186~1260)라는 이의 〈삼도부〉란 글이 불현듯 생각났다. 그야말로 화려함의 극치였다.

"공경들의 저택은 10리에 뻗쳤는데 엄청난 큰 누각은 봉황이 춤추는 듯했다. 서늘한 마루하며, 따스한 방이 즐비하며 금벽이 휘황한데 단청이 늘어섰고 비단으로 기둥 싸고 채전으로 땅을 깔았다. 주변엔 온갖 진기한 나무와 이름난 화초들로 꾸며 봄의 꽃이 피고 여름엔 열매를 맺었다. 푸른 숲에 붉은 대청꽃이 그윽한 향내를 뿜고, 퍼진 향기가 그늘을 만들었다. 여기에 한껏 곱고 아양을 떠는 뒷방의 미인들은 구름 같은 옷에 안개같이 소매 없는 윗옷을 입고 갖은 자태와 요염을 부리며 열 지어 둘러 모시고 있다. 화문석 비단요를 깔고 천 잔에 담긴 술에 생황소리와 북소리 드높구나. 그야말로 신선이 마시는 술이 이 아닌가.…"

"돌이야! 저게 연미정이지? 그렇지, 잉. 제길헐 눔들! 지눔들은 여기루 와서도 한가지루 자식 교육이여. 속치례는 형편없는 구랭이만도 못한 눔들이 겉치레만 저렇게 번지르르하니 요란스럽걸랑."

곰이가 이렇게 비틀린 말을 하며 다시 돌멩이 하나를 짚었다. 돌이의 눈에 저 널리 연미정(燕尾亭)이 들어왔다. 한강과 임진강의 합해진 물줄기는 하나는 서해로, 또 하나는 강화해협으로 흘렀다. 이 모양이 마치 제비꼬리 같다고 해서 정자 이름을 연미정이라 지었다. 연미정은 자연경관을 보며 풍류를 즐기고 학문을 하라는 교육기관이었다.

 나라는 어찌되든 내 몰라라 하면서도 제 자식만 교육시키는 저들의 행태가 돌이는 참으로 무서웠다. 그것은 대를 이어 자기와 같은 삶을 만들어 주려는 글자를 아는 이들의 꾀부림이었다. 물론 이 모든 공사의 노역은 하루하루 해동갑을 앙상한 몸으로 살아가는 백정의 몫이었다.

 그러면서도 돌이는 '저게 심이 아닌가?' 하고 오리숭아리숭한 생각이 들었다. 개경의 궁궐과 비슷하게 지어 산의 이름도 생게망게 송악이라 지었다는 이 산이며, 호화로운 궁궐과 고관대작들의 으리으리한 저 집이 심이 아닌가 하고.

 고종 왕 때(1234년)에는 어떤 중이,

 "부소산(扶蘇山 : 송악산)에서 나뉘어 좌소(左蘇)가 된 것을 아사달(阿思達)이라 하는데 옛날 양주(楊州) 땅입니다. 이곳에 궁궐을 지으면 나라가 8백 년은 연장될 수 있습니다."

라는 말을 믿고서 남경(南京)에 가짜 궁궐을 만들고 왕의 옷을 가져다 놓았다고도 한다. 저들은 힘을 지키려면 무슨 짓이든 서슴지 않았다.

 작년 가을, 강화도에 들어와 처음으로 이 북산에 오른 돌이는 그 웅장함에 놀라 일연 스님에게 물었다.

 "시님! 북산에 올라가 보니 궁궐이 되게 대단하던데여. 그런데 이

나라 서울도 지키지 못하여 이리 들어온 저 사람들 심이 짜장 심인지 모르겠시여?"

그때 일연 스님은 북산을 한참이나 바라보더니,

"사백장란(四百瘴難)인 악다구니판 같은 세상사. …난『삼국유사』나 써야겠다."

라는 얼토당토 않는 말만 하였다.

북산은 입을 꾹 다물고 긴 그림자만 느릿느릿 드리웠다.

……

저들, 권력자들은 세상을 바꾸지만 일반 백정은 저들이 바꾸어 놓은 세상을 살아내기 위해 바뀌어야만 했다.

곰이와 돌이는 의논 끝에 강화도의 세력가인 임연(林衍, ?~ 1270)의 도방(都房)이 되었다. 돌이는 백정들이 사족을 못 쓰고 오금을 못 펴게 하는 힘이 저들에게 있다고 생각하였다. 일연 스님의 글이 아니라, 저들의 힘만이 달님이와 꽃님이를 데려올 수 있다고 믿었다. 곰이도 돌이의 의견에 순순히 따랐다.

임연은 진천 사람이었다. 고을

- **33**
사람의 몸은 땅·물·불·바람, 네 요소로 되었고 각각 101종의 병이 있다한다. 모두 404종의 병을 이르는 말이다.

- **34**
본관은 상산(常山, 지금의 충청북도 진천)으로, 어머니는 아전의 딸이다. 임연은 허드렛일을 하다가 몽고군을 고향 사람들과 함께 물리친 공로로 대정(隊正)이 되었다. 그 뒤 김준에게 발탁되어 낭장(郎將)에 올랐으며, 김준을 '아버지'로, 김준의 동생 김충(金冲)을 숙부로 불렀다. 1258년(고종 45) 김준·유경(柳璥) 등과 공모하여 최의(崔竩)를 죽이고 정권을 잡는다. 이후 김준마저 죽이고 명실공히 임연의 집권시대가 열리게 되었다. 그러나 임연의 세력이 커지는 것을 두려워한 원종과 대립하다 1270년(원종 11) 등창이 나서 회복되지 못하고 세상을 떠난 인물이다.

아전 딸의 아들이라 하는데 몽고병과 싸운 공으로 작은 벼슬아치를 지내다 지금 이 나라를 움직이는 김준의 눈에 들었다. 임연의 정치적 지위가 크게 상승하자 여기저기 견제를 받게 되면서 그는 자신의 사병집단인 삼별초와 육번도방(六番都房)을 크게 늘리기 시작했다. 때마침 골격이 좋은 곰이와 글을 읽을 줄 아는 돌이가 지원을 하였고 뽑히게 되었다.

돌이와 곰이는 임연의 도방으로 들어가기 전부터 그에 대한 말은 들었다. 하지만 도방에 들어가서 직접 본 그의 인상은 참으로 험악하였는데 언행도 괴벽스럽고 경망스러웠다. 눈은 벌의 눈이요, 목청은 승냥이 소리를 냈다. 또 몸은 어찌나 민첩하고 힘이 센지 거꾸로 서서 팔을 짚고 다니고 혼자 이엉을 들어서 지붕 위로 던져 올릴 정도였다. 하지만 꾀는 여간내기가 아니었다. 왕에게 잘 보이고자 왕 앞에서 휘파람도 불고 궁궐 기둥에 매달려 원숭이 흉내도 거리낌 없이 내기도 하니 그 검측한 속을 알 수가 없었다.

하지만 임연의 힘을 빌려 달님이와 꽃님이 언니를 찾으려던 돌이와 곰이의 계획은 점점 멀어져만 갔다. 몸뚱이 뿐인 곰이와 돌이는 하루하루 그저 살아가기조차 힘들었다. 임연과 아들인 임유무는 삼별초와 육번도방 군사들을 제 집 종 부리듯 하였다.

그렇게 한 해를 넘기었다.

이제는 도리가 없는 일이 되어버렸다. 돌이와 곰이는 달님이와 꽃님이가 죽었는지 살았는지조차 몰랐다. 아무런 힘도 없는 자신들이 그렇게 미울 수가 없었다. 돌이와 곰이는 언제부터인지 서로 눈길조차도 섞지 않았다.

그러던 곰이가 도방에서 나오던 돌이를 보자 넋두리를 하였다.

"쳇! 오늘은 아들 자식이 놀아나는 기생집까지 불귀경 가는 게사니 걸음으루 따라가야 하는가부지. 지기랄! 난 본데 읍는 눔이라 그렇다쳐도, 전 일연인지 땡중인지에게 글깨나 읽었다는 눔이. 이까짓 데가 무신 심이 있다고 들어가자 해서는…"

돌이는 곰이의 넋두리가 자기를 두고 하는 말임을 모를 리 없었다. 사실 임연의 도방에 들어가자는 말을 돌이가 먼저 하지 않았더라도 당시로는 그 수밖에 없다는 것을 곰이도 모르는 게 아니었다. 돌이는 아무 말도 없이 임유무를 수행할 준비를 하였다.

아직 해가 떨어지지도 않았건만 임연의 아들 임유무(林惟茂, ?~1270)와 사위인 홍규(洪奎, ?~1316)는 기생집으로 향했다. 임유무와 홍규는 검은 복두를 쓰고 화려한 꽃무늬를 수놓은 황동 가죽 허리띠를 두르고 가죽신을 신은 관인 차림이었다. 오늘은 명가군(鳴笳軍)까지 앞세우고 태평소를 불어대며 몹시 거만하게 기세를 높였다. 어찌나 요란한지 임연의 행차와 다를 바 없었다.

•35
행렬을 따라가며
태평소를 불던 군악대

돌이와 곰이는 이 행렬의 맨 뒤를 따라가 기생집 문 밖에서 보초를 섰다. 이 기생집은 처음 와보는데 꽤 크고 화려했다. 아직 해도 저물지 않았건만 여기저기 화등잔에 불도 벌써 켜 놓았다. 보초는 두 사람씩 짝을 지어 교대로 잔치가 끝날 때까지 계속 서야 했다. 돌이와 곰이가 먼저 한 조로 보초를 섰다.

얼마나 지났을까? 빨갛게 대춧빛처럼 여문 저녁 저녁노을은 한참 전이었다. 늘 이맘때면 떡전거리에도 대춧빛처럼 여문 저녁놀이 떨어졌다. 곰이와 돌이는 말도 없이 멍하니 하늘만 보았다. 딱히 할 말도 없었다.

시나브로 하늘엔 초저녁별이 내려앉은 지도 오래되었다.

"아니! 이눔들이 우덜보다 먼저 들어왔다고 행세부리네. 오줌두 마려운데."

곰이가 볼멘소리를 할 때쯤 보초 교대가 나왔다. 보초를 교대하고 곰이는 오줌을 누러 저쪽 길가로 가고 돌이는 목이 말라 잠시 집안으로 들어가 부엌을 찾을 때였다. 기방 안에서 아름다운 목소리가 밖으로 나왔다. 그것은 달님이가 가끔 부르던 노래였다.

비 오다가 개어 눈 많이 내리신 날에
서린 서걱서걱 좁게 굽어든 길에
다롱디 우셔마득 사리마득 너즈세 너우지
잠 앗아간 내 님을 생각하여 깃든
열명길에(옷깃일랑 열며) 자러 오리이까

〈이상곡〉이란 속요였다. '이상(履霜)'은 서리를 밟는다는 뜻이다. 서리를 밟게 되는 늦가을이면 장차 단단한 얼음을 밟는 겨울이 올 것을 염려하는 뜻이다. 또 세상을 살다보면 작은 조짐에서 앞으로 닥칠 힘든 일을 살필 줄 알아야 한다는 의미이기도 하였다.

돌이는 서리 내린 밤길을 밟으며 달님이네 집과 제 집을 오가던 그때가 떠올랐다. 그렇게 마실을 오갈 때면 하늘에 떠있는 새초롬한 달님도 함께 따라왔었다.

돌이가 이런 생각을 마치기도 전에 다시 노랫가락이 흘러나왔다.

> 쭁쭁! 벽력 아! 삶은 무간지옥에 떨어지리
> 곧 죽어질 내 몸이
> 쭁쭁! 벽력 아! 삶은 무간지옥에 떨어지리
> 곧 죽어질 내 몸이
> 내 님을 두옵고 다른 산을 걸겠는가
> 이렇게 저렇게
> 이렇게 저렇게 하려던 기약입니까
> 아아! 님아!
> 함께 살아 갈 날을 기약합니다.
> 〈이상곡〉

'아! 이 목소리는!'

하마터면 돌이는 큰 소리로 외칠 뻔하였다. 돌이는 처음엔 제 귀를 의심했으나 분명 달님이의 목소리였다. 노랫가락은 화려한 들장지로 흘러나와 어둠 속으로 사라졌다.

비록 달님이를 만나 무간지옥에 떨어진다 한들 어떻다는 말인가. 그래 이로 인해 죽는다한들 달님이와 함께라면 얼마든 서걱이는 서리를 밟아도 좋다.

돌이는 정신이 없었다. 소리 나는 기방으로 뛰어 들어 가려는데 어느새 왔는지 곰이가 가로막았다.

곰이도 오줌을 보러 기생집 뒤채를 돌아가다가 노랫소리를 들었다. 분명 달님이 목소리인 것 같아 돌이에게 달려온 거였다.

"돌아! 담에, 담에."

"헝! 저 노랫소리는 달님이가 분명하잖여."

"니 깃구녕만 귀냐 내 귀는 바늘귀여? 나도 들었걸랑. 그렇지만 긴 가민가 확실치두 않구. 저 보초 서는 늠들이 보면 어쩌려구. 즈짝으루 가자."

곰이는 늘 귀둥대둥 떠들어대고 되나마나한 행동이 앞서는 것과는 달랐다. 사람들이 안 보이는 울타리깨로 끌고 온 곰이는 제법 조리 있게 돌이에게 말했다.

"돌이야! 저 자리가 으면 자리라구. 들어갈 수도 읍지만 또 들어가선 뭘 으쩔 건데. '송도 오이장수 꼴' 나는 정도에 그치지 않는다구. 그럼 우덜 간댕간댕한 멕숨줄은 저눔들 손에 끊켜. 일단 다음 기회를 보자. 잉."

들음들음 곰이 이야기가 맞았다. 저들은 지금 이 고려를 쥐락펴락하는 권력을 쥔 자들이었다. 저들에게 돌이나 곰이는 한낱 자신들의 삶에 부역하기 위해 공출된 인생정도로밖에 더 보이지 않는다는 사실을 돌이라고 모를 턱이 없었다.

돌이는 눈물이 왈칵 쏟아졌다.

"에이, 씨부릴! 이런 그짓부렁이 같은 시상, 드런 놈의 뇌꼴스런 시상!"

돌이는 주먹으로 제 가슴을 쳤다. 까딱 잘못했다간 파리 목숨과 다를 게 없는 게 제 목숨이었다. 돌이가 올려다본 밤하늘에 박혀 있는 별은 잔뜩 물을 머금고 흔들거렸다.

'이런 가위눌리는 현실을 얼마나 더 견뎌야 할까.…'

돌이의 생각도 새벽이슬처럼 물기를 머금으며 주저앉았다.

임유무와 홍규의 놀이는 밤새 이어졌다. 그렇게 까만 밤을 하얗게 새고 새벽닭과 새벽안개가 아침을 부를 때쯤 되어서야 자리를 파하였다. 그날 돌이와 곰이는 달님이를 끝내 보지 못하였다.

10장
얼음 위에 댓잎자리 보아 님과 나와 얼어죽을망정

각설 "돌아! 암만 말해도 안 들으니, 달님이도 그렇지만, 니두 참 승질머리하구는. 왼고개만 틀고 앉았으니 어쩌려고 그러냐. 하루하루를 그렇게 엄부렁덤부렁 묵새기며 지내다 땅보탬이나 할테여? 잉. 그래도 너는 종 9품 베슬인 대정(隊正)[36] 아니여."

요즈음 들어 곰이의 말은 갈래며 조리가 제법이다. 곰이가 말렸지만 돌이는 뿌리치고 퉁명스럽게,

· 36
지금으로 치면 소위 정도의 무관 계급

"달님이는 여악(女樂)이 되었구, 엄니는 죽구, 꽃님이 언니는…달님이는 말이 좋아 궁궐의 여악이지 기생이나 다를 바 읎잖여…. 대정 그 까짓게 무신 베슬이라구, 베슬 베슬하구 있어. 뭔 개심이라도 나는

줄 아나봬."
라고 대꾸하며 나왔다.

　돌이는 몽니를 부리는 것을 알면서도 더 이상 제가 살 세상은 이 나라에 없는 듯 했다. 어쩌다 임유무의 눈에 띄어 대정이란 하급무관 벼슬아치가 되었다지만, 그저 녹사(綠事)벼슬 정도에 지나지 않는다. 모두 저희들의 앞잡이로 세우려는 것뿐이었다. 돌이는 생각에 생각을 끊임없이 하였지만 의지가지없는 저로서는 더 이상 어떻게 해볼 도리가 없었다. 죽이 아씨가 말한 힘을 일연 스님의 글에서 찾으려 했으나 아니었다. 또 임연의 권력에서 찾으려하였으나 그것 역시 백정에게 세금이나 갈취하는 권력의 앞잡이에 지나지 않았다.

　돌이는 기생집에서 달님이 노래를 듣고 바로 찾아가려 했으나 임연 도방에 매인 신세로 짬 내기가 쉽지 않았다. 거기다 하급무관이 되니 더욱 일만 분주하였다. 근 반 년이 넘어서야 겨우 곰이가 찾아 갔을 때 이미 달님이는 기생집에 없었다.

　그 뒤 몇 번이나 기생어미에게 뇌물을 넣고야 달님이가 웬 여인과 함께 잠시 머물다가 지금은 궁중 여악 관현방으로 들어갔다는 것을 알았다. 달님이와 함께 있는 여인이 꽃님이라는 심증은 가나 그도 그뿐이었다. 임연의 도방에서 일개 하급무관이 막 된 돌이로서는 달님이가 있는 궁궐의 여악대에 접근할 수 없었다.

　시나브로 시간이 흐르면서 만날 수 있다는 돌이의 희망은 절망으로 바뀌었다. 그래 오늘은 도방일을 하고 받은 삯으로 기생집을 찾았다. 기생집은 초저녁인데도 노랫소리가 드높았다. 하기야 이 고려는 지방 관아에도 기생들이 있으니 방방곡곡 어딘들 노랫소리가 끊어지지 않았다.

돌이가 기생과 앉았다. 기생에게선 사향 냄새가 풍겼다. 방안은 구슬발이 늘어졌고 휘장이 화려하였다. 빗접걸이 옆에 나란히 놓인 나무를 깎아 만든 오리 한 쌍이 눈에 들어왔다. 기생은 푸른빛의 넓은 허리띠를 띠고, 채색 끈에 금방울을 달고, 붉은 비단옷에 붉고 검은 비단으로 만든 향낭을 찼다. 초저녁부터 이미 얼굴은 술기로 발그레 하였다. 달님이에 비견할 만한 미모는 아니나 동글납작한 얼굴에 가무레한 속눈썹이며 나부죽한 몸맵시도 얌전한 게 남정네 눈길을 넉넉히 당길만한 여인이었다.

멋쩍어 엉거주춤 앉아있는 돌이에게 잠시 눈길을 준 여인은 곧 분결같은 손으로 잔을 끌어 술 한 잔을 쳐주더니 발그레한 얼굴보다 더 붉은 입을 열어 노래를 불렀다.

얼음 위에 댓잎자리 보아 님과 나와 얼어 죽을망정
얼음 위에 댓잎자리 보아 님과 나와 얼어 죽을망정
정을 둔 오늘 밤 더디 새워주세요 더디 새워주세요
〈만전춘 별사〉 1연

이리뒤척 저리뒤척 외로운 침상에 어찌 잠이 오리오
여인의 창을 열으니 복숭아꽃이 폈도다
복숭아꽃은 시름없이 봄바람에 웃는구나 봄바람에 웃는구나
〈만전춘 별사〉 2연

잔에 다시 술을 치느라 기생의 노래가 잠시 끊어졌다. 돌이는 물러진 마음을 둘 곳이 없어 기생집을 찾기는 하였으나 처음인지라 어찌할 바를 몰랐다. 맨숭맨숭하니 멋쩍어 오리문양의 술병을 만지작하다 술병에 써 놓은 글을 보았다.

들으니 도성의 술은	聞道城都酒
돈이 없어도 구한다던데,	無錢亦可求
알려나 몇 말의 술을 먹어야	焉知將幾斛
저절로 오는 근심이 풀어지는지	消得自來愁
……	

　돌이가 술병을 들고 하는 양을 보더니 기생이 곱게 눈을 흘기며 말한다.
　"뭘 읽으시오? 글자를 아시오?"
　돌이는 건성으로 답했다.
　"아니여. 그냥…"
　그러고는 '이걸 먹으면 달님이 생각이 없어질까?' 하여 술을 연거푸 몇 잔 먹었다. 술기운이 돌이의 몸을 돌 때쯤 기생의 이름이 무비(無比)임을 알았다.
　"그래, 무비는 으터케 이곳에 …"
　몇 잔 술에 얼굴이 벌건 애송이 무관의 엉뚱한 질문에 무비가 곱게 눈 흘겨 빗기 뜨고 입을 비쭉였다.
　"그러는 애송이 무관은 어찌 이런 곳에 온 게요? 공술을 자시러 온

건 아닐테고…근심거리가 많은가 보오. 하기야 세상을 살다보면 생채기 한두 개쯤 없는 사람이 어디 있겠소. 두건이 목을 빌고 소쩍이 사설을 꾸어 온대도 다 말 못 하니 내 속을 발겨놓지 마오. 더 이상 묻지 마오."

무비는 가만히 손사래를 치고 말을 끊고는 한참을 벽만 보고 있더니,

"나도 사랑하는 가족도 임도 있었다오. 봄바람에 웃었던 복사꽃처럼 하릴없이 모두 사라지고 없지만. 괜히 내 맘을 발기집지 말고 내 노래나 마저 들으시오."

라며 다시 노래를 하였다.

> 넋이라도 님과 한 곳에 살아가리라 여겼더니
> 넋이라도 님과 한 곳에 살아가리라 여겼더니
> 우기시던 사람이 누구입니까 누구입니까
> 〈만전춘 별사〉 3연

무비가 감정에 복받치는지, 다시 한 연을 부른 다음에 조용히 눈물을 떨군다. 무비의 한 줄기 노랫가락은 그대로 한 줄기 눈물이었다.

"내 잔도 좀 쳐주시오."

무비는 술 한 잔 따라 달라했다. 무비는 가득 찬 술잔을 얼마간 내려다보며 달막달막 입술을 열 듯 말 듯 하더니 속내를 조심스럽게 보였다.

"몇 해 전 오늘, 그 사람이 갔지오. 그대처럼 막 무관이 된 지 한 달도 채 못 되었다오. 난 그 사람을 사랑했고 그렇기에 믿었소. 그러니

그 사람과 함께라면 얼음 위에 댓잎 자리를 깔고 얼어 죽은들 어떻겠소. 그러나 그 사람은 한번 간 뒤로 몇 번이고 복사꽃이 피고져도 돌아오지 않았고, 죽는다면 넋이라도 함께 살자고 그렇게 우기더니, 넋은커녕, 어린 비오리가 늪을 찾아도 어쩌지 못하는 처지가 돼버렸다오."

무비의 목소리가 귀에서 고향의 풀벌레처럼 울어댔다. 돌이는 무비의 눈길을 외면하며,

"그래, 소식은 …."

하고 물었다.

"웬 걸요. 소식은 무슨. …몽고군과 전쟁하러 나갔으니 안 죽었겠소. 그러니 이 앙가슴에 담긴 슬픔을 노래로 풀 수밖에 없잖소. 더구나 오늘은 기생어미의 타박이 어찌나 심한지. 그렇잖아도 엊그제가 아부지 돌아가신 날이고 하여 마음이 아픈데, 그쪽이 내 속을 어찌 알고 이다지도 괴로이 한단 말이오. 그러니 '갈래 없이 흐르는 게 기생정'이라고 너무 타박 마시오. 다 이러저러한 사연이 있는 법 아니오? 그건 그렇고 애송이 무관께서는 이 노래의 여울과 늪을 아시기나 하오."

그리고 무비는 다시 옷매무새를 가다듬더니 뒷구절을 이었다.

오리야 오리야 얼룩 비오리야
여울일랑 어디 두고 늪에 자러 오니
늪이 얼면 여울도 좋아요 여울도 좋아요
〈만전춘 별사〉 4연

남산(南山)에 자리 보아 옥산(玉山)을 베고 누워
금수산(錦繡山) 이불 안에 사향(麝香) 각시 안고 누워
약(藥) 든 가슴을 맞춥시다 맞춥시다
아아! 님이여! 영원토록 이별할 줄 모릅시다
〈만전춘 별사〉 5연

  술 향과 함께 흐르는 무비의 노래가 돌이의 가슴을 가만가만 뒤흔들었다.
  노래를 마친 무비가 제 잔을 돌이에게 쑥 내밀며 어느새 반쯤은 꼬인 혀로 말 줄기를 가다듬었다.
  "이 노래에서 여울과 늪이 무엇을 말하는지 아시겠소? 이 애송이 무관님아! 기생은 봄날의 꽃이요, 그렇지요?"
  돌이가 무슨 소리인지 멀뚱하니 있다가,
  "야."
라고 하자 무비가 검지로 자기 코를 살짝 문지르며 생긋이 웃더니 눈을 곱게 흘겼다.
  "이 무관님 좀 봐. 뭐가 '야'에요. 우리 기생을 길가의 버들이요, 담 밑의 꽃이라며 막 꺾으려들지. 천만의 말씀. 꽃은 꽃이로되 꽃동산에 보이지 않고 피는 꽃 무화과인걸. 어디 무화과가 꽃을 피운들 볼 수 있나요? 무화과 잎겨드랑이에 붙은 화서 속에 꽃이 들어가 꼭꼭 숨어 있는걸. 아무나 보지 못하는데도…겉으로 웃은들 웃는 게 아니라 이 말이지요. 우리 웃음은 그렇게 꼭꼭 숨겨져 있단 말이요. 그리고 무관님도 내일이면 여울로 갈 것을. 아시겠소? 이, 애송이 무관님

아!"

무비의 볼을 타고 발그레한 눈물이 듣거니 맺거니 방울져 떨어졌다.

언젠가부터 무비의 술잔에도 돌이의 술잔에도 휘영청 보름달이 영창으로 들어와 우두커니 앉았다.

돌이는 듣거니 맺거니 하는 무비의 눈물 속에서 달님이를 보았다. 아니, 무비가 달님이로 보였다. 가만 보니 꽃님이 언니 같기도 하였다. 그래 달님이와 이야기를 하다, 꽃님이 언니와 이야기를 하다가, 한없이 가여운 무비와 이야기를 하였다.

밤은 깊고 멀리서 우는 뻐꾸기 소리만 들렸다. 돌이는 지금까지 견뎌왔던 뚝심이 와르르 풀려 내렸다. 술기운 때문인지 짜르르한 그 무엇이 온 몸으로 퍼졌다.

"컹! 컹! 컹!"

밖에서 동이는 계속 짖어댔다. 동이는 돌이가 가는 곳이면 그림자처럼 따라다녔다.

누군가 부르는 〈처용가〉의 슬픈 노래가 영창으로 비친 달빛을 타고 지나갔다.

> 서울 밝은 달에 밤들이 노니다가
> 들어와 잠자리를 보니
> 가랑이가 넷이도다.
> 둘은 내 해인데
> 둘은 뉘 해인고?
> 본디 내 해대마는

빼앗긴 걸 어찌하리오? 〈처용가〉[37]

생각해 보니 이 노래는 일연 스님이 『삼국유사』에 꼭 넣어야겠다고 한 노래였다. 돌이는 그러고 보니 스님께선 평안하신지도 궁금하다. 돌이는 저도 모르게,

"나한테 많은 삶을 넣어 준 분인데…"

라고 중얼거렸다.

•37

이 노래는 가사가 부연되어 고려 · 조선 시대의 나례(儺禮:음력 섣달 그믐날 밤에 궁중이나 민가에서 악귀를 쫓기 위해 베풀던 의식) 공연 때 처용가무에서 불렸다. 일연의 『삼국유사』 '처용랑과 망해사'조에는 이에 대한 기록이 보인다. 기록을 따라 잡으면 이렇다.

신라 헌강왕(憲康王)이 어느 날 개운포(開雲浦)에 안개가 껴 길을 잃었다. 동해왕의 조화라 여겨 절을 지으니 안개가 걷혀 개운포라 하였다. 동해용왕의 일곱 아들 중 처용이 왕을 따라 서울로 들어가 급간이 되었다. 처용의 아내가 예뻤는데 어느 날 역신이 흠모해서 사람으로 변하여 동침한 것을 보고 이 노래를 불렀다.

역신은 처용의 노래에 감동하여 앞으로는 처용을 그린 그림만 있어도 들어가지 않겠다고 하곤 사라진다. 이후로 사람들은 처용의 형상을 그려 문에 붙여서는 사악함을 물리쳤다.

『삼국유사』의 기록은 대략이 이러하다. 이 '처용'은 고려에 들어와 〈처용가〉, 〈처용무〉로 만들어 가면극으로 연희되었다.

『악학궤범』에 실려 있는 〈처용가〉는 돌이가 듣고 있는 〈처용가〉를 원형으로 하여 만들어진 궁중악이다.

11장
징아! 돌아! 지금 계십니다

차설

삼장사에 불을 켜러 갔더니만
그 절 지주 내 손목을 쥐었어요.
이 소문이 이 절 밖에 나며 들며 하면
다로러거디러 조그마한 새끼 상좌 네 말이라 하리라
더러둥셩 다리러디러 다리러디러 다로러거디러 다로러
그 잠자리에 나도 자러 가리라
위 위 다로러거디러 다로러
그 잔 데 같이 덦거츠니 없어라
〈쌍화점〉 2연

술 파는 집에 술을 사러 갔더니만
그 집 아비 내 손목을 쥐었어요

이 소문이 이 집 밖에 나며 들며 하면
다로러거디러 조그마한 시궁 박아지야 네 말이라 하리라
더러둥셩 다리러디러 다리러디러 다로러거디러 다로러
그 잠자리에 나도 자러 가리라
위 위 다로러거디러 다로러
그 잔 데 같이 덦거츠니 없….
〈쌍화점〉 4연

'참 노래는 빠르게 전파된다. 이젠 이곳 아이들까지 저 노래를 물리도록 부르고 다닌다. 하기야 저 노래처럼 어떻게 해 볼 도리가 없는 세상이 되어버린 것은 아닐까?'

달님이는 이 〈쌍화점〉만 들으면 슬픔이 딸꾹질처럼 일었다. 달님이는 이런 생각을 떨치기라도 하듯 고개를 홰홰 저으며 꽃님이 언니에게 발걸음을 재촉하였다.

"언니, 어서 가자."

달님이는 사실 마음도 졸았다. 달님이는 지금 강화 궁궐의 경시사에 속한 여기(女妓)이다. 새로 경시사에 들어온 무비라는 기생과 우연히 이야기를 나누다 돌이와 곰이 언니가 임연의 도방에 있다는 것을 알았다.

그러나 궁중에서 말미를 얻어 나오기는 쉽지 않았다. 행수기녀에게 사정사정을 하여 겨우 하루 말미를 얻어 나온 게 돌이 소식을 들은 지 이미 석 달이나 지나서였다.

어제 미리 사람을 사서 곰이 언니에게 오늘 간다고 기별을 넣기는 했지만, 만날지 못 만날지 몰라 달님이는 애가 탔다.

관리들은 노래와 여색으로 환심을 사려 애썼다. 김준은 이를 잘 알고 있었다. 김준은 죽이 아씨가 오지 않고 달님이의 뛰어난 자색을 보자 생각을 바꾸었다. 김준은 죽이 아씨가 이미 뱃삯과 뱃사공 값을 지불하였다는 것을 숨겼다. 그러고는 자신의 권력을 위해 달님이를 기생으로 만들려했다. 결국 달님이는 꽃님이와 함께 있다는 조건을 붙이고 기생이 되었다. 김준은 달님이에게 잠시 기생집에 머물며 가무를 배우게 한 후, 추천을 하는 방법으로 궁궐 여기(女伎)38로 들어앉혔다.

달님이가 궁궐에 들어와 보니 여기뿐만이 아니고 줄타기, 재주넘기 등등 각종 곡예를 하는 광대도 수백 명이었다.

달님이는 비로소 저들이 뱃사공이 말하던 궁궐의 광대임을 알았다. 압록강에서 달님이와 꽃님이를 이곳까지 데려다 준 뱃사공이 한때 죽이 아씨가 궁궐 광대무리에 속해 있었다고 말해주었다. 뱃사공은 죽이 아씨가 단도를 잘 던지고 택견

• 38
여기는 '하악(下樂)'이라고도 하는데 도합 3등급으로 되었다. 대악사(大樂司)는 2백 60인으로 왕이 늘 곁에 두고 다음이 관현방(管絃坊)으로 1백 70인이요, 그 다음은 경시사(京市司)로 3백여 인이나 되었다. 또 대규모의 가무회인 석지(柘枝)와 공던지기의 운동을 가무화한 포구(抛毬)라는 기예도 있었다. 이 기예를 하는 자들은 줄타기, 재주넘기 등등 각종 곡예를 하는데 광대 수백 명으로 구성되었고 다들 민첩하기가 대단하였다. 이미 광종(光宗,925~975) 왕 시절부터 시작한 궁중의 연희는 의종(毅宗,1124~1173)을 거치며 그 체계를 갖추었다. 의종은 방종했으며 격구와 음률에 능하였다. 여기에 환관 백선연(白善淵) 등이 부축하여 성기(聲妓) 놀이를 즐기며 문신들을 우대하는 반면, 무신들은 천대하였다. 급기야 1170년 정중부와 이의방 등이 난을 일으켜 폐위되었으며, 거제도로 쫓겨나 후일 이의민에게 비참하게 살해되어 곤원사(坤元寺) 북쪽 연못에 던져졌다.

의 고수여서 이를 눈여겨 본 김준이 도방의 책임자로 쓰려 했는데 거절하여 미움을 받아 무리에서 쫓겨났다는 이야기도 들려주었다.

달님이는 경력이 짧아 대악사에는 못 들고 관현방에 속했다. 관현방(管絃坊)에 들어와보니 이곳은 꿈같은 세계였다. 기생이 조금이라도 모자라면 왕이 총애하는 행신들을 각 도에 보내 관기로서 인물과 재예가 있는 자를 뽑았다. 또 도성 안의 관비나 무당 중에서 노래와 춤을 잘 추는 여인도 선발하였다. 놀이라도 있는 날이면 채색 비단으로 장막을 치고는 관현방과 대악서에 화려한 누각무대를 세우고 여러 가지 놀이를 베풀어 왕과 재상들을 맞았다.

그러고는 이 여기들에게 비단옷을 입히고 말총모자를 씌워 따로 한 떼를 만들어 '남장별대(男粧別隊)'라 부르고, 새 음악을 가르쳤다. 그 음악이 지금 아이들이 부르는 저 〈쌍화점〉이다. 궁중에서 부르는 노래는 민간에서 채집하여 악공과 관리들이 머리를 맞대어 편곡을 하였으니 민요에 들어있는 감정이 제대로 살아있을 턱이 없었다.

"꽃님이 언니! 가자."

달님이는 멍하니 아이들 노래를 듣고 있는 꽃님이의 소매를 끌었다.

얼마 후, 달님이와 꽃님이는 동구 밖 나무아래서 기다리던 곰이를 만났다. 곰이는 멀찍이서 달님이와 꽃님이 모습이 보이자마자 펄쩍펄쩍 뛰며 달려왔다.

"달님아! 꽃님아!"

"곰이 언니!"

"꽃님아! 이게 얼마 만이냐?"

"곰이 언니! 잘 있었어? 어디 봐. 어디 아픈 데는 읎구?"

달님이는 목이 메었다. 겨우 한 해 만인데, 곰이는 많이 어른스러웠다. 전에 보이던 그런 장난끼는 더 이상 곰이 얼굴에 없었다.

"그런데 돌이는? 돌이는 안 나왔어?"

꽃님이도 돌이를 찾았다.

"돌이! 돌이는?"

곰이가 손사래를 쳤다.

"에이! 말두 마라. 말두 마. 달님아! 니가 좀 이해해라, 잉. 니가 기생이 된 것을 안 뒤부터 돌이는 정신을 못 차리걸랑. 어제는 어디서 그렇게 술을 옴팡 퍼 먹었는지. 요샌 하두 먹으니깐두루, 여하간 오늘 니가 온다는 것도 모르니께. 니들 마중 나올 때도 자고 있었걸랑. 얘기할 틈도 읎었지, 뭐. 여하튼 그 얘기는 가면서 해. 어여 가자."

달님이는 곰이에게 떡전거리의 이야기를 듣고는 목을 놓았다. 꽃님이도 따라 서럽게 울었다.

곰이는 이야기 끝자락을,

"에이! 이 그지 발싸개 같은 시상."

이라며,

"휴우!"

하고 긴 한숨을 뱉었다.

돌이와 곰이는 마침 객줏집을 하나 얻어서 묵고 있었다. 돌이가 묵는다는 객줏집은 동네 입구에서 멀지 않은 곳이었다.

임연이 무슨 일인가를 꾀하려고 정탐을 시켜서라고 하였다. 자세한 내막은 모르겠지만 곰이가 '김준이 운운' 하는 것으로 보아 임연이 무슨 일을 꾸미려는 것쯤은 짐작이 되었다. 곰이 언니와 돌이는 둘만 객줏집에 묵어 비교적 행동은 자유스러운 듯했다.

"달님아! 니가 이해하라, 잉. 알았지? 돌이두 괴로워 그런 거여. 알았지."

곰이는 미리 다짐이라도 받으려는 듯 달님이에게 몇 번을 말했다.

"컹! 컹!"

달님이와 꽃님이를 먼저 반긴 것은 동이었다. 동이는 꽃님이와 달님이 치마폭을 물고는 펄쩍펄쩍 뛰었다. 꽃님이는 돌이라도 만난 듯 와락 동이를 끌어안았다.

"동이야! 너 동이로구나!"

"컹! 컹!"

이리 야단을 떠는데도 돌이가 있다는 방문은 열리지 않았다.

곰이가 방문을 열자 역한 술 냄새가 먼저 맞았다. 돌이는 몸을 잔뜩 웅크린 채 누워 있었다.

"돌이! 돌이!"

"돌이야! 돌이야!"

돌이는 달님이와 꽃님이가 흔들어대자 귀찮다는 듯이 손을 이리저리 휘휘 흔들었다. 그러더니 병든 사람처럼 개신개신 일어났으나 눈은 그대로 감고 벽에 기대있을 뿐이었다. 보다 못한 곰이가 큰소리쳤다.

"달님이 왔다! 달님이! 꽃님이두! 돌이야! 얼릉 일어나봐, 잉."

돌이는 그제야 눈을 떴다. 잠시 멍하니 달님이와 꽃님이를 번갈아 바라보며 어리둥절한 표정을 짓더니, 덥석 꽃님이의 손을 잡았다. 그러더니 영문을 모르겠다는 듯 멀뚱하니 달님이와 곰이를 번갈아 쳐다보았다.

곰이는 그런 돌이를 보며 괜스레 달님이와 꽃님이에게 미안하였다. 마치 제가 돌이를 잘 보살피지 못해서인 듯하였다. 곰이는 손거스러미를 뜯적뜯적하다가는 머리를 긁적이며 말했다.

"니 술 먹으러 나가구, 어제 늦게 기별을 받았어. 승질머리하구는, 내 원 참. 웬 술을 그리 먹었는지. 가을도 아닌데 감냄새나 물씬 풍기고. 잘한다. 잘해! 너 저 선월사에서 일연 시님에게 글 배울 때 생각 안 나니? 너 그때 지눌 시님의 말씀이라고 하며, 뭐랬니? '땅에서 넘어진 놈, 땅 짚고 일어서야 한다'라는 말을 입버릇처럼 달구 살더니. 니, 그 말이 모두 그짓부렁이여. 엄살 그만 떨구 일어나. 응. 정신 좀 차려! 어여."

곰이가 설레발을 치면서 물 한 대접을 떠 와서는 돌이에게 건네며 조갈증이 일 것이니 먹으라고 하였다. 돌이는 그때야 정신이 드는지 불콰한 얼굴로 물을 받아 마시더니, 다시 누워 한 팔로 목베개를 하고 반쯤 돌아앉아서는 달님이와 꽃님이를 애써 외면하였다.

달님이가 반눈으로 곱게 흘기고 돌이에게 바짝 다가앉았다.

"돌이! 나 좀 봐. 나 좀 보라니까. 괜한 몽니부리지 마. 여기까지 오며 곰이 언니한테 다 들었어. 나는 떡전거리에 있던 달님이 그대로야. 조금도 변하지 않았어."

"돌이야! 돌이야!"

꽃님이도 그런 돌이가 야속한지 눈물을 글썽거리며 돌이의 팔을 잡았다.

"돌이! 응! 나 좀 봐. 생각은 있어도 말이 없으면 무정함과 무엇이 달라. 나 그냥 가? 그러니 말 좀 해봐."

그러자 입술만 달싹이던 돌이가 생파리 잡아떼듯 반 토막 말을 던졌다.

"가! 듣기 싫어. 꽃님이 언니는 내가 챙길 테니 여기 두구."

그러더니 다시 반쯤 외면하고는 말했다.

"흥! 그러고 보니 꽃님이 언니가 귀찮아서 나한테 데려온 거구나. 달님이는 그 권세 높다는 김준이한테 가 부귀영화나 누리렴. 김준이가 그렇게 권력가라며."

돌이는 이제 눈길을 아예 담벼락에 꼭하니 박는다. 술기가 아직도 가시지 않은 돌이의 벌건 눈은 더욱 붉고 목소리는 잔뜩 구겨졌다.

듣다 못한 곰이가 홧홧증이 나,

"어멈, 씨바 밤까주랴. 가만 보니깐두루, 콧증배기를 한대 쥐박을 까부다. 밸이 꼴려 못 봐주겠네."

하며 문을 왈칵 열고는 나가버렸다.

달님이는 어이가 없었다. 달님이의 목소리는 착 가라앉았다.

"돌이! 아니걸랑. 왜 그런 옥생각을 해. 내 가슴이 무신 칼집이여. 왜 비수를 꽂는 거여. 어거지 좀 쓰지 마. 지금 내가 김준이한테 붙어 있는 것은 다 까닭이 있어. 지금 김준은 나는 새도 떨어뜨리는 세도가

여. 나도 지금 허리에 중동끈 잔뜩 조르고 마음을 도스르고 사는 거여. 내가 김준의 말을 듣지 않으면 나도 꽃님이 언니두 어떻게 될지 몰러서 그래, 잉? 그러고 돌이, 곰이 언니두 우리두 모두 위험에 빠지고 말어. 몰러? 그러니 마른 솔까래처럼 굴지 말구 돌이! 어여, 일어나 나를 좀 봐. 응."

달님이 말이 좀 야박하고 강팔라서인지, 아니면 정말 샐쭉해질까 염려해서인지, 그제야 돌이가 일어나 벽에 몸을 기대고는 달님이를 마른 눈으로 보았다.

꽃님이는 무릎걸음으로 바짝 다가와 돌이의 얼굴을 말끄러미 쳐다보았다. 돌이는 그런 꽃님이 언니의 어깨가 참으로 여리고 가냘파 보였다. 돌이는 울컥하는 마음에 다시 꽃님이 언니 손을 꼭 잡았다. 꽃님이 언니 손에서 무엇인가 잡혔다. 돌이가 꽃님이 언니의 손바닥을 펴보니 부러진 비녀 두 개였다.

돌이가 의아스런 눈으로 달님이를 보았다.

"응. 그거. 그거 하나는 죽이 아씨가 준 거여. 그짝 거."

"뭐? 죽이 아씨가? 죽이 아씨가 이것을 어디서 나서? 죽이 아씨를 만났어. 어디서?"

돌이는 온전히 정신이 드는지 몸을 곧추세우며 물었다.

"그래, 그 얘기부터 좀 해야겠어. 죽이 아씨한테 무신 까닭수가 있는 듯싶거들랑. 그러니 정신 좀 차리구 내 말 잘 들어 봐. 잉, 돌이!"

달님이는 그동안 몽고군에게 끌려간 것하며 압록강을 넘기 직전에 죽이 아씨 만난 이야기를 죽 하였다.

"그래, 그렇게 해서, 뱃사공들과 함께 강화에 도착한 곳이 김준의 집이여. 죽이 아씨가 우리를 구출하러 데려온 뱃사공과 배가 바로 김준이 마련해준 거구. 뱃사공한테 들었지만 김준이 예전부터 죽이 아씨의 재주가 좋아 제 편으로 끌어들이려 했대. 그때 죽이 아씨는 궁궐 광대무리에 속해 있었는데 죽이 아씨가 협력하지 않자 내쫓은 거구.

그 뒤 죽이 아씨가 광대패가 되었구. 다시 광대패의 모가비가 돼서도 협력하지 않다가 우리를 구하려구 김준을 찾아가 배와 사람을 구한 거여. 그런데 일이 틀어져 죽이 아씨가 오지 않으니 김준이 나와 꽃님이 언니를 대신 잡아 둔 거여. 물론 죽이 아씨가 배와 뱃사공 삯은 치른 것을 뱃사공한테 들어 알고 있었지만 김준은 시치미 떼고 죽이 아씨가 와서 갚아준다고 하였다면서. 그러구는 꽃님이 언니와 나를 팔아버리겠다고 겁박한 거야. 나는 알면서도 으쩔 수 읍었어….”

돌이가 말중동을 자르고 들어왔다.

"그러니깐두루 기생이 잘 되었다 이 말이여? 뭐여, 시방."

"돌이! 그렇게 잔뜩 골낼 일이 아니여. 그런 말 마! 일단 생목숨을 그냥 떼일 순 없잖여. 죽으면 아무 일도 할 수 읍서. 내가 기생이라도 하기에 꽃님이 언니도 함께 할 수 있는 거여. 더욱이 우덜 둘 목숨은 죽이 아씨 목숨과 바꾼 거잖어. 서로 왼쩡일 물끄럼말끄럼 처다본다고 김준이가 마음먹고 하는 일을 어길 수 있어? 애면글면이라도 살아야 하잖여. 그러니 그런 생트집은 잡지 마. 뭐가 좋다고 내가 짐성처럼 기생이 되겠어. 아무 것도 없는 내가 무신 수로 꽃님이 언니를 돌보냐구.…”

방바닥을 내려다보며 이야기를 듣던 돌이가 갑자기 달님이를 쳐다보며 물었다.

"그런데, 죽이 아씨가 왜 이렇게 우덜을…"

"글쎄 말이여. 나도 그게 참 궁금해. 죽이 아씨가 헤어질 때 꽃님이 언니를 꼭 안고는 준 거여. 꽃님이 언니, 손 좀 펴 봐. 돌이가 보게."

달님이가 옴니암니 말하는 동안에 꽃님이는 계속 비녀만 만지작거렸다. 달님이 말에 꽃님이가 돌이에게 손을 펴 부러진 비녀 두 개를 내밀었다.

돌이는 무엇인가 생각난 듯 비녀를 받아 얼른 맞추었다.

"거봐! 딱 맞지. 암만 생각해도 증말 무신 사연이 있거들랑."

돌이가 부러진 비녀를 맞춰서는 보더니 "아! 아!" 하고 낮은 신음을 토하였다. 그러고는 꽃님 언니의 손을 잡고는 멍하니 눈물만 흘렸다. 어느새 들어왔는지 곰이는 돌이의 갑작스런 행동에 눈만 껌뻑였다. 달님이도 어리둥절하여 돌이의 옷을 잡고 몇 번이나,

"왜 그리여! 왜 그리여!"

라고 흔들었다. 그때야 돌이는 달님이에게 죽이 아씨가 준 게 분명하냐고 몇 번씩이나 다짐 받았다.

"그리여, 증말이라니까. 돌이가 꽃님이 언니에게 준 부러진 비녀를 몽고군에게 잡혀 올 때 분명 집에 떨어뜨렸어. 그게 약간 작은 이거잖여. 꽃님이 언니가 이것 때문에 을마나 마음 상해했는데, 여북하면 죽이 아씨를 만난 날 아침에도 나에게 이걸 찾아달라며 졸랐다니까. 그런데 죽이 아씨가 이 두 개를 그날 꽃님이 언니에게 준 거여."

"그래. 알았어. 으터케 이런 일이. 달님아! 여기 좀 봐. 여기 글씨가 보이지?"

"아이! 나는 글자를 모르잖여. 그런데 돌이는 글을 으터케 알어?"

"응, 죽이 아씨가 말하는 심이 글에 있는 것 같아서 일연 시님이라는 분에게 배웠어. 아무튼 그건 야중에 얘기해 줄게."

그러고는 달님이와 꽃님이, 곰이를 번갈아 보며 잼처 말했다.

"여기 좀 봐. 죽이연도화(竹伊戀桃花) 약생자목공(若生子木公) 약생녀초화(若生女艸化)라고 쓰였걸랑. 해석하자면 죽이는 도화를 사랑한다. 만약에 아들을 낳으면 솔이고 딸이면 꽃이라고 한다는 뜻이거들랑. 여기 목공(木公)을 합하면 송(松)이니 솔이고 초화(艸化)를 합하면 화(花)이니 꽃이여. 내가 말 안 했든가? 우리 엄니 이름이 도화라구."

"그럼 꽃님이 언니 이름이…꽃화 자라서 꽃님이라 했던거여? 그럼 꽃님이 언니 아부지가 죽이 아씨란 말이여?"

"맞어! 그래서 우리 엄니가 죽이 아씨에게 그렇게 차게 대했던 거구나. 죽이 아씨에게 내 언젠가 물은 적이 있거든, 가족은 있냐구. 그랬더니 자기는 본래 강감찬 장군과 함께 싸운 설죽화(雪竹花, 1001년~1019년)[39] 집안이라고 하였어."

"뭐? 설죽화? 그 강감찬 장군과 함께 거란과 맞싸우다 죽은 여장부 말이지. 어? 죽이 아씨가 그 집안이여. 그래서 그렇게 쌈을 호랭이처럼 잘하는 건가?"

• 39
설죽화는 고려의 병사 이관의 딸로 남장을 하고 절에서 무술을 익혔다. 1019년 거란의 제3차 침입이 일어나자 강감찬 장군 수하에서 싸우다 장렬히 전사한 여인이다. 설죽화가 죽자 강감찬 장군은 고려의 꽃이라 일컬었고 공신의 칭호를 내리게 했다.

어느 틈에 곰이가 끼어들었다.

"곰이 형! 그럼, 설죽화가 또 있나? 내 얘기 끊지 말고 마저 들어봐. 그런데 이런저런 사연이 있어서 집안이 망하구 양수척이 되었다고 하였어. 천인 양수척이기에 사랑하는 여인을 천인으로 만들 수 없어 인연을 맺지 못했다구. 그리여! 우리 엄니가 죽이 아씨가 말하는 사랑하는 여인이여. 이제야 꽃님이 언니가 나하고두 아부지하고두 닮지 않은 이유를 알겠어. 엄니가 죽이 아씨와 아는 듯한데도 쌀쌀맞게 대했던 이유는 그래서 그랬던 거여.

회회아비 집에 불을 지른 것도 죽이 아씨였나 본데. 꽃님이 언니가 죽이 아씨 딸이라는 것은 그땐 몰랐든 것 같구…. 엄니가 죽이 아씨에게 얘기를 안 해줬든 거여."

달님이는 돌이 이야기를 들으며 압록강 가에서 죽이 아씨와 헤어질 때 일이 생각났다.

"아니여, 아니여. 아닌 것 같아. 돌아, 죽이 아씨도 이미 알고 있었어. 분명해. 압록강에서 헤어질 때 죽이 아씨가… 맞어. 분명 뭐라 그랬는데."

"그래 뭐라 했는데…"

돌이가 닦아세웠다.

"가만 있어봐. 뭐라 했더라. …응, 그래, 맞어. 그랬어, 분명 죽이 아씨가 꽃님이 언니 손을 잡고 '내가 짐작은 하였다만'이라고 했어. 그 얘기가 무신 뜻인지 이제야 이해되네."

잠시 밖에 상황을 보러 나갔던 곰이가 어느새 들어왔는지 방문을 열고 서서는 한마디 했다.

"밖엔 아무도 없으니 괜찮다. 똥 싸구 성낸다더니, 골딱지가 많이 풀어졌는가뵈."

그러더니 놀란 얼굴로 말했다.

"맞다! 돌이야! 저번에 왜 우덜이 떡전거리에 갔잖니. 몽고 눔들이 난리를 치구 갔다는 얘기를 듣구. 아, 그때 동고리가 죽이 아씨두 왔었다구, 했어 안 했어? 그때 니 집에 들어갔다가 꽃님이가 떨어뜨린 이 비녀를 보았던 거여. 그리야, 그러구 보니 회회아비 눔 집에 불을 지른 것두 죽이 아씨여. 그지. 맞지. 그럼 꽃님이가 죽이 아씨 딸이라는 것인데…. 허어, 참! 그러면, 그래설라무네. 으터케 되는 거여?"

곰이가 돌이와 꽃님이 언니를 번갈아 보자 돌이가 말했다.

"맞어. 죽이 아씨가 회회아비를 먼저 죽이고 불을 지른 게여."

곰이와 달님이가 의아한 표정으로 돌이를 보았다.

"그래, 그때는 나두 의심만 했는데, 불이 났을 때 이미 회회아비는 죽어 있었어. 왜냐면 회회아비네 집 뒤란에서부터 불이 났거들랑. 안방에서 자구 있었다면 아무리 술에 취했어도 충분히 나올 수 있어. 이미 죽었든 거여. 으째 그걸 생각 못 했지."

곰이가 끼어들었다.

"으째 나두 그런거 같드라니. 지끔 가만 생각한두르, 니하고 내가 회회아비가 이제 술에 취해 잠 들었는가 갔을 때 걸랑. 그때 회회아비네 뒤란에서 나오는 죽이 아씨를 보았잖여. 잉. 낭중에 불이 일어난 거지. 기여 아니여? 돌이야! 맞지. 기억나지?"

"형 말이 맞어, 회회아비네 뒤란에서 죽이 아씨가 나온 뒤에 불길이 솟았어."

"그렇다니께. 맞어. 맞걸랑. 돌이야! 아따 그러고 보니 죽이 아씨가 니 엄니 복수를 한 거여."

돌이는 한동안 멍하니 꽃님이의 얼굴만 보았다.

달님이는 돌이 엄니도 참 슬픈 인생이란 생각이 들었다. '어떻게 꽃님이 언니의 아버지가 죽이 아씨인데두…하기야, 사랑의 표시를 그릇에 넣어 두었다가 마지막 순간에 알려준 것을 보면 그렇찮은 것두 같다. 그렇다면 돌이 아버지는 이 사실을 알았다는 소린데, …그렇다면 돌이 아부지는 모든 걸 알고도 꽃님이 언니를 끔찍이 아낀 거여…'

이런 생각이 달님이 머리를 스치는데 곰이가,

"그럼 돌이 아부지는 이 사실을 알았던 거잖여. 그지. 그렇지. 암만 그래두…"

라며 돌이와 달님이를 보았다. 달님이는 얼른 곰이의 입을 닫았다.

"아이! 곰이 언니 왜 그런 말을. 그만해!"

돌이는 아무 말도 없이 천정만 쳐다보았다.

얼마간 아무도 말이 없었다.

돌이는 이제야 가끔 시샘이 날 정도로 아버지가 꽃님이 언니를 아껴주던 것이며, 죽이 아씨가 엄니를 생각하는 것이나 또 아부지가 엄니를 생각하는 것도 사실 같다는 것을…. 그렇게 살 수밖에 없는 세상이었기에, 그것이 그들의 사랑 방법이었음을 깨달았다.

돌이의 섭섭한 생각은 많이 눅졌다. 돌이와 이야기를 나누면서 달님이는 돌이를, 돌이는 달님이의 마음을 읽었다. 그날 이야기가 길어져 꽃님이와 달님이는 그 객줏집에서 묵었다.

그날 밤, 곰이의 팔밀이로 달님이는 달밤에 정한수 한 사발 떠놓고 돌이와 연을 맺었다.

달님과 별님이 정한수에 와 앉았다.

돌이의 엄니도, 달님이 엄니도, 죽이 아씨도 돌이 아부지도 정한수 속에 있다고 달님이와 돌이는 생각했다.

"컹! 컹! 컹!"

동이는 그 새 객줏집의 청삽살개와 인연을 맺었는지 꽃님이 옆에 나란히 앉아있고 곰이는 손등을 연신 눈으로 가져갔다.

돌이와 달님이는 비로소 소꿉동무에서 연인이 되었다.

그날 밤, 달님이는 돌이의 품에서 노래를 불렀다.

　　징아! 돌아! 지금 계십니다
　　징아! 돌아! 지금 계십니다
　　선왕성대에 노닐고 싶습니다
　　〈정석가〉 1연

　　부드럽고 고운 모래 언덕에 나난
　　부드럽고 고운 모래 언덕에 나난
　　구은 밤 닷 되를 심습니다
　　그 밤이 움이 돋아 싹나거든
　　덕 있는 님을 이별하고 싶습니다
　　〈정석가〉 2연

옥으로 연꽃을 새깁니다
옥으로 연꽃을 새깁니다
바위 위에 심습니다
그 꽃이 한겨울에 피거들랑
그 꽃이 한겨울에 피거들랑
덕 있는 님을 이별하고 싶습니다
〈정석가〉 3연

무쇠로 철릭을 만들어 나난
무쇠로 철릭을 만들어 나난
철사로 주름을 박습니다
그 옷이 다 헐고서야
그 옷이 다 헐고서야
덕 있는 님을 이별하고 싶습니다
〈정석가〉 4연

"돌이! 내 천년을 홀로 살아간들 돌이에 대한 믿음은 이 노래처럼 변치 않을게. 기생과 양갓집 규수의 그 마음이 다를 게 없어. 대나무가 타더라도 마디자국은 남는 거잖여. 송백같이 굳은 절개로 내 두 마음 먹지 않을 테니 걱정 마."

"그리여, 달님아! 이 절망의 시상에서 내가 살아가는 이유가 달님이 니거들랑. 노래처럼 고운 모래에 심은 군밤에서 싹 나구, 바위에 심은 옥으로 만든 연꽃이 한겨울에 피구, 철사로 주름 박아 만든 갑옷이 다 헐어지면, 그때야 우덜 이별하자. 증말."

무쇠로 큰 소를 지어다가
무쇠로 큰 소를 지어다가
쇠나무산에 놓습니다
그 소가 쇠로 된 풀을 먹고서야
그 소가 쇠로 된 풀을 먹고서야
덕 있는 님을 이별하고 싶습니다
〈정석가〉 5연

구슬이 바위에 떨어진들
구슬이 바위에 떨어진들
끈이야 끊어지리이까
천년 해를 홀로 가신들
천년 해를 홀로 가신들
믿음이야 그치리잇가
〈정석가〉 6연

    마지막 구를 부르고 달님이가 조용히 돌이를 안았다. 돌이의 눈 속에 달님이가 눈부처로 들어앉았다. 달님이 눈 속에도 돌이가 들어앉았다. 몇 해 사이로 제법 어른 티가 나는 돌이련만 달님이 품에 안기자 어린 아이와 같이 잠이 들었다.
    멀리서 뻐꾸기 소리가 아스라이 들렸다. 잠시 후, 이제는 저편짝에서 또 뻑뻑꾹, 뻑꾹 하며 울어 댄다. 달님이는 돌이 가슴에다 조용히 노랠 불렀다.

비둘기는
비둘기는
울음을 울오되
뻐꾸기야말로
나는 좋아라
뻐꾸기야말로
나는 좋아라
〈유구곡〉

"달님아! 그런데 으터케 이 노래를 알어?"

잠이 든 것 같더니 돌이가 눈을 뜨고 물었다.

"응, 기생어미에게 배웠걸랑. 곡이 아주 좋아. 꾸꾸기[뻐꾸기]가 우니 다따가 생각나네."

"그리야. 그런데 이 노래는 옛날에 왕이 간관(諫官)을 빗대어 지은 것인데. 알구 있어?"

"간관?"

"응, 일연 시님에게 들었거들랑. 왕의 잘못을 잘 지적하는 이를 일등 간관이라 하는데, 이 간관의 말을

• 40

〈유구곡〉은 속칭 〈비두로기〉라고도 한다. 『시용향악보(時用鄕樂譜)』에 실려 있다. 예종은 〈벌곡조(伐谷鳥)〉를 지어 궁중에 있는 교방기생에게 부르게 하였는데, 이것이 『시용향악보』에 실려 있는 〈비두로기노래〉일 것이라는 설이 있지만 아직은 더 연구되어야만 한다.
'벌곡조'는 뻐꾹새를 말한다. 벌곡(伐谷)을 혹은 '포곡(布穀)'이라고도 하는데, 음이 서로 바뀌어서 그렇게 되었다.
포곡은 뻐꾸기의 별칭이다. 봄철에 우는 소리가 '씨앗을 뿌려라[布穀]'라고 재촉하는 것과 비슷하다고 하여 붙여졌다고 한다. 김부식(金富軾)이 지은 시에, "교방기생이 〈포곡가〉 부르는 것을 듣고 느낀 바 있어(敎坊妓唱布穀歌有感)"라는 제하에 이런 시를 붙였다.
"아름다운 여인 아직도 옛 가사를 부르는데, 뻐꾹새 날아오고 상수리나무 드물구나. 도리어 당 현종 때 〈예상우의곡〉처럼 아름다우니, 당 현종 때 살아남은 노인 눈물이 옷을 적시네.[佳人猶唱舊歌詞 布穀飛來?樹稀 還似霓裳羽衣曲 開元遺老淚沾衣]" 이로 미루어 보면 〈포곡가〉가 김부식 당대 꽤 널리 퍼졌음을 알 수 있다.
가람 이병기 선생은 이 노래와 〈사모곡〉을 들어 이렇게 말했다. "이건 읽고 읽어도 맛이 있다. 마치 꾀꼬리 소리와 같이 듣고 들어도 또 듣고 싶다. 자연, 인생 또는 무슨 주의니 할 것 없이 자유 자재한 경지이다."(「시용향악보의 한 고찰」, 『한글』, 113호, 1955, 국어국문학회 편, 『고려가요 연구』, 정음문화사, 1979, 13~86쪽 재수록)

'봉황새의 울음소리'라고 한대. 그런데 비둘기는 울음소리가 가냘프구 잘 울지두 못하는 새라 간관으로서 자격이 없다나 뭐라나. 여하튼 꾸꾸기는 맑구 부드러운 소리를 내면서 저렇게 잘 울잖여. 그러니깐 두루 간관으로서 바른 말루 왕을 잘 보필하는 이를 꾸꾸기 간관이라구 한대여. 결국 왕이 간관들에게 봉황새 간관에는 이르지 못하더라두 꾸꾸기 간관은 되야지 비둘기 간관이 뭐냐고 꾸짖으려 이 노래를 지었대.

아마 관리들이 노상 비둘기를 기르느라 공무를 못 볼 정도이구, 쟁송을 맹글구 콩팔칠팔 쌈박질해, 나라에서 비둘기와 새매 기르는 것을 금지한 것두 한 이율거랑. 하긴 일은 하지두 않구 입으로만 선이자를 떼놓는 늠들이 어디 이들 뿐이여. 최충헌이 이의민을 죽인 것두 따지자면 비둘기를 빼앗아서 그런 거였으니, 이런 절딴날 일만 하니 비둘기 간관이란 말도 나올 법해."

"돌이! 일연 시님한테 참 많은 것을 배웠나봐. 예전 돌이가 아니여. 돌이가 찾으려던 심이 이건가?"

"응, 그런감. 일연 시님을 만날 때만 해두 나는 글자를 배우는 거야말로 심이라구 생각했어. 그런데 지금은 아니여. 오히려 이 세상은 저 배운 사람들이 더 문제거들랑. 아직두 나는 심이 무엇인지를 모르겠지만서두."

"그런데 말이여. 돌아! 내가 비둘기구 돌이가 꾸꾸기라면 안 되나?"

"아따 안될 게 뭐여. 달님이 말두 맞어. 달님이가 비둘기구 내가 꾸꾸기가 된다면, 우덜처럼 사랑하는 사람들 노래지 뭐. 어따 숭잡힐 일두 아니구."

"그래, 비둘기는 생긴 것두 좀 나처럼 여성스럽구 꾸꾸기는 돌이처럼 뻣뻣한 데다 남의 둥지에다 대구 알을 낳잖여. 좀 극성시러워…."

"하하! 달님아! 그건 아니여. 꾸꾸기는 봄철에 포곡포곡하고 울잖여. 이 포곡을 중국의 글자로 쓰면 포곡(布穀)이걸랑. 펼 포에 씨앗 곡이니 '씨앗을 뿌려라'라는 뜻이지. 농사철이 되었으니, 넹기지 말구 씨를 뿌리래는 뜻이여…."

이야기는 밤새 이어졌다. 달님이에게선 여름밤 쑥대 사르는 냄새가 났다.

"뻐꾹, 뻑뻐국, 뻑꾹…"

밤은 깊어갔다. 창가엔 반딧불이가 이따금 지나갔다. 가만가만 소쩍새 소리도 들렸다.

"꼬끼오!"

어디선가 닭이 두 홰째 울었다. 두동베개를 처음 베고 누운 달님이와 돌이의 사랑도 밤의 깊은 길목을 지나고 있었다.

12장
당기라 밀오라 정소년아

각설 달님이와 돌이는 하룻밤이 전부였다. 벼락처럼 만나 번갯불이 쏘듯 한 이별이었다. 돌이와 곰이는 임연의 도방으로 다시 들어갔고 궁궐 출입을 하는 이들에게 들음들음으로 달님이 소식을 알 뿐이었다. 궁궐 출입은 임연의 신임을 얻은 자라야만 가능하였다.

하루는 곰이가 밖에 나갔다 들어오더니,

"돌이야! 내 오다 들었걸랑, 그 뭐라드라. 응! '송도가 망하려니까 불가사리가 나왔다'라는 노래를, 다 큰 언년이들이 애들을 데리고 놀며 불르구 있드라. 닌 뭔 소린지 아니?"

"언년이들이! 뭐 그런 노래를 불르지. 거, 불가사리는 바다에 살면서 눈에 띄는 거라면 모조리 먹어치우는 눔 아닌가. 그런데 이게 왜 송도에 나타났지? 송도가 망해? 글쎄, 막돼먹은 시상이니 그럴지도 모르지만서두."

"맞어. 뭔지는 모르지만 좋지 않은 뜻이여. 돌이야, 그지. 아마 누군가가 우정 나라에 상스러운 일이 생길 거라는 불길한 징조로 이 노래를 지어낸게 틀림읎서. 암만, 내 말이 맞을 거걸랑."

곰이는 이렇게 말하고는 무슨 흉한 일이라도 본 것처럼 어깨춤을 들어 올리고 찡그렸다.

"형도 그렇게 생각해여."

"암. 이제 나두 그 정도는 알거덩."

"맞어. 지덜은 입만 열면 문자를 써대며 귀에 좋은 곱상한 말을 실타래처럼 풀어놓지. 대개는 흉악한 도적놈들의 꾀음꾀음이요, 무관들에게 잘 보이려는 눈비음과 한가지지만… 하기야, 우떻다 따질 필요도 읎시 이냥저냥 지내기로는 이보다 더 좋은 말은 읎지."

"돌아! 그래도 개중에 세상을 밝은 눈으로 보려는 이들도 있겠지."

"형 말대로 어찌 읎겠어. 허나, 문장은 스스로 일가를 이루었는지 모르나, 눈 감고 들어 앉아 세상일을 잊는 게 고작이니 눈은 있으되 눈망울이 없기는 도 긴 개 긴이거든. 지덜의 질탕한 노랫소리는 늘 무관들의 집에서, 궁궐에서, 소리개 날 듯 하늘 높은 줄 모르구 날아오르니. 증말 속씨린 얘기지. 상스런 시상이여."

곰이가 돌이의 어깨를 툭 쳤다.

"돌아! 너 일연 시님에게 배운 가버치가 있네. 거, 시원하게 말 한 번 잘한다."

"곰이 형이야말로 이제 세상 이치를 나보다 더 많이 아는 것 같은

데, 이제 그만해여. 남들이 듣는다면….”

……
꽃은 병에 가득, 술은 잔에 가득
임금과 신하, 신하와 임금 모두 태평시절에 취하네.
즐겁게 취하노라니 밤이 깊어져서 새벽닭이 울지만
인심이 매우 후하여 계속 머무르네.
……
〈야심사(夜深詞)〉

얼마나 지났을까? 〈야심사〉란 노래가 들렸다. 저들은 밤새 놀던 연희가 끝날 즈음 꼭 이런 노래를 불렀다. 돌이나 곰이 같은 베저포를 입고 검은 두건에 네 가닥 띠를 두르는 자와 관에서 붉은 도포를 걸치고 두건에 두 가닥 띠를 두른 자들은 태생부터 달랐다.

• 41
〈야심사〉는 고려 가요의 하나이다. 임금과 신하가 서로 즐기는 뜻을 나타낸 노래로 연회가 끝날 때에 불렀다고 한다. 『고려사』「악지」에 그 한역(漢譯)만이 전한다.

일반 백정은 가난하고 그 풍속이 검소하기에 제대로 된 도포를 걸친다는 것은 어림 반 닷곱 없는 소리였다. 잦은 전쟁을 치르느라 도포 한 벌의 값이 은 한 근이나 되었다. 그래, 백정들의 옷은 늘 퍼렇다. 항상 빨아서 다시 물들이는 탓에 색이 진해져서 아예 푸르스름하게 변해버렸다.

경술(經術)이니 시무책(時務策)을 내리꿰고 들음들음이 넉넉하다 해도 일반 백정은 과거장에도 못 들어갔다. 사대문라건(四帶文羅巾)을 쓰고, 검은 명주 웃옷을 입고 복건에 검은 두 가닥 띠를 두르고 가죽신을 신은 진사의 옷자락이라도 볼라치면 눈을 내리깔고 피하는 게 상책인 세상이었다.

왕은 몽고군이 들어와 이 땅을 짓밟는 와중에도 과거에 급제한 이들에겐 용이나 학이 그려진 청개(靑蓋)를 쓰게 하고 하인과 말을 주어 성안에서 마음껏 취하여 놀도록 하였다. 저들은 궁궐에서 연일 잔치를 벌이고 저러한 노래를 부르며 호화로운 사치의 나날을 보내며 〈풍입송〉[42] 등과 같은 노래만 불렀다.

> •42
> 속악 가사의 하나로 『악장가사』에 이렇게 전한다.
> 〈풍입송(風入松)〉
> 궁원의 노송 가지 잎들 무성한데
> 산들산들 부는 동풍을 맞이하였네
> 온화한 성덕 무성한 소나무와 같이
> 가을 겨울 안 가리고 천년을 푸르리

돌이는 어젯밤 한숨도 못 잤다. 오늘 궁궐에선 문무백관이 어울려 큰 연회를 여는데 임연의 호위대에 곰이와 돌이가 들어갔기 때문이다. 돌이와 곰이는 궁궐에 들어가기 위해 임연의 야별초가 되어 충성을 다하였다. 임연의 권력투쟁에 하수인임을 몰라서가 아니었다. 그러나 힘없는 돌이와 곰이로서는 이 방법밖에 없었다. 과거를 볼 신분도, 그렇다고 무인으로 출세할 그 무엇도 없기 때문이다. 혀가 되라면 혀가 되었고 눈이 되라면 눈이 되었다. 결국 임연은 곰이와 돌이를 신임하였고 가끔이지만 곁을 두었다.

"돌이야! 오늘 궁궐에 들어가면 달님이를 먼발치로나마 볼 수 있을지 모른다. 그지. 잘하면 꽃님이도 볼지 몰라."

곰이는 실없이 웃으면서 돌이에게 정답게 굴었다.

"글쎄, 형 말대로 되면 좋으련만. 어디 그게 우덜 뜻대로 될 일이여."

연희장 주변은 경비가 엄하였고 그 호화롭기는 이루 말할 수 없었다. 왕과 신하들은 대악사와 관현방에 금은·주옥·금수(錦繡)·나기(羅綺)·산호(珊瑚)·대모(玳瑁) 등으로 채색된 무대 누각을 세우고 온갖 조화 장식으로 꾸며놓았다. 그 기묘하고 화려함은 열 입을 열어도 형용키 어려울 정도다.

그러고는 헌선도(獻仙桃)·포구락(抛毬樂)·수연장(壽延長)·오양선(五羊仙)·연화대(蓮花臺)·무고(舞鼓) 등 놀이가 이어졌다. 비단옷을 입고 말총 모자를 쓴 '남장별대'의 춤도 이어졌다. 모두 달님이와 같은 여자 기생이었다.

아홉 명의 무기(舞妓) 가운데 여섯 명이 두 패로 갈라져 홍(紅), 남(藍)으로 차려입고 왕을 송축하는 육화대가무(六花隊歌舞)를 추자 곰이는 눈을 뗄 줄 몰랐다.

•43

헌선도 정재(呈才) 때 추던 궁중 무용의 하나. 죽간자(竹竿子) 두 사람과 무기(舞妓) 대여섯 사람이 주악에 맞추어 춤을 추면서, 그 가운데 왕모가 선도반(仙桃盤)을 탁자 위에 올려 놓는 춤이다.

포구락 공던지기 운동을 가무화한 춤이다.

수연장 임금의 장수를 축원하는 춤으로 『고려사』「악지」,『악학궤범』 등에 춤의 절차가 전한다.

오양선 송나라에서 들어온 당악 정재(唐樂呈才)로, 군왕이 오래 살기를 비는 내용의 노래와 춤. 죽간자 두 사람은 좌우에, 왕모(王母)는 가운데, 좌우협(左右挾)은 넷이 네 귀에 벌여 서서 보허자령(步虛子令)의 음악에 맞추어 벽연농효사(碧烟籠曉詞)를 부른다.

연화대 당악 정재(唐樂呈才)의 하나. 두 동녀(童女)가 봉래(蓬萊)에서 내려와 연꽃술로 생겨났다가 군왕의 덕화에 감격하여 춤을 추고 노래를 부른다는 내용이다.

무고 네 명 또는 여덟 명이 북 한 개를 놓고 둘러서서 북채로 추는 춤이다.

"곰이 형! 그만 보구 달님이 좀 찾어."

보다 못한 돌이가 한마디 하였다.

아침부터 시작된 연회는 한나절을 지났지만 달님이는 보이지 않았다.

해거름이 되어서 수박희 놀이를 마지막으로 무인들 연회가 끝났고 문인들 차례가 되었다. 문인이라고 무인들과 다를 바 없었다. 기생을 옆에 끼고 온갖 수작을 붙이기는 무인들보다 더 했으면 더했다. 염소수염처럼 몇 가닥 수염을 배배 틀던 한 한림이 일어나 난장이춤을 추며 노래를 부르자 분위기가 고조되었다.

> 유원순의 문장, 이인로의 시, 이공로의 사륙변려문.
> 이규보와 진화의 쌍운으로 운자를 내어 빨리 써서 짓는 시. 유충기의 대책문, 민광균의 경서 뜻풀이, 김양경의 시와 부.
> 아, 과거 시험장에서 뽑아내는 광경, 그 장면이 어떻습니까.
> (엽) 금의가 배출한 빼어난 문하생들.
> 아, 나를 좇아 몇 분입니까.
> 〈한림별곡〉 1연

목소리에 선비다운 기품도 없었고 난장이춤도 꼴사나웠다. 이 노래는 여덟 연이나 이어졌다.

"돌이야! 이게 무신 노래지? 한 번두 들은 적이 읍는데."

"응. 〈한림별곡〉이라고 하는데, 나도 이런 노래가 있다는 것만 알았지 듣기는 츠음이여. 들어보니 백정들은 아랑곳없이 오직 지네덜

풍류세월만 그대로 드러낸 노래네. 이 나라 최고 문인들의 이름은 들벅들벅하니 깡그리 주워섬기구."

"그 정도는 나도 안다. 아, 유원순(兪元淳)은 임금의 스승이요, 이인로(李仁老)는 우간의대부를 지냈고, 이공로(李公老)는 권력자 최충헌과 인척이요, 이규보(李奎報)는 설라무네, 뭐냐. 저, 그러니깐두루 고려 제일가는 문사 으른들 아니여."

"허어, 곰이 형이 제법인걸. 하기야 이 고려를 다스리는 대단한 으른들이니, 언네들두 알지만서두. 이규보 으른도 최충헌의 총애를 받았지. 진화(陳澕)는 이규보와 함께 쌍벽을 이루던 이로 역시 최충헌과 긴밀한 관계이고, 유충기(劉沖基)는 국자감대사성을 지낸 이며, 민광균(閔光鈞)은 권력가의 자손으로 경전해석에 뛰어난 솜씨를 발휘하였구, 김양경(金良鏡)은 평장사를 지낸 으른이지."

"거. 이 분네 우두머리가 금의(琴儀,1153~1230)라지. 아, 그 녹봉이 일 년에 자그마치 300석이나 받았다는, 배때지 부른 으른 아니여. 우덜 백정들이야 일 년 농사지어 곡물 석 섬 건지기도 어려워 피죽도 못 먹는데. 그게 지덜 목구멍으로 몽땅 넘어가냔 말이여. 잉. 하기야, 저 으른들은 태생부터 다르니. 까치발을 하고 넘겨다도 못보걸랑. 젠장. 으른은 무슨 으른. 으른이면, 으른 노릇을 해야지 설라무네."

곰이가 역정이 나는지

"퉤! 퉤!"

하면서 침 뱉는 시늉을 하였다.

"곰이 형이 이제 나부다 더 잘 안다니까. 금의는 최충헌을 등에 업구 이 나라 문인들을 이끌었지. 하지만 노랫 속의 저덜은 이 나라 이 땅의 사램이건만 우리덜과는 다른 시상을 저 무인들 곁에서 아부하며 살걸랑. 저덜에게 이 땅은 삶의 터전이라기보다는 한낱 놀이터인지도 몰러."
라고 중얼거렸다.

  2연, 3연을 부른 문인이 임연에게 술 한잔을 받고는 기쁨 가득한 얼굴로 제자리를 찾아가 앉자 그 옆의 키가 쬐그맣고 얼굴이 거무튀튀한 문인이 오무락 오무락 일어나더니 4연에서 5연을 불렀다.

> 황금주, 백자주, 송주, 예주
> 죽엽주, 이화주, 오가피주를
> 앵무잔, 호박잔에 가득 부어
> 아, 올리는 모습 그 장면이 어떠합니까?
> (엽) 유영과 도잠 두 선옹의, 유영과 도잠 두 선옹의
> 아, 취한 모습 그 어떠합니까
> 〈한림별곡〉 4연

> ...
> 아양의 거문고, 문탁의 피리, 종무의 중금
> 대어향, 옥기향이 타는 쌍가얏고
> 김선의 비파, 종지의 해금, 설원의 장고로
> 아, 밤 새워 노는 모습, 그 장면이 어떠합니까?
> (엽) 일지홍의 빗긴 피리 소리, 일지홍의 빗긴 피리 소리
> 아, 듣고서야 잠 들고 싶어라.
> 〈한림별곡〉 6연

문인의 소리는 가뭄 든 저수지의 이끼처럼 궁궐 벽에 진득진득 들러붙었다.

이렇게 고려 궁중은 술과 기생, 부도덕, 부조리가 만개하였다. 이미 왕도 신하도 없었다. 돌이는 감정이 격해져 도저히 서 있기조차 버거웠다. 돌이는 생각하였다.

'저러니 백정들을 다스리는 사람으로서 사랑을 받기는커녕 오히려 원망을 받는 것 아닌가? 저들을 못 알아보는 내가 병이 들었거나 아니면 저들의 영혼에 병이 들었음이 분명해. 저들은 글을 하는 선비들이다. 일연 시님에게 들은 바로는 글은 마음에서 나오는 것이라 하였다. 마음이 격해지면 글은 반드시 밖으로 나타나게 되어 막을 수 없다고 하셨어. 그렇다면 이 〈한림별곡〉을 어떻게 이해해야 할까? 노래를 부르는 저 한림들은 이 고려국의 지배층으로 고려 정신의 본보기여야 하거늘. …정신을 보리동냥이라도 보냈나보다.…

금의와 그가 배출한 빼어난 문하생들 노래 속에는 나라를 생각하는 마음이나 백정을 생각하는 마음이 티끌만큼도 없다. 노래에 나오는 인물 중, 유원순이라는 이가 강화 천도를 반대하고, 김인경이란 이는 몽고와 싸워 평장사까지 올랐으며, 이규보는 농민들을 생각하는 시를 지었다고는 하나 그 뿐 아닌가….'

돌이가 이런 생각을 하는데 곰이가 물었다.

"참, 돌이야! 거, 뭐드라. 아! 저 사람들이 기로회가 뭔가를 만들었다구. 그게 뭔지 알어?"

"아니, 벨루, 나이가 많아 벼슬에서 물러난 사람들이 만든 거라는

데. 기로회(耆老會)나 후영회(后英會)라 불러. 그리야, 무리를 지어 술과 시로 소일하는 모임이지 뭐."

"그란해두 개코구멍 같은 시상. 돌아! 난 당최 모르겠걸랑. 이래도 한 세상 저래도 한 세상이라지만, 우덜 백정들은 알몸을 갈옷으로 가리고 쬥일토록 굽은 허리 한번 펴지 못하고 나무등걸밭을 갈고 따비를 일궈도 살림새리는 나아지지 않찮여. 천종의 곡식을 거두는 풍년이 들어두 몽땅 관청이 거둬 들어서 한 짝은 이 강화 궁궐로, 또 한 짝은 지덜 뱃속으로만 쳐 넣구. 지덜의 곳간에는 패물이 가득하구 집김성두 쌀밥을 멕이잖여. 참 콧귀멍 두개이기에 망정이지. 그렇지 않으면 숨막혀 진작 죽었을걸."

곰이의 말소리가 다시 커졌다. 누가 이 말이라도 들으면 무슨 변을 만날지도 모른다. 돌이가 서둘러 말렸다.

"곰이 형! 목소리가 너무 커. 남들이 들으면 으쩌려고."

"들으면 으쩔테여. 죽기밖에 더하겠어. 또 그 중에, 일부는 절간의 중눔들 입으로 들어가구. 우리 같은 백정들은 생쥐 입가심할 것조차 없어 도토리나 줍구 풀뿌리를 캐먹다가 앙상하게 뼈와 살가죽만 남아 굶주림에 쓰러지는데 말이여. 도대체 저것들이 백정들의 삶을 아는지, 모르는지 모르겄어. 참, 구접스러워. 영 구접스런 눔들이걸랑. 사램이 그래서야 쓰겄어. 그짓부렁이나 해대구."

곰이의 목소리가 얼마나 컸던지 옆에서 보초를 서던 눅대조차 질겁하며,

"아! 이 사람두. 이즈막에 백정들의 삶이 저희 같은 줄 알고 '청주

를 마시거나 쌀밥을 해먹지 말라'는 금령까지 내린 것을 모르나. 그래도 이런 말 밖으로 내지 말게나. 지 아무리 소갈지 읎어 우덜 백정 일에는 눈 어둡구 귀 먹었어두, 지덜 욕은 설라무네, 구신같이 알아듣거들랑. 구랭이두 구랭이라구 하면 듣기 싫은 법일세. 아. 그렇게 휘뚜루 마뚜루 소리를 내다 잘못되면 잽혀가서 요절나네. 요절, 알지. 홍두깨에 꽃필 날을 기다리는 게 낫지. 이거 원. 이런 시상에선 그저 입에 자물통 서너 개는 채우고 사는걸세."
하며 입맛을 다시고 서너 개의 이맛살을 잔뜩 찡그렸다. 늑대는 충청 사람으로 별 말이 없지만 생각은 바른 사내였다.

   숫백정들은 이렇듯 도탄에 빠져 신음하는데 과거에 합격하고 오부상서(五部尙書) 벼슬자리에 올라 제 인생에 군붓질을 더하려 권력 있는 무인들 앞에서 저러한 글이나 읊는 문인이 이 나라 고려의 지식인이란 사실에 돌이는 몸서리쳤다.

> •44
> 오부는 개경을
> 동·서·남·북·중부,
> 다섯으로 나눈
> 행정구역이고, 상서는
> 이·호·예·병·형·공,
> 육부의 으뜸벼슬이다.

   4, 5, 6연을 노래한 문인은 간들간들 채신머리 없이 홍규에게 술잔을 받았다. 7연을 노래한 이가 또 술 한 잔을 얻어 자리를 찾자 고의춤을 간신히 여미며 관까지 벗은 한 문인이 일어서 8연을 불렀다.

     당당당 당추자(오두나무) 조협나무(쥐엄나무)에
     붉은 실로 붉은 그네를 매요이다
     당기라 밀어라 정소년아!
     위 내가 논 데 남갈까 두렵습니다

(엽) 옥을 깎은 듯이 보드라운 두 손길에 옥을 깎은 듯이 보드라운 두 손길에
    아! 손을 잡고 함께 노는 장면이 어떠하겠습니까?
    〈한림별곡〉 8연

 꽤 몸이 비대한데도 사내 목소리로는 듣기 불편하게 간드러졌다. 노랫가락은 부르는 사람의 느낌과 생각이 입을 통해 노랫말로 나온 소리이다. 느낌이 저렇고 생각이 저렇기에, 저렇게 노래를 부를 수밖에 없다. 〈한림별곡〉의 마지막 연은 쾌락이 더욱 검질기게 따라붙었다.
 고려 고샅고샅에서 백정들이 부른 생동감 있는 속요가 아니다. 이쯤 되면 글밥을 먹는 벼슬아치로서 실격일 뿐만 아니라, 인간으로서도 영판 실격일 뿐이다.
 "당기라 밀어라 정소년아!"는 저 정소년의 고환을 잡아당기고 밀며 보드라운 손길로 만져 준다는 욕정을 내휘두른 노랫말이다. 글자마다 사랑을 나누고 글줄마다 몸을 섞지만 남녀가 아닌 남남(男男) 간이다.
 돌이는 문득 일연 스님과 있을 때 『예기』 「악기」 첫머리에서 본 "무릇 음악은 사람 마음으로 말미암아 일어난다. 사람 마음이 움직이는 것은 사물이 그렇게 만들었다.(凡音之起 由人心生也 人心之動 物使之然也)"라는 구절이 생각났다. 음악과 사람 마음, 사물은 모두가 연결되어 있다는 뜻이다.
 겉볼안이 저러하거늘 그 속내를 본다면 식겁할 뿐이다. 저쯤 되면

비록 한골 나가는 높은 관리요, 그 어려운 글을 줄줄 외워 젖히고 여봐란 듯이 주옥같은 글을 쓴들, 글눈치 말눈치로 보아 인금이 시장판의 도매금이다. 글이 꼭 북두성처럼 삶의 좌표를 가리킬 필요는 없지만 배운 자들의 글은 글로서 진정성이 있고 노래 역시 그래야한다. 흰 종이에 떨어진 먹물방울이 아까운 문인들이었다.

　곰이가 갑자기 이런 말을 하였다.

　"돌이야! 나는 저런 노래를 부르지 않을끼여. 숭하게 문인이란 인두겁을 쓰고서 설라무네. 으터케 저럴 수 있지. 아휴! 악머구리가 끓어. 저런, 호랭이가 물어갈 눔덜. 나는 우리 엄니가 불렀구, 내가 부르고, 달님이가 부르는 속요를 부를 테여. 저것은 우덜 백정 노래가 아니여."

　"맞아, 형! 우리가 부르는 노래는 사는 게 고단하여 웃음도 잃고 눈물도 마를 때 부르는 노래지. 저렇게 부귀 호사를 누리며 부르는 노래가 아니지, 암."

　돌이는 곰이 이야기를 받으며 다시 생각에 잠겼다.

　'이 고려의 폐단은 무인만이 아니다. 오히려 글을 배운 저 문인들도 그 못지않다. 저들은 글을 이용하여 부귀와 권력을 얻어서는 우덜 백정들의 알량한 밑천마저도 물오른 송기 때 벗기듯 뺏어간다.

　하지만 저들의 글도, 권력도 심이 아니다. 백정을 괴롭히는 게 어찌 심이 될 수 있는가. 그렇다면 죽이 아씨가 말하는 심은 어디 있을까? 아니, 죽이 아씨가 말하는 심이 있기나 한 것일까?…'

　궁궐 뒤로 저녁 안개가 피어올랐다.

"돌이! 돌이야! 저기, 저기 좀 봐."

곰이의 다급한 소리였다.

달님이였다.

달님이는 〈한림별곡〉 4, 5, 6연을 부른 가무잡잡한 문인의 곁에 앉았다. 돌이는 거리가 멀었지만 한눈에 달님이 얼굴에 핏기가 없는 것이 보였다. 무슨 일이 있었던 게 분명하였다.

"가만, 달님이 쟤, 저거, 어디 아픈 거 아녀? 그렇지. 돌아! 아휴 그런데 저눔이, 쇠귀신처럼 저렇게 검질기게 달라붙어. 저런, 저런, 구접스런 짓을. 저런, 죅일. 저런, 우라질 눔. 이런 안팎곱사등이 신세니, 이거 원…."

달님이는 몹시도 괴로워했지만 가무잡잡한 문인은 집요했다. 문인은 한 10년은 뚜드려 먹은 목탁모양으로 뻔들뻔들한 얼굴에 살쾡이 같은 눈알을 할깃흘깃 굴리며 달님이를 괴롭혔다. 그러나 돌이와 곰이는 어찌할 도리가 없었다.

돌이는 눈을 감아버렸다. 그리고 아무 소리도 듣지 않으려 노래를 불렀다. 저들과는 다른, 달님이가 돌이를 안을 때 불러준 노래를 부르고 또 불렀다.

　　구슬이 바위에 떨어진들
　　구슬이 바위에 떨어진들
　　끈이야 끊어지리이까
　　…
　　〈정석가〉

12장/ 당기라 밀오라 정소년아　179

13장
서경이 아즐가
서경이 서울이지마는

차설 돌이는 궁궐을 보수하러 서경으로 가며 마음이 무거웠다. 궁궐 연희에서 돌이와 곰이가 주고받은 말을 누군가 들었고 임연에게 고자질을 하였다. 임연은 곰이와 돌이를 서경 부역하는 곳으로 보냈다. 사실 말이 부역이지, 목숨을 내 놓고 가야만 하는 곳이었다.

돌이는 떠나기 전날인 어제 간신히 달님이를 서너 달 만에 만났다. 궁궐에서 본 이후 처음이었다. 달님이는 돌이에게,

"우리 애를 가졌어."

라며 눈물지었다.

그날 늦게 참석한 것도 쓰러진 것도 모두 달님이가 아이를 서며 연일 계속되는 연희를 견디지 못하여 일어난 일이었다. 달님이는 소속

된 관현방의 행수기생에게 아직 들키지 않았으며 아이를 지킬테니 걱정 말라고 하였다. 하지만 들키는 날에는 두 사람 목숨은, 아니 꽃님이의 목숨까지 위태롭다는 것을 돌이도 달님이도 잘 알고 있었다.

달님이는 헤어질 때 눈물을 흘리며 '마음 굳게 다잡으라며, 나는 어떻게든 살아낼 거라며' 이러한 속요를 불러 주었다.

　　서경(西京 : 지금의 평양)이 아즐가 서경이 서울이지마는
　　위 두어렁셩 두어렁셩 다링디리

　　닦은 곳 아즐가 닦은 곳 작은 서울을 사랑하지마는
　　위 두어렁셩 두어렁셩 다링디리

　　이별할 바엔 아즐가 이별할 바엔 길쌈 베를 버리고
　　위 두어렁셩 두어렁셩 다링디리

　　사랑하신다면 아즐가 사랑하신다면 울면서 따르겠습니다
　　위 두어렁셩 두어렁셩 다링디리
　　〈서경별곡〉 1-4연

돌이와 달님이가 그렇듯이 모두들 이별하는 사람들은 이 〈서경노래〉를 불렀다. 달님이가 앞소리를 메기면 돌이는 "위 두어렁셩 두어렁셩 다링디리"라는 되풀이노랫말을 가슴으로 받았다.

　　구슬이 아즐가 구슬이 바위에 떨어진들

위 두어렁셩 두어렁셩 다링디리

끈이야 아즐가 끈이야 끊기리이까 나난
위 두어렁셩 두어렁셩 다링디리

천년을 아즐가 천년을 홀로 살아간들
위 두어렁셩 두어렁셩 다링디리

믿음이야 아즐가 믿음이야 끊기겠습니까 나난
위 두어렁셩 두어렁셩 다링디리
〈서경별곡〉 5-8연

달님이는 5줄로 된 향비파를 탔다. 달님이의 손가락 한번 움직일 때마다 노래 곡조가 하나씩 둘씩 허공에 떨어졌다. 구슬이 바위에 떨어진들 끈이야 끊기지 않듯이 그렇게 천년이 흘러도 변치 않겠다는 저 노랫말이 돌이 마음이요, 달님이 마음이었다.

달님이의 노랫소리가 일진작의 가장 느린 곡조에서 시작하여 빠른 곡조까지 오르내렸다. 돌이의 마음은 한없이 슬프면서도 말로 풀어내지 못할 기운을 얻는 듯하였다. 달님이의 노래가 마지막 〈대동강 노래〉로 휘감았다.

대동강 아즐가 대동강 넓은 줄 몰라서
위 두어렁셩 두어렁셩 다링디리

배를 내어 놓았느냐 샤공아
위 두어렁셩 두어렁셩 다링디리

네 각시 아즐가 네 각시 욕심이 많은 줄 몰라서
위 두어렁셩 두어렁셩 다링디리

떠나는 배에 아즐가 떠나는 배에 태웠느냐 샤공아
위 두어렁셩 두어렁셩 다링디리

대동강 아즐가 대동강 건너편 꽃을
위 두어렁셩 두어렁셩 다링디리

배 타고 들어가면 아즐가 배 타고 들어가면 꺾을 것입니다 나난
위 두어렁셩 두어렁셩 다링디리
〈서경별곡〉 9-14연

  돌이는 달님이 노랫소리에서 아름다우면서도 소박한 운율과 살아움직이는 노랫말을 보았다. 왕궁에서 데면데면 듣는 궁중악과는 달랐다. 구절구절마다 달님이와 꽃님이 언니, 엄니, 죽이 아씨, 관군의 매에 목숨을 잃은 아부지, 그리고 달님이의 뱃속에 있는 아이,…백정들의 휘어진 삶이 돌이 눈앞에서 휘적휘적 돌아 흘렀다.
  "걱정 마. 돌이! 내 목숨을 걸고 우리 아이를 지킬게."
  헤어질 때 달님이가 돌이의 손을 꼭 잡으며 한 말이었다. 달님이가 돌아간 뒤에도 노랫소리는 돌이의 귓가에 쟁쟁 울렸다.

그렇게 달님이와 헤어진 돌이는 곰이와 서경에 도착하여 궁궐 중수 작업에 투입되었다. 몽고군에게 입은 피해는 처참했다. 국장생은 반이나 불타 풀 섶에 나뒹굴었다. 커다란 석불도 쓰러져 몸은 여기에 머리는 저기에 있었다. 무너진 성가퀴 안으로 불타버린 누각 옆엔 기세 좋게 궁궐을 떠받치던 두리기둥도 고꾸라져 있었다. 서경이 이 지경일진대 개경이 어떠할지는 불을 보듯 뻔하였다.

> •45
> 나라에서
> 관리하는 장승

돌이와 곰이는 돌을 깨서 성곽을 쌓는 곳으로 배치되었다. 작업은 봄과 가을 농번기를 피해서 해야 했기에 한여름 아니면 겨울이었다.

붉은 햇빛이 바글바글 차 끓듯 하였다. 잉걸불은 하늘이라도 녹일 듯 벌겋게 달아올랐다. 풀무질로 잉걸불 속에 바람을 일으켰다. 녹여 낸 쇳물을 거푸집에 부어 정으로 쓸 쇠막대를 만들었다. 다시 이를 두어 뼘 가량 잘라 정을 만들고 갈가리 찢긴 손바닥에 붙은 엄지손가락만큼 잘라 야를 만들었다.

뾰족한 정이라야만 돌에 야가 들어갈 길쭉한 구멍을 낸다. 야는 작고 야무져야만 돌을 잘 파고들었다. 힘이 돌이보다 좋은 곰이가 긴 자루 달린 쇠메를 잡고 돌이는 불에 달군 긴 쇳덩이를 모루 위에 올려놓았다. 곰이의 쇠메가 쇳덩이를 잡은 돌이의 손을 타고 온 몸을 두드렸다.

"탕! 탕! 탕!"

그렇게 한뎃잠을 자며 대장쟁이질을 한 지 달포를 넘겼다. 홑잠방이는 이미 불똥으로 살을 드러낸 지 오래고 뙤약볕에서 하는 대장간

일이라 모두들 검붉은 얼굴에 눈만 하얗게 빠끔하였다.

시나브로 수백 개의 정과 야가 쌓였다. 그만큼 곰이와 돌이 손은 부르트고 진물이 나더니 대나무처럼 마디지기 시작하였다. 불똥이 튀긴 손과 팔뚝에는 검붉은 딱지가 앉고 떨어지기도 전에 그 위에 다시 불똥이 똬리를 틀었다. 모두가 그러했다. 탐라 출신이라는 언년이 아버지는 쇠메에 진작 손가락이 두 개나 뭉개졌다.

그러나 무엇보다도 부역군들을 괴롭히는 것은 굶주림이었다. 돌이와 곰이도 이곳에 온 날부터 하루 한 끼조차 제대로 음식다운 것을 먹지 못했다. 부역에 동원된 사람들은 제 먹을거리를 스스로 마련해야 했다. 그것이 이 나라의 법이었다. 먹을거리가 떨어진 사람들은 그저 소나무껍질과 풀뿌리만 씹는 게 고작이었다. 그마저도 배고픔을 끼니때마다 속이지 못했다. 성 주변 소나무껍질은 이미 벗겨져 모두 허연 속살만 남았고 칡뿌리를 캐느라 이곳저곳을 요강단지처럼 만들어 놓았다. 이곳에 와 동이가 새끼 두 마리를 낳았지만 마땅히 먹일 것도 없었다.

며칠 전부터는 괴질까지 돌았다. 돌이와 동갑인 수새는 가량가량한 몸으로 용케 견딘다 했더니 괴질에 걸려 며칠을 굶고는, 그예 저세상 사람이 되었다. 수새가 죽은 날부터 서경에서 멀지 않은 곳에 산다면서 〈가시리〉를 그렇게 잘 부르고 떡심 좋은 망아지도 몸져누웠다.

수새가 죽은 날 상여노래를 불러서인가, 언제부턴가 사람들은 노래를 불렀다. 〈상저가〉도 불렀고, 〈동동〉도 불렀다.

13장/ 서경이 아즐가 서경이 서울이지마는

연장이 어느 정도 만들어지자 며칠 전부터는 정과 야, 쇠메를 들고 산을 올랐다. 적당한 크기의 돌을 찾고 어린애 몸뚱이만큼 잘라내야 했다. 이 돌로 성벽과 성을 보수할 거였다. 곰이의 쇠메가 돌이가 잡은 정을 맞추면 정과 돌에서 불똥이 튀었다. 곰이도 돌이도 허리는 끊어지도록 아팠고 뼈마디는 몸에서 산산이 부서져 가루가 되는 듯 했다. 어쩌다 정의 머리를 빗나간 곰이의 쇠메는 그대로 돌이의 손을 이겨 놓았다. 검게 피멍든 돌이 손톱은 며칠 못 가 빠져나가고 새 손톱도 제대로 자라기 전에 또 그랬다.

돌이는 며칠간 잠을 버성겨서인지 보는 곳마다 아지랑이가 피어올랐다. 어젯밤엔 견우성 옆에 자리하던 살별이 긴 꼬리를 그으며 부서진 성 귀퉁이로 떨어진 뒤에는 한숨도 못 잤다. 잠시 눈을 감아도 달님이와 뱃속의 아이가 살려달라고 외쳤다. 동이는 그래도 막사 한 구석에서 제 새끼들을 끼고는 편안히 잠들었다. 잠시 도둑잠이라도 청하려 하였지만 가랑니와 수퉁니며 벼룩이 돌이의 몸을 괴롭혀댔다.

오늘은 노랫소리마저 없다. 어제 궁궐에서 관복을 입은 몇이 왔다 가더니 오늘부턴 두 사람이 성벽 쌓을 돌을 열 개나 만들라며 더욱 닦달이 심했다.

"쩡! 쩡! 쩡! 쩡!"

돌 깨는 소리만이 산에 울렸다.

곰이도 돌이도 말없이 연신 손만 놀렸다. 곰이의 쇠메와 바위에 야를 넣을만한 구멍을 파려는 돌이의 정이 불꽃을 번뜩였다. 한낮의 작열하는 해는 언제 구름에서 벗어났는지 다시 불을 토했다. 돌이는 땀을 훔치며 하늘을 원망스럽게 올려다보았다. 깡마른 하늘은 한없이 높고 바짝 마른 햇살은 눈을 파고들어 깔끄러웠다. 벌써 사나흘 굶은 몸은 정 잡을 힘조차 없이 까라졌다.

"쩡! 쩡! 쩡! 쩡! 쩡!"

동이가 돌이의 아랫도리 자락을 물고 몇 번이고 짖어댔다.

"컹! 컹!"

그렇잖아도 힘이 드는 판이었다.

아침에 막사 한 귀퉁이에서 앙상한 뱃가죽으로 아직 눈도 뜨지 못한 제 새끼들에게 빈 젖만 빨게 하더니, 어느새 여기까지 왔나보다. 돌이는 저도 모르게 동이를 차버렸다.

"이놈의 개새끼까지!"

"캥!"

동이가 외마디 비명을 질렀다.

동이가 두어 발짝 날아가 떨어졌다. 동시에 서너 발자국 위에서 곰이와 돌이를 합쳐놓은 크기의 돌이 굴러 내려왔다.

"와지끈!"

돌은, 비루먹은 말다리처럼 앙상한 소나무를 부러뜨리고 벼락처럼 돌이와 곰이를 향했다. 돌덩이를 밧줄로 엮어 어깨에 메고 옮기던 목도꾼 한 사람이 쓰러지며 일어난 일이었다.

돌이와 곰이는 동시에 돌덩이를 쳐다보았다. 동이의 날카로운 짖음이 다시,

"캥!"

하고 산을 갈랐다.

곰이와 돌이는 쇠메를 놓고 풀숲으로 몸을 굴렸다. 돌 깨는 소리에 위에서 돌이 굴러 내리는 소리를 전혀 듣지 못했다. '동이가 나한테 알리려는 거였구나'하는 생각을 했을 때, 이미 돌은 동이 몸을 덮치고 서너 사람 드나들 만한 구멍을 성벽에 뚫고서야 멈췄다. 순식간이었다.

"동이야! 동이야!"

돌이가 뛰어가 동이를 안았지만 이미 힘없는 눈동자만이 안간힘을 쓸 뿐이었다. 돌이는 동이 몸이 이렇게 가붓한지 몰랐다. 동이 두 다리는 부러졌고 제대로 먹지 못한 몸으로 젖을 빨려서인지 바짝 말라 버린 젖가슴 사이엔 허연 갈비뼈가 비집고 나왔다. 그 버름한 틈으로 피가 흘렀다. 거의 감겨가는 눈가에서도 눈물인지 핏물인지가 흘렀다. 동이의 피도 사람과 똑같이 붉었고 따뜻했다. 동이의 남은 다리에 가는 두어 번의 경련이 돌이의 손끝에 느껴졌지만, 그것으로 끝이었다. 동이 눈동자에서 더 이상 돌이의 얼굴이 안 보였다.

그날 저녁이었다. 인수 아버지가 돌이에게 조심스레 말했다.

"거, 동이가 참 신통하네. 자네들을 살렸네, 그려. 자네가 그 개를 아끼는 것은 아네만, 이제 죽지 않았는가. 망아지와 납죽이도 아프고 하니, 그러니…"

누군가의 입을 타고 나온 〈서경별곡〉 곡조가 흥얼흥얼 하늘로 날아올랐다.

"서경이 아즐가 서경이 서울이지마는 위 두어렁셩 두어렁셩 다링디리"
"닦은 곳 아즐가 닦은 곳 작은 서울을 사랑하지마는"

곰이가 노래를 받았다.

"위 두어렁셩 두어렁셩 다링디리"

"쩡! 쩡! 쩡!"
"퍽! 퍽! 퍽!"

쇠메 내리치는 소리에 이어 돌이 튀는 소리가 그 노래 사이를 넘나들었다. 온 산이 노래였다. 돌이 손등에 파란 힘줄이 솟았고 곰이의 거친 숨소리는 가빴다. 정과 돌도 부딪쳤다. 돌이는 야를 넣을 길쭉한 홈이 달님이의 눈썹 같았다. 아니! 제 발길질에 채여 쓰러져서도 일어나려 안간힘을 써대던 동이의 그 서글픈 눈인지도···. 아니, 달님이 뱃속에 있는 우리 아이의 눈인지도 모른다고 돌이는 생각했다.

돌이는 갑자기 땀이 흘러 눈 속으로 들어갔는지, 길쭉한 홈이 흐릿흐릿하여 야를 넣지 못하였다. 곰이가 대신 야를 넣고는 그 위에 돌이의 쇠메를 대주었다.

"돌이야, 꽉 잡아라. 잘못하면 다친다, 잉."

곰이가 동이 몸뚱이만한 쇠메로 야 위에 대고 있는 돌이 쇠메 위를 내리쳤다. 쇠메 위에 쇠메가 내리치고 동이 몸뚱이 위에 동이 몸뚱이가 내리치고, 불꽃이 튄 자리를, 아니 동이의 뼈만 앙상하던 뱃가죽을 다시 내리쳤다.

"구슬이 아즐가 구슬이 바위에 떨어진들"
"위 두어렁셩 두어렁셩 다링디리"

"쩡! 쩡! 쩡!"
"퍽! 퍽! 퍽!"
어느새 왔는지 옆에서 수새 아버지와 망아지도 짝을 이뤄 돌을 깼다. 갓난아이 때 돌로 그 머리를 아예 눌러 납작했는지 뒤통수가 눌러붙은 납죽이도 보였다. 쇠메를 놀리는 것을 보니 몸이 조금은 회복되었나보다. 목소리가 제법 힘차다.

"대동강 아즐가 대동강 넓은 줄 몰라서"
"위 두어렁셩 두어렁셩 다링디리"

"쩡! 쩡! 쩡!"
"퍽! 퍽! 퍽!"
노래에 맞춰 돌이의 몸이 울었다. 동이도 울었다. 산은 온통 노랫소리와 돌 깨는 울림으로 울었다. 순간, 돌이의 귀에는 아무 소리도 들리지 않았다. 고요였다. '우쩍'하며 무엇인가 돌덩이보다도 크고

묵직한 것이 돌이의 몸을 뚫고 나갔다. 마음속에 무엇인지 모를 뭉클한 게 꿈틀대고 있는 것을 느꼈다.

"배 내여 아즐가 배 내여 놓았느냐 사공아"
"위 두어렁셩 두어렁셩 다링디리"

다시 노랫소리가 들렸다. 돌이는 왈칵 눈물이 흘렀다. 돌이는 그것이 동이가 부역꾼들의 몸보탬이 되어서인지, 아니면 엄니와 아부지를 생각해서인지, 아니 죽이 아씨 때문인지, 달님이와 뱃속의 아이 때문인지….

"쏴!"

하늘도 미안해선가 먹구름 사이로 슬금슬금 여우별을 몇 번 보이더니 이내 소나기로 울었다. 곰이의 단풍같이 벌건 얼굴에도, 돌이 등줄기에도, 나뭇잎에도 빗방울이 튀었다. 곰이와 돌이 몸에 든, 동이에게도 빗물이 흘렀다.

"흐응!"

곰이 쇠메가 돌이 쇠메 위에 다시 떨어진 그 순간 돌은 그 허연 속살을 보였다.

"흐응!"

한번 더 곰이의 쇠메가 하늘을 우려낸 듯 치고 내려와 파란 불꽃을 튕겼다.

"쩡!"

"퍽!"

"쩍-"

어른 몸뚱이만 한 돌은 아이 몸뚱이 둘로 나뉘었다. 전혀 쪼개지지 않을 것 같던 바위였다.

"지깟 놈이, 그러면 그렇지…."

곰이가 돌이를 보며 주먹덩이만한 잇속을 드러내고 "하하!" 웃었다.

"하! 하! 하!"

돌이도 미친 듯이 웃었다. 돌이는 산도 웃고, 동이도 웃고, 달님이도 웃을 것만 같았다. 그래, 골병든 삶이지만 이렇게 살아내는 거야. 그냥 살아서 사는 게 아니라, 살아내는 거야. 살아 내는 거야. 그래, 왕이 아닌 우리를 위해 하는 거다. 이 돌 하나에 달님이의 목숨도, 꽃님이 언니의 목숨도, 아니 내 목숨과 곰이 형의 목숨도, 우리 아이의 목숨도 달려 있는지 모른다고 돌이는 생각했다.

"네 가시 아즐가 네 가시 바람난 지 몰라셔"

왕이 살고, 재상들이 드나드는 궁궐 중수가 아니다. 우리의 삶을 지키기 위해 이 고단한 노역을 하는 거다. 이것이 우리네가 살아가는 힘이다. 그래, 힘은 노래였어. 돌이는 후렴구를 따라 불렀다. 곰이의 쇠메는 신명지게 돌이의 정을 쳐댔다.

"쩡! 쩡! 쩡!"

"퍽! 퍽! 퍽!"

"위 두어렁셩 두어렁셩 다링디리"

노랫소리는 저물도록 이어졌다.

한뎃잠이지만 곰이는 곤해선지 코까지 곤다.
그날, 돌이는 늦은 잠자리에 들었지만 잠이 오지 않았다.
검은빛으로 물들인 하늘에서 별빛이 와글와글 떠들어 댔다. 마치 떡전거리에서 동무들과 재잘거리는 것처럼. 달님이 얼굴이 떠오르고, 꽃님이 언니 얼굴도 그 옆에서 웃고, 달님이 뱃속의 아이도 웃었다. 동이도 보였다. 돌이는 동이에게 말을 건넸다.
'동이야! 미안하다. 잘 있지? 달님아! 미안하다. 잘 있지? 꽃님이 언니도…'
돌이는 이제야 세상에 어섯눈을 뜬 듯 했다. 그동안 부귀와 권력만 보느라 제 옆에 진짜 힘이 있는 것을 몰랐다. '소 힘도 힘이요, 새 힘도 힘이다!'라는 것을. 돌이는 중얼거렸다.
"그래, 내 깜냥만큼만 살아내면 되는거여!"
세상사를 따지자면 이 돌을 깨 성채를 쌓는 이치와 다를 바 없었다. 왕이 큰 돌덩이, 대신들이 자갈이라면 백정들은 쐐기돌이다. 나라에서 큼지막한 돌덩이로 기틀을 잡고, 대신들이 그 빈틈을 자갈로 채우고, 백정들이 자갈들 사이사이에 들어가 쐐기돌 역할을 한다면 그

성채는 굳건하다. 그러나 쐐기돌이 제대로 박히지 않으면, 성채는 틈이 벌어지고 이내 무너지고 말 것은 정연한 이치였다.

돌이는 낮에 분명히 보았다. 한 마음이 되어 부르던 노래의 힘을, 백정들의 마음으로 불러낸 속요야말로 살아갈 힘이란 것을 알았다. 돌이는 가만히 손을 꼭 쥐었다.

"그래, 속요집을 만들거야!"

돌이는 그제서야 일연 스님에게 들은 이야기도 이해가 되었다.

신라 성덕왕 때 순정공의 부인인 수로부인을 바다 용왕이 끌고 들어가자 한 노인이,

"'뭇사람 입은 무쇠도 녹인다' 했으니 어찌 많은 사람의 말을 두려워하지 않겠습니까. 인근 백성들을 모아 노래를 부르게 하며 막대로 언덕을 치면 부인을 찾을 수 있을 겁니다."
라고 말했다 한다.

"그래, 이게 심이었어. 모두 함께 부르면 심이 되는 거여. 죽을 수도 읍구 살 수두 읍는, 그래 죽구 싶을 만큼 힘들 때 사람들이 마음을 추슬르구 합하여 살려구 부르는 게 노래의 심이여."

돌이의 생각은 끝없이 이어졌다.

'백정들이 노래를 부르는 것은 사람살이의 슬픔을 극복해주고 노동의 수고로움을 덜어줘서였어. 노래는 마음의 고통을 없애주고 삶에 활기를 불어넣어줘. 세상에 대해 괘씸타는 말 한마디 내지 못하고 등가죽에 붙은 곯은 뱃가죽을 움켜쥐고 그래도 살아야겠다고 부르는 게 노래였어. 금방이라도 눈물이 함빡 쏟아질 것 같은 말들이 옹기종

기 모여 숨 쉬는 노래였어. 쓰린 가슴에 쓰린 씀바귀나물 한 입 넣고 맑은 냉수로 입가심할망정 결코 고운 심성을 버리지 않겠다는 게 노래였어. 꾸밈이 없지만 풍요로운 노래이기에 사랑이 있고, 이별이 있고, 웃음이 있고, 슬픔이 있고, 한이 있고, 흥이 있고, 별나라도 달나라도 그 속에 있고, 삶과 죽음도 노래에 있었어. 그렇기에 숨김없는 우리네 인간성이요, 생활 그대로인 삶보다 더 삶의 처절함을 감춘 게, 이 노래, 바로 우리가 부르는 속요였어.'

"그리여, 이게 우덜 몸의 노래인 심이여."

'몸! 엄니가 꽃님이 언니와 나를 지켜낸 것도 몸이요, 죽이 아씨가 달님이와 꽃님이를 지켜낸 것도 몸이었다. 동이가 나를, 아니 곰이 형을 살려낸 것도 몸이다. 속요에 힘이 있다면 몸을 살려 내서이다. 암, 몸의 노래이지. 그래, 달님이는 틀림없이 우리 아이를 지켜낼 거야. 몸의 노래를 부르며 엄니가 나와 꽃님이 언니를 지켜냈듯이.'

돌이는 비로소 아버지가 왜 이 나라 고려의 속요집을 만들려고 했는지 이해되었다.

'아부지는 엄니를 사랑했던 거였어. 맞어, 사랑하는 사람이 살아가는 심이 노래임을 알았던 거여. 그래서 그 노래들을 모은 거였어.'

그런 노래집이 몽고군에게 집이 불타면서 사라졌다는 것을 떠 올리니 소중하게 간수하지 못한 자신이 원망스러웠다. 돌이는 '나는 아부지가 못다 한 이 노래집을 꼭 만들어야겠다. 우리 몸의 노래를…. 이 일만 끝나면 달님이를 찾아가 속요집을 만든다고 할 테다'라고 마음먹었다.

"꼬끼오! 꼬끼오!"

멀리서 닭들이 벌써 두 홰를 친다.

동이의 새끼 두 마리가 돌이 품을 제 어미 품속인양 잠든 것을 새벽 별들이 내려다보았다.

14장

살어리 살어리랏다
청산에 살어리랏다

각설

    살어리 살어리랏다 청산에 살어리랏다
    머루랑 다래랑 먹고 청산에 살어리랏다
    얄리 얄리 얄라셩 얄라리 얄라

    울어라 울어라 새여 자고 일어나 울어라 새여
    너보다 시름 많은 나도 자고 일어나 우니노라
    얄리 얄리 얄라셩 얄라리 얄라
    …

아기작아기작 눈이 녹고 버들은 소란소란 수선거리며 잎을 텄다.

발그스레한 복사꽃잎에도 송이송이 봄이 왔다. 하릉하릉 붉은 눈송이가 날렸다. 꽃멀미를 하는지 달님이의 눈에서 곰이가 휘청하였다. 곰이의 슬픈 듯, 서러운 듯하면서도 씩씩한 노랫소리가 담 머리를 타고 오른 모가지가 긴 조롱박에 미끄러졌다. 이내 곰이의 괴나리 보따리와 함께 사라진 노랫소리는 파란 하늘의 하얀 구름 속으로 감실감실 들어갔다.

달님이가 이사 오며 심은 감나무에선 별을 닮은 동그란 감꽃이 한창이었다. 울타리 곁에 선 앵두나무에는 햇살에 입 맞춘 새빨간 앵두가 침을 돌게 익었다. 달님이는 어릴 때 돌이가 어디선가 앵두를 따다가 한줌을 주며 상긋상긋 웃던 기억이 났다.

구름을 비켜나온 햇볕이 하얀 물비늘을 쏟아냈다. 돌이가 가던 날도 그렇게 햇살이 달님이의 눈에 쏟아져 들어와 한참을 머물다 갔었다.

곰이는 달님이의 손가락 하나 없는 왼손을 한참동안 잡고는 먼 하늘만 바라보았다. 곰이의 눈시울이 붉어졌을 때쯤 달님이는,

"곰이 언니! 잘 가요. 이것은 인삼 말린 거야. 가서 솔이 아부지하고 함께 먹어요. 몸조심하고. 솔이야! 오삼춘에게 안녕히 가시라고 인사드려야지."

라며 살며시 손을 빼며 인삼 꾸러미를 건넸다.

"오삼춘 안녕히 가셔여."

솔이의 뒤에 있던 아름이도 못내 아쉬운지 꼬리를 흔들며 짖었다.

"컹! 컹!"

동이의 새끼로 이름은 아름이다. 동이는 새끼를 둘 낳았는데 한 마리는 지금 돌이가 데리고 있다. 아름이는 제 어미를 닮아서인지 여간 총명한 게 아니다. 벌써 새끼를 여러 배 낳아 누런 털은 윤기를 잃고 짖는 소리하며 걸음걸이도 예전만 못하지만 아직도 눈동자는 총기가 보였다. 이 마을 개들은 태반이 이 아름이의 후손들이다. 돌이가 데리고 있는 개는 수놈으로 다움이다.

돌이가 제 어미인 동이의 삶이 아름답다하여 수놈은 다움이로 암놈은 아름이로 붙여줬다. 오늘은 웬일인지 제법 짖는 소리에도 힘이 있다. 간다간다하면서도 곰이는 앉은 김에 신 끈 맨다고 아름이를 안고는 군수작을 붙였다.

"아름이야! 니두 잘 있어, 잉. 다움이도 그렇지만, 어휴! 니두 나이를 먹긴 먹었나부다. 아, 털두 이게 뭐여. 에부수수항게. 쩝! 꼭, 서리 맞은 병아리같이 행동두 느리구. 아름이야! 그래도 니 엄니 덕에 나와 돌이가 살아있다는 것을 니는 알지? 앙 그러냐, 잉. 아는 기여, 모르는 기여."

곰이는 아름이의 목덜미를 한참이나 쓸어주고는 일어섰다.

"안녕히 가셔여. 아부지께 저 잘 있다고 말씀 전해주셔여."

감꽃을 주워 실에 꿰어서는 목걸이처럼 목에 걸고 있던 솔이가 제법 인사성을 차렸다. 곰이가 솔이의 목에서 감꽃 하나를 따서는 우물우물하더니 솔이를 가슴팍에 와락 끌어안았다.

"그런데 설라무네, 이누무 자식! 누굴 닮아 이리 잘생긴거여. 이 오삼춘을 닮아서 그렇지. 그리여. 잘 있어 잉. 엄니하고 고무 잘 지켜 드 러라. 잉."
솔이가 답답한지 버둥대자 그때서야 놓아주곤 곰이는 다시 먼 하늘을 올려다보았다.
곰이는 한참 만에 눈시울을 소매로 훔치더니 멋쩍게 웃으며 무어라 중얼거렸다. 꽃님이는 그러한 곰이를 가만히 보고만 서있었다.
달님이가 본 곰이 언니에게는 옛날 떡전거리를 누비며 선머슴짓을 일삼던 자발없는 모습은 오간 데 없었다. 하기야 무심한 세월은 곰이의 귀밑머리하며 수염에도 제법 듬성듬성 서리를 내려앉혀 놓고 말았다. 물론 그만큼 인끔도 성큼 성장한 것 같았다.
"허참, 나도 원. 달님이두 잘 있구. 꽃님아! 니도 잘 있어. 잉. 다음에 내 올 때는 꼭 돌이와 함께 지대루 올게."
꽃님이는 솔이의 손을 잡고 그 가냘픈 어깨를 들먹이더니 돌아서서 옷고름으로 눈을 연신 훔쳤다. 꽃님이는 달님이가 솔이를 낳은 뒤로 많이 좋아졌다. 사실 주막 일에 바쁜 달님이보다도 오히려 솔이를 이만큼 키운 것은 고모인 꽃님이었다.
"언니 몸조심해요. 가면 솔이 아부지에게두…"
다시 한번 달님이가 돌아서는 곰이의 손을 잡고는 인사말을 하였다. 곰이의 손은 억세고 갈퀴같은 손바닥이었지만 따뜻했다. 달님이는 아마, 돌이의 손도 이렇게 억세졌을 거라는 생각이 들었다.
말이 채 끝나기도 전에 곰이가,
"아! 참, 내 정신 좀 봐라. 요즈음 종종 이러걸랑. 이것을 주러 와놓고는."

하며 어깨에 둘러멘 행장을 다시 풀더니 책 한 권을 찾아 들이민다.

"이게 뭔데?"

"응, 돌이가 니 갖다 주라구 하드라, 잉. 그동안 나와 돌이는 광대 패와 함께 다녔다구 내 어제 얘기했잖어. 이 고려 천지 안 다닌 데가 읎지. 암. 그때 돌이가 사람들이 부르는 노래를 저녁이면 적어 둔 책이여. 돌이는 심이 이 노래에 있다구 하드라. 난 사실 아직두 설레무네, 잘 모르겠다만서두."

"아이! 언니두. 언니두 알다시피 난 글을 모르는데…"

"응, 그래서 솔이에게 글은 가르쳐 줘야한다구 하드라. 그렇지만 저 거시기 뭐라드라. 아, 글의 무서움두 알려 주라구 했지. 뭐 말에는 입말과 글말이 있는데 입말은 그짓이 읎지만 글말은 그짓이 을마든 있기에 조심하라나 뭐라나. 하여튼 이렇게 말하면 달님이 니는 알아 들을 거라하드라. 난 도대체 무신 말인지 모르겠다만."

달님이는 곰이가 건네주는 말과 책을 이해하였다. 마지막으로 헤어지던 날, 돌이가 이렇게 말한 것을 달님이는 생생히 기억한다.

"달님아! 나는 우리 고려의 속요집을 만들 테여. 속요가 죽이 아씨가 말하든 심이었어. 우리 아부지가 고려속요집을 만든 것두 그래서이구. 그런 심이 궁중으로 들어가서는 향락과 유희의 궁중악으로 바뀌어 가구 있어. 그래선 안 되어! 암, 안 되구말구. 속요는 우덜 백정의 삶이여. 지 욕심만 담아내는 노래가 아니란 말이여. 그리면 안 되는 거여. 내가 막을 거여. 우리 엄마의 노래이구 네 노래이구 나와 우덜 고려 백정이 살아내는 힘을 주는 속요가 저렇게 변해서야 쓰것어? 더구나 글말은 입말을 본뜬 그짓투성이여. 글말은 남이 보그나 말그나 적바림만 하면 천년만년을 염치없이 가지만 입말은 서로 얼굴을 봐야만 하걸랑. 암튼 글말은 사람이 있든 읍든, 그짓이든 아니든, 시치미 뚝 떼지만, 입말은 얼굴에 즐겁구, 화나구, 사랑하구가 그대로 나타나니 을마나 정직한 거여. 그리여, 우덜 입말로 부르는 속요가 궁중악으로 변하는 걸 막고자 으쩔 수 없이 글말로 기록했지만, 입말이어야 진정한 속요여. 지금 우덜 글말은 저 중국서 들어온 글자로 우덜 글도 아니니 더욱 그리여. 나는 우덜의 입말인 상말 그대로 표할거여."

말을 끝낸 돌이는 입을 꾹 물고는 달님이가 여직 보지 못한 눈빛을 보였다. 달님이는 꽤 시간이 흘렀지만 돌이의 그 결의에 찬 눈빛과 무엇인가 다짐하는 듯한 격한 목소리가 엊그제 같이 또렷하였다.

달님이는 돌이의 말을 다 이해하지는 못하였지만, 백정들이 부르는 속요가 궁중으로 들어오기만 하면 대부분 몹쓸 궁중악으로 바뀐 것을 잘 알고 있었다.

솔이가 꽃님이의 치마폭을 만지작하며 서 있는 것을 보자 곰이는 다시,

"이리 와 이 녀석아! 한번 더 안아 보자. 이놈의 귀때기는 제 아부지를 꼭 빼쏘아 기름한 게 명줄이 꽤 길겠다니께. 그리고 달님아! 이 속요집 맨 뒤에 너에게 편지를 써 두었다드라. 나중에 이 녀석이 글을 알면 읽어 달라구 하렴. 솔이야! 나중에 엄니한테 네 아부지 편지 읽

어 드리거라. 알았지, 잉."
라며 솔이를 끌어안았다.

"야! 알았시여. 잘 읽어 드릴게여. 아휴, 오삼춘! 귀 아퍼, 아이구 숨 막혀!"

곰이는 솔이의 귀를 만지며 한번 더 가슴에 끌어안고는 한바탕 흔들어대더니, 꽃님이와 다시 긴 이별을 나누었다. 꽃님이는 그동안 정신이 많이 돌아왔으나 아직도 세상일을 정확히 꿰지는 못하였다. 그래도 돌이의 이름을 계속 부르며 곰이를 쳐다본다.

"아 참! 내 정신봐."

달님이는 얼른 부엌으로 들어가서는 강술 한 잔을 가져다 곰이에게 주었다.

"언니! 이것 좀 들고 가여."

"카! 좋다."

시원하게 들이켠 곰이가 종발에서 백김치 하나를 죽 찢어 우적거리며 흰 구름 두어 개 엉거주춤 떠 있는 하늘로 먼눈을 팔았다. 달님이도 하늘을 쳐다보며 햇볕이 하얀 물비늘을 쏟아내는 거라고 생각했다.

시나브로 세월은 흐르고, 세월이 흐르는 만큼 세상도 사람도 변한다. 달님이는 이제 곰이 언니도 다시 못 볼지 모른다는 생각을 하니 눈물이 왈칵 쏟아졌다. 곰이의 온기가 아직도 남아있는, 반이 잘려나간 손가락을 만지작거렸다.

달님이는 궁궐에서 제 스스로 왼쪽 검지를 잘랐다. 궁궐 관현방 기생인 달님이로서는 뱃속의 솔이를 지키기 위해 그 길밖에 없었다. 손가락이 하나 없는 달님이는 더 이상 궁궐 기생으로서 쓰임이 없어서였다.

달님이는 궁궐에서 쫓겨 나와 솔이를 낳고 그 이듬해에 개경에다 이 조그만 객줏집을 차려 이제 월아(月娥)라는 이름으로 살아간다. 더 이상 돌이를 위해 5줄로 된 향비파를 탈 수 없지만, 그 손가락을 바꾸어 낳은 솔이는 무럭무럭 자라 주었다. 솔이란 이름은 죽이 아씨와 돌이 엄니의 부러진 비녀에 새겨진 이름에서 따왔다. 그런 돌이의 아들이자 달님이의 아들 솔이가 올해로 여덟 살이 되었다.

올해 오월, 왕은 몽고에 항복하는 조건으로 개경으로 나왔다. 무신정권이 시작된 지 꼭 100년만이었다. 나라를 잃었건만 궁중이나 송악산 아래 골짜기 최고의 절승지로 꼽히는 자하동(紫霞洞)과 박연폭포에선 지금도 왕과 신료들의 연회가 나날이 베풀어졌다.

얼마 전 달님이는 꽃님이, 솔이와 함께 송악산(松嶽山)에 올랐다. 송악산 중턱에 올라가 내려다 본 성안은 궁궐터로 조금도 부족함이 없었다. 왼쪽에는 시내요, 오른쪽은 산이고 그 뒤는 등성이로 이어졌다. 앞에는 고개가 보이는데, 숲이 무성하여 그 형세가 정말 시냇물을 마시는 푸른 용과도 같았다. 탑이 우뚝 솟은 흥국사(興國寺) 근처에는 두 누각이 마주 보고 있는데 그 발과 장막을 어찌나 요란스럽게 치장해 놓았는지 울렁증이 다 일었다. 이곳은 모두 왕족들이 유희하는 곳이었다.

궁궐은 둥근 기둥에 모난 두공(頭工)으로 되었고, 날아갈 듯 연이은 용마루에 울긋불긋 단청으로 꾸며졌다. 이곳은 그렇게 별세계였다. 이런 왕성 안에서 권력자들은 머리에 꽃을 꽂고 손에는 금술잔을 잡고 서로 술을 권하며 곁에는 쟁그랑거리는 패물을 찬 기생들이 풍악을 울렸다. 달님이가 보기에 신선이 도리어 저들의 풍류를 부러워할 만하였다.

그러나 달님이와 같은 백정들은 앙감질로 살아가는 이 세상일 뿐이었다. 백정들이 사는 집은 벌집과 개미구멍 같았다. 풀을 베어다 지붕을 덮어 겨우 비바람을 막았으며, 집이라야 서까래를 양쪽으로 얼기설기 엮어 놓은 것에 불과하였다. 달님이는 우리네 사는 세상이 개와 양의 세상만도 못하다고 생각했다. 가루 팔러 가니 바람이 불고 소금 팔러 가니 이슬비 오는 삶이었다. 그래 달님이는 그때 이러한 노래를 가만히 읊조렸다. 언젠가 객줏집에 손님으로 온 이가 벽에 써놓은 시를 솔이에게 읽어 달라 하여 가락을 붙인 노래였다.

온 세상은 정녕 여우와 토끼의 소굴이런가	四海眞爲狐兎窟
온 나라 오히려 개나 양의 하늘을 우러르네	萬邦猶仰犬羊天
인간 세상의 낙원은 그 어느 곳에 있는지	人間樂國是何處
탄식할 뿐! 앞이나 뒤에 태어나지 못한 것을	慷歎吾生不後先

인생 낙원이 어디 있겠는가마는 이 시절에 앞서서 혹은 뒤에 태어나고 싶다는 저 말에 참으로 아픈 마음이 깔려있기에 달님이의 서글픔을 달래 주었다.

달님이는 지금 곰이가 가는 곳, 아니 이미 돌이가 있는 삼별초에
희망을 걸었다. 곰이가 달님이에게 전해주고 간 말에 따르면 돌이는

• **46**

삼별초는 고려가 몽골에 대항하여 최후까지 항쟁한 대표적인 사례로 고려인들의 기개를
볼 수 있다. 1270년 6월 2일 강화도에 주둔하였던 삼별초군은 1천여 척의 선박으로
진도로 이동하여, 1270년 8월 19일 진도 벽파진에 상륙했다. 이에 몽고는 고려정부와 함께
삼별초가 진도 벽파진에 도착한 지 한 달 만인 1270년 9월에 친다. 이때 고려정부에서
김방경이 몽고군과 함께 진도를 공격하였으나 실패하였다. 삼별초로서는 첫 승리의
기쁨이었다. 같은 해 12월 22일에 재차 진도를 공격하지만 이 역시 삼별초의 승리였다.
그러나 삼별초의 승리는 이 두 번으로 그쳤다. 무인정권도 사라지고 왕권파가 득세한
1271년 4월 전열을 정비한 몽고군은 혼도가 주도하여 진도를 공략하였다. 결국 한 달만인
5월 고려군과 몽고군은 진도에 상륙하였다. 삼별초를 이끌던 배중손은 전사하고 김통정이
남은 삼별초군을 이끌고 제주도로 후퇴하였다.
다음 해인 1272년 2월 김통정은 제주도 애월에 성을 쌓고 전력을 재정비하였다. 이때
제주도 백성들은 관군이 아닌 삼별초에게 많은 도움을 주었다. 1273년 4월 김방경이
이끄는 고려와 혼도가 이끄는 몽고 연합군이 제주도를 공격하였고 항파두리에서 최후의
일전을 겨루나 이미 대세는 기울었다. 삼별초군은 최후의 일각까지, 최후의 일인까지
싸우다 단 한 명도 살아남지 못하고 전멸하였다.
그때의 참상이 지금도 제주도 민요에 그대로 남아 있다.

아이고 시상에 두루 설와야 울주기
더맹인 히였득 눈도 벌겅 코도 벌겅
니 싼 똥도 못 먹엉 뺏기멍 쌓은 성
지러기가 석 참이라.
저다가민 고운 것도 새기
닮은 성싸는 그림새 시난
저땐 소낭강알 알 큰질로 강보라
나 거재비 두루에 심방할망
어이하리 그날 한 서린 시장했던
영혼은 지금 어디에…

'항파두리 토성'을 쌓을 때의 참담함이다. 오죽 먹을 게 없으면 남이 누는 똥조차 달려들어
먹어 제 똥조차 제가 먹지 못하였다. 아름다운 고려를 만들고자한 삼별초의 꿈은 이렇게
사라졌다. 고려인들이 살아가고 싶었던 내일이 지금의 우리인지 곰곰 생각해보았으면
한다.

삼별초의 대장이 되어 떠났다고 했다. 물론 곰이도 삼별초군의 일원으로 돌이와 함께 할 거라고 하였다.

달님이와 솔이는 한 발짝, 두 발짝만 하던 발걸음이 천수사(天壽寺) 앞까지 곰이를 따라 나왔다. 계수나무 수백 그루가 좁은 길에 그늘을 드리우고 있었다. 사람들은 여기저기 그늘에서 쉬었고 말발굽 소리가 시끄러웠다. 울긋불긋한 화려 찬란한 누각들은 소나무와 삼나무 사이로 반쯤 드러나 보였다. 왕손과 귀공자들이 잘 차려입은 기생들과 아름다운 여인들을 데리고 와서는 가고 오는 사람을 맞이하고 보냈다.

"살어리 살어리랏다 청산에 살어리랏다 머루랑 다래랑 먹고 청산에 살어리랏다…"

달님이는 곰이가 부르며 떠난 〈청산별곡〉을 가만가만 불러보았다. 돌이가 떠나던 날, 돌이도 저 노래를 불렀고 달님이는 〈서경별곡〉이란 노래를 불러주었다. 솔이가 노래를 부르는 달님이의 손을 살며시 잡았다.

"솔이야! 이 속요를 잘 들어보렴. 니 아부지가 잘 부르시던 노래여. 어디 그 뿐이니? 할아버지께서두 이 노래를 부르며 떠나셨구. 이 노래를 모으려구 하시다 돌아가셨단다."

"아부지가 이 속요를 잘 불러? 할아버지가 이 노래들을 모으려 하다가 돌아가셨다구여?"

"그래, 네가 이만큼 자라면 얘기해줄게."

솔이는 제 아부지를 닮아서인지 여간 곰살궂은 게 아니다. 큼직한 귓바퀴에 두툼한 귓불도 그렇지만 달님이를 말끄러미 쳐다보며 묻는 얼굴은 더욱 돌이를 빼쏘았다. 돌이가 무뜩무뜩 생각나면 달님이는 솔이의 얼굴을 가만가만 만져보곤 하였다.

"응! 네 아부지는 아름다운 나라를 만들고 싶은가봐. 그래, 이리저리 청산으로 바다로 떠돌아다니지 않는, 우덜이 함께 어울렁더울렁 살아가는 그런 나라를 만들고 싶은거야."

"응, 그런데 엄니, 왜 노래여?"

"응. 노래는 아부지두 부르구 오삼촌두 부르구, 돌아가신 할머니두 불렀구, 할머니의 할머니두 불렀지. 마치 우덜이 줄창 쉬는 들숨날숨 같지. 누구나 숨을 쉬며 살아가듯 그렇게 몸으로 살아가며 부르는 게 노래여.

그래! 이 엄니두 늘 부르잖니. 또 노래를 부르면 떨어져 있어두 만날 수 있는 거여. 특히 이 노래에설랑은 이 나라 백정들의 시망을 찾을 수 있구. 그건 비록 힘들고 아픈 삶일지라두 결코 주저앉지 않겠다는 다짐장이지. 솔이야! 니두 이 엄니와 함께 불러볼래? 우덜 노래가 훨훨 날아올라 이 땅 어디쯤 있을 니 아부지에게 닿두룩…"

    살어리 살어리랏다 청산에 살어리랏다
    머루랑 다래랑 먹고 청산에 살어리랏다
    얄리 얄리 얄라셩 얄라리 얄라

울어라 울어라 새여 자고 일어나 울어라 새여
너보다 시름 많은 나도 자고 일어나 우니노라
얄리 얄리 얄라셩 얄라리 얄라

갈던 사래 갈던 사래 보았느냐
물 아래로 갈던 새 보았느냐
이끼 묻은 쟁길랑 가지고
물 아래로 날아가던 새 보았느냐

이렇게 저렇게 하야 낮은 지내 왔는데
올 이도 갈 이도 없는 밤일랑 또 어찌 하리오
얄리 얄리 얄라셩 얄라리 얄라

어디다 던지던 돌인고
누구를 맞추던 돌인고
미워할 사람도 사랑할 사람도 없이
맞아서 울고 있노라.
〈청산별곡〉 1연~5연

달님이의 노래가 청산으로 들어갔다. 살아간다는 것은 그리 만만한 문제가 아니다. 머루랑 다래를 먹는다는 것은 허기진 배를 잠시 속여 두는 것에 지나지 않는다고 달님이는 생각했다. 새가 우는 것은 달님이가 우는 것뿐이 아니었다. 권력 쥔 자들에게 땅을 빼앗기고 유랑하는 절박한 심정의 이들도, 도회의 한 변두리에서조차 내몰리어 떠도는 이들도, 광대패도, 또 돌이도, 달님이도 울기는 마찬가지다.

낮은 그럭저럭 지냈지만 밤은 철저한 외로움에 휩싸인다. 미워할 사람도 사랑할 사람도 없는데 누군가가 던진 돌에까지 맞으니 그저 울 수밖에 없다. 이제 정처 없는 발길을 바다로 돌려본다.

살어리 살어리랏다 바다에 살어리랏다
나문재 굴조개 먹고 바다에 살어리랏다
얄리 얄리 얄라셩 얄라리 얄라

가다가 가다가 드로라
부엌에 가다가 드로라
사슴으로 분장한 사람이 석간에 올라서
해금(奚琴)을 켜거늘 드로라

가더니 배 불룩한 독에
먹음직한 독한 술을 빚었노라
조롱바가지 누룩이 매워
붙잡으니 내 어찌 할 것인가
〈청산별곡〉 6연~8연 [47]

달님이의 노랫소리는 이제 바다가 물결처럼 일렁였다. 조개껍데기 등만한 초가 몇 채가 나부죽이 엎드려 있었다.
곰이는 〈청산별곡〉 노랫가락을 부

· 47
『악장가사』에 전문이 수록되었고, 『시용향악보』에는 제1연 및 곡조가 실려 있다. 당시 생활감정이 잘 나타나 있으며 〈가시리〉, 〈서경별곡〉과 함께 가장 뛰어난 고려가요 중 하나이다.
특히 'ㄹ'음이 연속된 가락이 부드럽고 노랫말이 아름답다.

르며 가뭇없이 사라졌다. 달님이는 곰이가 간 파란 남쪽 하늘에 가만히 돌이의 이름을 새겨 넣었다.

"돌이! 우덜은 언젠가 다시 만날 거여! 좋은 시상이 오는 그때까지 나도 힘내 견딜거걸랑. 아니, 우덜이 그리는 아름다운 세상이 오지 않는다해두. 그냥 살지 않을 거여. 난 오늘을 계속 살아낼거여. '얄리 얄리 얄라셩 얄라리 얄라!'라는 노랫말처럼…"

달님이의 그렁그렁한 눈망울에 돌이와 함께 노닐던 어린 시절의 떡전거리가 지나갔다. 빨갛게 대춧빛처럼 저녁놀이 떨어지던 떡전거리가….

고려속요 해설

새롭게 상상하는 고려속요

1장

고려속요는 몸의 노래이다

전철을 탑니다. 귀에 리시버를 꽂고 노래를 듣는 이를 흔히 봅니다. 남녀노소의 구별이 따로 없습니다. 때론 흥이 나 발가락을 까딱이거나 콧노래로 따라 부르는 이도 얼마든 찾습니다. 어쩌다 노래에 빠져 좌우 어깨를 가볍게 비대칭으로 꼬는 여성이라도 보면 미소가 절로 지어집니다. 노래는 그렇게 한국인이면 누구나 몸으로 듣습니다. 노래를 머리로 듣는 이는 없습니다. 몸으로 듣기에 노래는 귀로 들어와 온 몸을 타고 핏줄처럼 돌아다닙니다. 핏줄처럼 돌기에 늘 듣는 노래를 우리네 끼니쯤으로 여긴들 어떻습니까. 배고픔을 해소하고 몸에 활기를 주니 그 효과는 꽤 긍정적입니다. 또 노래에는 이기지 못할 불안한 삶의 해독작용도 분명 있습니다.

노래는 목으로 부르는 소리입니다.
"태초에 소리가 있었다."

그럴 수밖에 없습니다. 우리는 어머니 뱃속에서 심장소리를 듣고 자랐고 '응애!'라는 첫울음소리로 이 세상을 시작합니다. 첫울음소리. 세상에 나온 아이들은 하나같이 울음을 터뜨립니다. 그만큼 세상 삶이 힘들어서인지도 모르지만 그만큼 삶과 가깝다는 소리이기도 합니다. 이 소리가 노랫소리(노래)의 시작입니다. 첫울음은 어머니의 자장가로 이어지고 수많은 노래를 부르며 아동기, 청년기, 성년기를 거쳐 노년기를 맞습니다. 이 과정에서 때론 노래를 통해 즐거움을 느끼고 때론 노래를 통해 슬픔을 이기며 살아갑니다. 노래는 그 자체로 우리네 몸이기에 세상을 살아내기에 지친 우리 몸을 해독하려는 자연스런 표현입니다.

〈상저가〉는 인절미가 생각나는 몸의 노래입니다. 잡아 당겨 자른다 하여 당길 인(引)자를 쓰는 그 떡 말입니다. 이 인절미는 씹으면 씹을수록 맛납니다. 콩고물로 묻혀서이기도 하지만 메로 치고 또 치는 데 있습니다. 이 메가 〈상저가(相杵歌)〉의 저(杵)입니다. '저'는 절굿공이를 이르는데, '상저'라 하면 여자들이 절구에 둘러서서 서로 돌아가며 방아를 찧는다는 뜻이 됩니다. 〈상저가〉를 흔히 '방아타령' 또는 '방아노래'라고도 하는 이유입니다.

〈상저가〉는 고려속요 중에서도 '노동요'에 듭니다. "덜커덩"으로 시작해서 노래 끝마다 "히얘 히얘" 같은 받음소리를 반복하는 것도 다 일하는 운율을 맞추려 해서입니다.

노래 제목처럼 두 사람이 서로 돌아가면서 방아를 찧다가, 힘들고 서러우면 이 〈상저가〉를 부릅니다. 한 사람이 메김소리인 사설을 하면, 또 한 사람은 "히얘 히얘" 받음소리인 후렴구를 하면서 말입니다. 그러고는 그 흥겨운 장단에 고된 시름을 잊으려 하였겠지요. 저 시절에는 만날 만날 끼니때마다 곡식을 찧었습니다. 물론 찧을 곡식이나마 있는 집에 한해서지만 말입니다. "덜커덩 덜커덩, 히얘 히얘" 서로 주고받지 못하면 혼자서 주고받았겠지요. 방아를 찧는 여인으로서는 고통스런 나날이었을 겁니다.

여인들은 세상을 살아 내려고, 기운을 내려고, "히얘 히얘" 노래를 부르며 일했습니다. 그렇게 흥겨운 가락에 시름을 담아 고단한 삶을 견뎌 냈습니다.

요즈음은 가락을 리듬이라 합니다. 가락이란 우리말이 훨씬 좋은데도 말입니다. 가락은 소리의 높낮이나 길이의 장단, 반복 등이 어울려 나타나는 음의 흐름입니다. 마음을 어루만지고 쓰다듬어 기운을 내게 해주는 묘한 힘이 이 가락의 잔향에 있습니다. 이러한 가락은 노동의 고통을 수확의 즐거움으로 바꾸어줍니다. 〈상저가〉를 부르며 고통스럽게 찧은 곡식으로 식구들의 배고픔을 해결해주어서입니다.

아버님 어머님께 드리옵고 히야해,
남거든 내가 먹으리, 히야해 히야해.

힘들게 얻은 곡식을 자신보다 부모님께 먼저 드린다고 합니다. 그러고 남거든 그제야 먹겠다고 합니다. 저 시절 늘 백성들의 삶은 피폐했기에 생각해볼 일입니다. 부모님께 드리고 아이들 먹이면 과연 〈상저가〉를 부르는 저 여인들의 굶주린 배를 채울 한 숟가락의 밥술이나마 남을지 모르겠습니다. 그래서 〈상저가〉의 노랫말을 두고 흔히 순박하고 따뜻한 고려 여인들의 마음씨가 드러난다고 설명하는 것은 문제점이 많습니다.

이 책의 부제를 '그 몸의 노래'라고 한 것도 이와 연결됩니다. 여기서 몸은 육체와 정신으로 나뉜 물체가 아닌, '살아있는 인간의 몸'입니다. '서울 놈은 비만 오면 풍년이란 격'으로 고려속요하면 덮어놓고 '남녀상열지사'라 하고 '음란'이니 하는 벌거벗은 언어들의 향연으로 여기지 말아야 합니다. '남녀상열지사'라는 예악을 기치로 내걸고 건국한 조선의 정치가 숨어 있음은 이 책의 여기저기에서 만날 것입니다. 사실 남녀가 서로 사랑하며 기뻐하는 노래인 '남녀상열지사'야말로 남녀의 기본적이고도 솔직한 정을 그대로 노래한 것입니다. 인간으로서 아주 자연스러운 현상입니다. 몸은 이 세상에서 가장 고귀한 단어이기 때문입니다.

고려속요에서 찾은 몸은 진솔한 사랑일 뿐입니다. 현재 남아있는 20여 편의 고려속요 중 무가계통의 노래인 〈나례가〉, 〈성황반〉, 〈내당〉, 〈대왕반〉, 〈삼성대왕〉, 〈대국1, 2, 3〉, 〈군마대왕〉, 〈구천〉, 〈별대왕〉 등을 제외하면 대부분이 사랑을 주제로 한 몸의 노래들입니다.

설혹 이 〈상저가〉를 〈춘향전〉에서 이도령이 춘향을 보고 "너는 확(절구)이 되고, 나는 공(절구공이)이 되어 천년만년 찧고 살자"라는 육욕적인 표현과 연결시켜 사랑 노래로 만든다 해도 그렇습니다. 이를 두고 조선이란 국가까지 나서 '남녀상열지사'라고 혐오스레 대할 필요는 없습니다. 인간으로서 기본적인 사랑을 국가가 막는다는 것은 야만이요, 폭력입니다.

고려속요에는 조선의 정치가들에게 희생을 당한 순수한 고려 백성의 마음이 있습니다. 그러니 고려속요의 그 순수한 마음을 예의와 존중으로 마주해야 합니다. 〈상저가〉에서 여인들은 알고 있었습니다. 하루 종일 손이 부르트도록 찧어 봤자 보리 몇 되 건지기 힘들다는 것을, 그것으로는 식구들 입에 풀칠하기도 어렵다는 것을. 그렇지만 그렇게라도 하지 않으면 그나마 끼닛거리조차 없기에 그 고된 노동을 몸으로 견뎌내며 노래를 부른 것입니다.

안타깝게도 저 시절 〈상저가〉는 얼마 전까지도 불렸습니다.

> 알캐동 달캐동 찧는야 방해
> 삼동서 사동서 찧는야 방해
> 언제나 다 찧고 난질 갈꼬

신경림 선생이 지은 『민요기행』1(한길사, 1985, 66쪽)에 보이는 민요입니다. 세 동서, 네 동서가 모여 방아(절구질)를 찧습니다만 온종일 찧어도 방아질은 끝나지 않습니다. 이 세상에 태어나 재미만 보는 인생이 몇이나 있겠습니까마는 남자도 아닌 여성으로 이렇게 살아간다는 것은 더욱 만만찮은 일입니다. 내친걸음이니 신경림 선생의 위 책(7쪽)에서 몇 줄 더 인용하겠습니다.

> "살기가 너무 어렵구, 일두 힘들구, 그래 일하면서 노래를 했지만, 그게 어디 노래 측에나 드나유. 그냥 일이 힘드니까 힘들고 지겨운 걸 잊을라구 노래들을 불렀지유."

신경림 선생은 설명을 이렇게 달아 놓았습니다. 충청북도 중원군 상모면 미륵리에서 만난 "양순이 할머니의 이 말은 어느 저명한 민요학자보다도 더 정확하게 우리 민요의 특성을 말해주고 있다"라고. 이 민요를 부른 이유가 고려속요를 부른 이유입니다.

고려속요는 문학이다

몸의 노래인 고려속요가 또 고려의 문학이라는 점을 짚어야 합니다. 고려속요는 고전문학으로서 영속성을, 역사로서 시대성이라는 가변성을 갖습니다. 즉, 문학으로서 길이길이 전달될 것이니 영속성이요, 역사로서 시대마다 고려속요를 달리 해석할 것이니 가변성이란 뜻입니다. 그러니 고려속요는 영원성과 가변성, 문학성과 역사성으로 짜놓은 고려의 피륙입니다. 이는 고려속요를 만든 이, 환경, 시기를 조곤조곤 짚어야 한다는 말이기도 합니다. 시대가 노래를 만들어서입니다.

애정을 전제로 한 이별과 노동은 모두 우리네 순연한 몸을 필요로 하는 몸의 노래란 점에서 우리 문학사상 획기적 의미를 지닙니다. 획기적 의미란, 그 남아있는 몸의 노래가 500년 고려 역사 속에 제대로 된 백성들의 노래라야 겨우 20여 편 남짓에 불과하지만 문학적 가치로는 적지 않다는 사실입니다. '20여 편 남짓'이 모두 몸의 노래이기에 고려속요 일반을 유추할 수 있으며 지금 우리네 삶의 노래이기도 해서입니다.

그러니 고려속요는 글자만 따라가는 축자적(逐字的) 해석이 아닌 그 속에 숨은 뜻을 읽어내야 합니다. 숨은 뜻을 읽으려면 내가 그 시절 그 자리로 가야 합니다. 나를 고려속요가 만들어진 시절로 끌어올리는 것, 이것을 문학적 원근법이라 합니다. 원근법이란, 눈에 보이는 입체적인 사물(3차원)을 평평한 종이(2차원)에 묘사하여 그리는 기법입니다. 당연히 3차원의 세계를 2차원의 평면에 그려 넣으려는 주체의 시각이 중요합니다. 이를 고려속요로 연결하면 이렇습니다. 고려속요가 만들어진 고려시절(3차원)을 〈상저가〉·〈정읍사〉·〈쌍화점〉…이라는 고려속요(2

차원)로 담아낸 것이 원근법입니다.

그러니 문학적 원근법은 이 글을 읽는 이 시절에서 저 시절 고려의 문학을 바라보는 것이 아닙니다. 왜냐하면 이 시절 우리가 보는 것은 2차원인 종이에 담아낸 고려속요라는 문헌이기 때문입니다. 그러니 아예 우리 몸을 저 고려속요가 만들어진 시절로 끌어 올려 입체적인 3차원의 고려를 보자는 말입니다. 물론 타임머신이 있는 것도 아니니 문학적 상상력으로 내 몸을 끌어올려야 합니다.

그렇게 보자면 삶의 고통을 몸으로 받아들여 문학으로 승화한 노래가 〈상저가〉입니다. 삶의 고통을 몸으로 느끼기에 몸으로 이를 이겨내려 몸의 노래를 부른 것입니다. 노래를 부르면 마음의 변화를 느끼고 이는 몸의 변화와 맞물립니다. 이 노래가 삶의 가장 원초적인 사실, 즉 이 세상을 살아가면서 사람과 사물이, 사람과 사람이 접촉하고 서로 영향을 주고받으며 인생살이를 헤쳐 나가게 합니다. 여기서 우리 삶은 아름다워지고 현실을 딛고 일어서려는 의지가 솟습니다.

이것이 노래 부르는 행위를 통하여 올무에 걸린 삶의 고통을 몸으로 이겨내고 문학이 된 것입니다. 고려속요가 고려인들의 문학 두루마기를 펼친 피륙에 새겨진 몸의 노래인 이유는 여기서 찾습니다.

고려속요를 만든 이들은 구렁에 핀 다북쑥처럼 살다간 이들입니다. 고려속요를 찬찬히 읽다보면 하나같이 백성들, 특히 젊은 여성들의 한과 눈물과 사랑의 욕망으로 빚어낸 몸의 노래를 듣습니다. 고려속요는 사랑과 이별을 씨실로 삼고 가난과 노동을 날실로 삼아서입니다. 사랑과 이별도 가난과 노동도 모두 몸으로 하는 것입니다. 몸은 마음이고 마음이 곧 몸입니다. 몸을 통해 살고, 사랑을 나누고 종족을 번식하고 사회를 만듭니다. 그렇게 몸은 하나의 노래가 되고 문학이 되었습니다.

문학은 바로 우리 삶의 기록이고 삶은 하나의 이야기입니다. 한 사람, 한 사람이 이야기인 셈입니다. 그러니 고려속요 한 연에는 한 사람의 이야기가, 한 구절에는 한 사람의 사연이 숨어 있습니다. 노래는 그 사람의 즐거움과 슬픔을 함께하는 몸으로 불려졌기 때문입니다. 당연히 고려속요 한 편 한 편마다 숱한 백성의 애환이 들어 있으며 이야기가 있다는 말입니다.

20여 편 남짓한 고려속요에 학계에서 써낸 수백 편의 논문들도 대개 위 문장을 요처로 논제를 걸고 대듭니다. 하지만 자료의 부족이 문제입니다. 자료의 부족은 해석의 확장과 추론으로 이어지고 결국, '상상의 터'만을 남긴 채 어느 한 편의 손도 제대로 들어주지 못하고 하나의 설(說)로만 인정될 뿐입니다.

이 글을 쓰는 필자 역시 이 점에서 자유롭지 못합니다. 그래, 고심 끝에 장르형식을 파괴한 이야기 구성으로 '상상의 터'를 들여다보려 한 것입니다.

2장

고려속요는 믿음의 힘이다

〈정읍사〉에는 믿음의 힘이 있습니다. 〈정읍사〉는 통일신라 경덕왕 이후 구백제의 노래로 짐작됩니다. 그렇다면 현전하는 유일한 백제 가요이며 한글로 기록되어 전하는 가요 중 가장 오래 되었습니다만, 분명 믿음의 힘이 있는 고려속요이기도 합니다.

이 노래는 『악학궤범』 권5에 노랫말이, 『대악후보』에는 악곡이 실려 전하며, 조선시대에 궁중음악으로도 쓰였습니다. 『고려사』 「악지」 '정읍'에는 이 노래에 대한 기록이 보이는데, 좀 마음이 아픕니다. 함께 이야기 속으로 들어가 보겠습니다.

> '정읍은 전주의 속현이다. 정읍 사람이 장사를 나가 오래도록 돌아오지 않으니, 그 처가 산 위에 있는 돌에 올라가 바라보았다. 혹시 지아비가 밤길을 가다가 해를 입을까 걱정하는 마음에 진흙물의 더러움에 빗대어 이 노래를 불렀다. 그러나 남편은 끝내 돌아오지 않고 처는 남편을 기다리다 돌로 굳어 망부석이 되었다.'

망부석이 될 정도로 믿음으로 지아비를 사랑한 여인입니다.
그런데 조선조 중종(中宗, 1506~1544 재위) 임금 때 남곤을 시켜 음탕한 노래라고 가사를 바꾸고 제명도 〈오관산〉이라 붙였습니다. 이때 〈처용가〉도 〈수만년사〉로, 〈동동사〉는 〈신도가〉로 바뀌었으니 노래의 운명도 참 기박합니다. 중종이 '음탕한 노래'라 한 것이 이른바 '남녀상열지사'입니다. 유교와 예의로 500여년을 통치한 나라 조선시대에 지어진 진짜 '남녀상열지사' 중, 평범한 시조 한 수만 보고 넘어 가겠습니다.

조선, 선조임금 40년인, 1607년 언저리입니다. 사헌부에서 아뢴 글에 당시에 거사(居士)라 부르는 남자들과 사당(社堂)이라 부르는 여자들이 패를 만들어 벌이는 패륜을 막아달라고 한 글입니다. 바로 〈여사당자탄가(女社堂自歎歌)〉이니 이렇습니다.

한산의 세모시여	韓山之細毛施兮
옷을 만들어 입음이여	製衣常而衣之兮
안성의 청룡사로	安城之青龍寺兮
사당질 가세나	社堂僞業去兮
내 손이여	儂之手兮
문고리인가	門扇之鐶兮
이놈도 저놈도 모두가 잡네	此漢彼漢俱滲執兮
내 입이여	儂之口兮
돌림잔인가	酒巡之盃兮
이놈도 저놈도 모두가 빠네	此漢彼漢俱親接兮
내 배여	儂之腹兮
나룻배인가	津渡之船兮
이놈도 저놈도 모두가 타네	此漢彼漢俱搭乘兮

안성의 청룡사로 사당질을 갔나 봅니다. 사당은 조선시대에, 무리를

지어 떠돌아다니면서 노래와 춤을 파는 여자들입니다. 슬픔이 곳곳에 묻어 있는 노래입니다만, 이 정도는 되어야 '남녀상열지사' 운운하고 이를 막아 달라할 법하지 않은지요. 여기에 〈정읍사〉를 견주면 그야말로 '남녀상열지사'의 '남녀'까지도 제대로 나아가지 못합니다.

다시 〈정읍사〉로 돌아옵니다. 그래도 〈정읍사〉를 '남녀상열지사'와 연결하는 견해들이 있습니다. 주시하면 정읍의 저 여인이 '위험한 곳을 디딜까 두렵다'라고 하였는데 '그 위험한 곳이 어디일까?'라는 생각이 듭니다. 『고려사』「악지」'정읍'에는 니수(泥水)라 하였으니 진흙물이란 뜻입니다.

학자들이 이를 두고 '기생집', 혹은 '여인의 은밀한 곳' 등으로 해석하려는 이유가 여기에 있습니다. 진흙은 빛깔이 붉고 차진 흙으로 질척질척하게 짓이겨진 흙이기에 말입니다.

조선시대 내로라하는 학자 이정보(李鼎輔, 1693~1766)의 사설시조에도 진흙은 아래처럼 여인의 그곳으로 나옵니다.

> 간밤에 자고 간 그놈 아마도 못 잊겠다
> 와(瓦)야 놈의 아들인지 진흙에 뽐내듯이 두더지 영식인지 꾹꾹이 뒤지듯이 사공의 성녕인지 상앗대 지르듯이 평생에 처음이요 흉측히도 얄궂어라
> 전후에 나도 무던히 겪었으되 참 맹세 간밤 그놈은 차마 못 잊을까 하노라

'와(瓦)야 놈의 아들'은 기와장이의 아들입니다. 진흙을 짓이겨 다져 기와를 굽는 게 일이지요. '두더지 영식'은 두더지 아들입니다. 두더지

야 굴을 파는 게 제 일입니다. '사공의 성녕'은 사공의 상앗대로, 이러한 것을 비유라 하지요. 즉 그러니까 이 시조는 언어를 변장시켜 여성과 성행위를 말한 것입니다. 이 시조에서 진흙은 물론 여자의 성기입니다. 그렇다면 〈정읍사〉의 진흙도 이해갑니다.

하지만 '진흙탕에 빠지다'라는 말도 있습니다. 난감한 일에 빠질 때 쓰는 말 정도의 뜻입니다. 일반적인 어려움 정도의 의미로 처리해도 무방합니다. 행상을 나갔으니 도적을 만날 수도 짐승을 만날 수도 있어서입니다. 당대에는 초적(草賊)이라는 도적들이 많았습니다. 이들은 농민 반란군으로 운문(雲門)의 김사미(金沙彌), 초전(草田)의 효심(孝心), 동경(東京 : 지금의 경상북도 경주)의 패좌(孛佐) 등이 구체적인 사례들이지요. 이들은 후일 삼별초에 가담하기도 합니다.

결국, 앞이든 뒤든 따질 게 아니라 왜 그 위험한 곳으로 남편이 갔느냐는 겁니다. 그렇지요. 남편은 가족과 먹고 살기 위해 간 것이고 그렇기에 아내는 걱정걱정하며 속을 태우는 것입니다. 지금은 핸드폰이라도 걸지만 저 시절에는 어떻게 합니까? 뾰족한 도리 없으니 절대적인 존재를 찾는 겁니다. 달님을 말입니다. 그렇지만 어찌 저 달님과 인간이 소통을 하겠습니까.

그래, '어긔야 어강됴리 아으 다롱디리'라는 후렴구를 집어넣었습니다. 인간이 달과 통하려는 일종의 언어적 주문으로 이해하면 어떨까합니다. 기독교에서 신과 교통하는 용어인 '아멘!'이요, 불교로 치자면 '나무아미타불' 쯤으로 말입니다. 후렴구는 강조와 믿음, 평안을 동시에 주어 마음을 즐겁게 해주는 힘이 있습니다. 바로 믿음의 힘입니다.

'천년을 홀로 살아간들 믿음이야 끊기겠습니까' 하는 〈서경별곡〉이나 '구슬이 바위에 떨어진들 끈이야 끊어지리이까 천년 해를 홀로 가신들 믿음이야 그치리잇가' 하는 〈정석가〉, '임과 함께 살아가고자 하는 소원을 빌어요' 하는 〈동동〉이 바로 그러한 믿음입니다.

　〈만전춘 별사〉에서 보듯이 '얼음 위에 댓잎자리 보아 님과 나와 얼어 죽을망정 정을 둔 오늘 밤 더디 새워주세요'라는 정렬의 고려 여인들입니다. 〈이상곡〉에서도 '곧 죽어질 내 몸이 내 님을 두옵고 다른 산을 걷겠는가'라고 죽음을 걸고 님에 대해 변치 않겠다고 합니다. 이 여인들은 사랑하는 사람에 한해 목숨을 바쳐 신의를 지키고 죽음을 불사합니다. 결코 하룻밤 잠자리를 탐하여 욕망의 노예가 된 몸을 아무에게나 선뜻 던지는 여인들이 아닙니다.

　마지막으로 〈정읍사〉의 저 여인을 생각하며 일제 강점기 이후 생긴 함경도 유민의 〈노령(露嶺)노래〉 한 편을 옮겨 놓습니다. 살 길을 찾아 노령으로 떠난 남편을 그리워하는 아내의 노래입니다.

　　산은 산은
　　얼화 동대산은
　　부모님 형제엔
　　이별산 일다
　　에.

　　해삼위 항구가
　　그얼마나 좋건대
　　신개척이 찾아서
　　빈보따리 로다
　　에.

부령청진간 낭군은
돈벌이 가구
공동묘지 간 낭군은
영이별 일세
에.

산이 좋아서
바라 보드냐
정든님 계셔서
바라 보드냐
에.

빗길같은 두손을
이마에 얹고
임행여 오시는가
바라를 본다.
에.

고정옥, 『조선민요연구』(동문선, 1998, 172~173쪽)

    저 시절로부터 수백 년 뒤, 한 여인의 모습이 판박이입니다. 아니 요즈음에도 저 시절의 도돌이표는 그려질 것입니다. 댓구멍으로 하늘 바라보듯, 떠듬적떠듬적 반벙어리 축문 읽듯, 저 시절 고려속요를 보고 읽는 이유도 여기 있습니다. 저 시절이나 이 시절이나 한 가족의 삶을 챙기려는 가장의 고군분투는 다를 바 없습니다. 민요(고려속요)는 그렇게 지금까지 연면히 내려오는 우리 삶입니다.

3장

고려속요는 3음보이다

대체로 그렇다는 말입니다. 〈유구곡〉은 2음보이고 〈상저가〉와 〈만전춘 별사〉는 4음보입니다. 하지만 〈상저가〉도 후렴구를 따로 떼어 놓으면 3음보가 됩니다.

몇 남아있는 고려속요의 내용은 뜨거운 남녀의 애정노래이며 동시에 노동을 할 때도 불린 노동 노래이기도 합니다. 지금 부르는 우리 민요들도 애정노래이면서 동시에 애달픈 삶을 달랠 때 부르는 노동 노래라는 점에선 다를 바 없습니다.

노동 노래는 메김소리와 반복하는 받음소리, 그리고 3음보로 되어 있다는 데에서 알 수 있습니다. 메김소리란 목청 좋은 선소리꾼의 선창이고 받음소리란 여러 사람이나 혹은 어떤 사람이 받는 후렴구입니다.

메김질을 하는 선소리꾼이 "덜커덩 방아나 찧어" 하고 메기는 소리를 하면, 나머지 사람들이 "히얘" 하며 받음소리를 합니다. 이 받음소리가 후렴구입니다. 여러 사람이 반복하며 부르기에 강한 힘이 들어있습니다. 반복은 일정한 리듬을 타며 여러 사람의 노동 행위를 통일하고 이 과정에서 흥을 내줍니다. 이 흥이 노동에서 오는 육체적 괴로움을 줄여주며 일의 능률을 올려주는 힘입니다.

또한 3음보 노래는 형식이 자유롭기에 노래를 여러 사람이 쉽게 바꾸어 부를 수 있습니다. 3은 우리 민족에게 친숙한 숫자입니다. 〈청산별곡〉, 〈가시리〉 등 고려속요는 물론 김소월의 〈진달래꽃〉 같은 현대시와 〈아리랑〉 같은 민요도 3음이고 향가나 시조도 3형식입니다. 노동을 하는 데도 이 3박자입니다. 도리깨질도 방망이질도 무엇을 마주 들으려 하여도 영락없이 '하나 둘 셋' 목소리를 합칩니다.

고려속요는 궁중악이다

고려속요는 조선시대에 기록되었다는 점을 유념해봅니다. 조선은 유교의 나라라는 점에 늘 방점을 찍어야 하는데, 그렇다면 왜 고려속요의 남녀상열지사를 기록했느냐는 점입니다. '유교의 나라'에서 '노동'은 문제없다지만 '남녀상열지사'라 함은 극도의 불쾌감과 경멸의 문구입니다.

앞 문장에 유념한다면 고려속요가 버젓이 한글창제 후, 『악장가사』·『악학궤범』·『시용향악보』에 기록되어 전한다는 사실이 꽤나 의아스럽기만 한데, 부담스런 '의아'에 대한 답은 의외로 간단합니다. 궁중악으로 쓰인 게 한 이유입니다. 궁중악은 아악, 당악, 속악으로 나뉘고 아악은 종묘행사에서, 당악은 조회와 연향에서, 속악은 연향에서 쓰였습니다.

당악은 중국의 민속악이고 속악은 우리 민속악입니다. 연향에는 당악과 속악을 번갈아가며 연주하였는데, 술과 향연이 있는 자리이기에 고려속요처럼 남녀의 사랑은 큰 문제될 게 없었습니다. 물론 당악에도

"혀는 향기로우며 부드럽고…목은 아름다운 구슬이고, 손은 죽순이고, 젖은 감미롭고, 허리는 가늘고, 다리는 꼭 조이고"(『고려사』 권 71, 「악」 2, '해패') 등과 같은 색정적 노랫말도 얼마든 보입니다만, 그 가락은 급하지 않고 느릿느릿 흐르며 장중합니다.

조선시대에 음을 기록해 놓은 정간보(井間譜)란 것이 있습니다. 우물 정(井)자 모양으로 칸을 질러놓고 1칸(한 정간)을 1박으로 쳐서 음의 시가를 표시하고, 그 정간 속에 음의 고저를 나타냈습니다. 악보가 기록된 고려속요를 연주해보면 하나같이 유장하고 장중한 느낌입니다. 궁중악이라 그렇게 연주하는 것입니다.

바로 고려 백성들이 일상생활에서 부른 노래가 고려의 궁중악이 되었고 조선에 들어와 이를 기록하였기 때문입니다.

정리해봅니다. 궁중에서 하는 일이란 대외 교섭과 백성들을 다스리는 것입니다. 대외교섭은 아악이 담당하고 고려속요는 백성들의 몫으로 들인 셈입니다. 안타깝게도 고려속요는 이 과정에서 제 모습을 잃었습니다. 궁중으로 들어가 당악정재에 맞춰 고려 궁중악이 되었고, 유교이념과 사대주의, 우리 말 경시 등으로 중무장한 조선시대에 들어와선 조선 궁중악으로 수용되며 산삭, 변개되었기 때문입니다.

여기에 속요라는 특성상 여러 사람을 거치며 노래가 만들어지는 적층성도 고려해야 합니다. 연이 중첩되거나 연과 연 사이에 아무런 연관도 없거나 똑같은 구절이 다른 노래에도 있거나 하는 따위가 그것입니다.

4장

고려속요는 여인들의 슬픈 사랑이다

〈쌍화점〉을 거침없는 욕정 표현 노래로 보는 학설이 많습니다. 그것은 고려가 남녀평등의 사회이고 성을 가벼이 여기는 몽고의 침입 등을 과하게 해석하여 고려 여인의 정절을 대수롭지 않게 여긴다는 데서 비롯된 생각입니다.

저 꽃님이가 회회아비에게 당한 것처럼, 많은 고려 여인들이 그땐 그랬습니다. 허나 결코 성의 해방구로서 고려를 본다는 것은 저 고려 여인들에게 대단히 심한 모욕입니다. 〈쌍화점〉에서 폭력적인 욕망에 내몰린 고려 여인들의 슬픈 삶을 찾아야 한다고 봅니다. 여인들의 손을 거침없이 쥐는 회회아비, 우물용(2연은 절 주지, 4연은 술집아비)은 모두 당대에 돈과 권력이 있는 자들입니다. 지금도 우리는 TV 드라마에서 힘으로 권력으로 재력으로 여인의 사랑을 뺏는 경우를 흔히 봅니다. 고려시절이라고 다를 바 없습니다.

남녀 간에 사랑이란 말은 참 고귀한 말입니다. 고려속요의 사랑을 남녀의 노골적인 사랑 놀음으로 보는 것은 그래 문제가 많습니다. 이는 '백두산이 무너지나 동해수가 메어지나' 한번 붙어보자고 할 문제가 아닙니다.

잘 보기 바랍니다. 〈쌍화점〉에서 여인을 능욕하는 저 회회아비는 당대 외국에서 들어온 경제력 있는 집단입니다. 쌍화점은 상화(霜花, 상화 떡으로 밀기울에 막걸리를 타서 쑨 죽에 가루 누룩을 넣어 하룻밤을 지낸 다음 이것을 걸러 밀가루를 넣고 반죽해서 잰 뒤에 꿀팥소를 넣고 다시 재어서 물에 담가 거기서 뜨는 것을 건져서 시루에 쪄낸 떡.)를 파는 가게인데 당시 고려에 들어왔던 외지인(회회아비나 몽고인)들이 경영하여 꽤 큰 이득을 본 듯합니다. 우물용은 왕입니다. 절의 스님에 술집아비도 그렇습니다. 절의 스님은 그 부와 권력이 왕족에게 비견되며 술집아비 또한 오가는 사람의 잠자리와 먹을거리를 제공해주기에 돈이 도는 자입니다. 여인들에게는 모두 위압적인 세력일 뿐입니다.

  이들에게서 자신을 지키고자한 고려 여인들의 모습은 고려속요에 그대로 드러납니다. '덦거츠니'만 해도 그렇습니다. 그 잔 곳이 '덦거츠니'하다고 합니다. 이 말은 학자에 따라 '잠잔 곳이 거칠다(지저분하다)' 혹은 '말이 허황하다' 등으로 풀어냅니다. 어느 경우든 전체적인 문맥에서 해석은 동일합니다.

  이 부분을 두 여인이 주고받는 말로 풀이해 봅니다. 앞에서 한 여인이 '그 잠자리에 나도 자러 가리라'라고 합니다. 그러자 화자인 여인이 '그 잔 데 같이 덦거츠니 없다'라고 한 것입니다.

  '잠잔 곳이 거칠다(지저분하다)'부터 보자면 남녀의 잠자리는 아름다운 곳이어야 합니다. 그런데 거칠고 지저분하답니다. 당연히 여인이 반항을 했거나 아니면 상대를 사랑하지 않아 그 잠잔 곳이 더 이상 아름다운 곳이 아니라는 의미입니다.

  '말이 허황하다'도 이와 잇댑니다. 자기가 누구와 잠잤다는 이야기는 한마디로 허황하다는 변명입니다. 결코 이 노래의 화자인 여성은 잠자리 상대인 회회아비, 주지, 용(왕), 술집아비를 사랑의 상대로 받아들이

지 않습니다. 물론 어느 한 구절에서도 애정을 찾아볼 수 없습니다. 결국 〈쌍화점〉은 꽃님이 언니 같은 여인들의 슬픔을 담아낸 노래로 보아야 합니다. 폭력적인 남성들에게 당하는 여인의 슬픔이지, 결코 여인이 남성과 놀아나는 노래가 아닙니다.

〈쌍화점〉에서 우리는 〈동동〉의 12월 노래인 '분지(산초)나무로 깎은 소반 위에 젓가락 같은 내 신세여 임의 앞에 들어 사랑을 보이니 엉뚱한 손님이 젓가락을 쓰네요.'라는 문맥을 주시할 필요가 있습니다. 분명 화자는 사랑하는 사람 앞에 젓가락을 놓았습니다. 젓가락은 여성화자 자신의 분신입니다. 그런데 엉뚱한 사람이 젓가락을 가져갑니다. 사랑하는 이와 제대로 행복한 삶을 꾸리지 못하였다는 반증입니다.

이 노래는 『악장가사』・『대악후보』・『악학편고』에 실려 있습니다. 『시용향악보』에는 한시로 개작한 〈쌍화곡〉이 전합니다만 이 가사는 〈쌍화점〉과 완연 다릅니다. 학자에 따라 충렬왕이 연악을 즐겨 오잠(吳潛)・김원상(金元祥)・석천보(石天輔)・석천경(石天卿) 등에게 자주 노래를 짓게 하였으므로 이 〈쌍화점〉도 그들의 작품일 것으로 추정하기도 합니다.

그렇다면 이 〈쌍화점〉을 피지배층, 그것도 여성들의 아픔을 기록한 노래가 유희를 위한 궁중악으로 바뀐 것으로 보아야 한다는 추정도 가능합니다. 슬픈 고려 여인들 노래가 궁중악으로 바뀌며 왜곡되었다는 사실이 안타깝습니다.

앞에서 고려속요는 문학적 상상력을 동원해 읽어야 한다고 하였습니다. 그래야만 진정한 〈쌍화점〉의 숨은 뜻을 읽을 수 있습니다. 그래야만 슬픈 여인의 노래가 궁중악으로 바뀌며 왜곡되어버린 〈쌍화점〉의 진실을 보는 겁니다.

5장

고려속요는 어머니이다

〈사모곡(思母曲)〉은 『시용향악보』엔 "속칭 엇노리"로 적혀 있습니다. 신라 노래인 〈목주가(木州歌)〉는 이 〈사모곡〉과 유사점이 많으니 『고려사』 한 자락부터 들춰 보겠습니다. 『고려사』에는 이 〈사모곡〉이 신라 때 가요로 목주(천안)에 살던 한 효녀 얘기라고 적혀있는데 그 내용은 이렇습니다.

> 한 효녀가 아버지와 계모를 정성껏 모셨으나 계모에 혹한 아버지에게 쫓겨났다. 효녀는 굴 속에서 살던 노파의 며느리가 되었고, 마침내 가산을 탕진한 부모를 다시 봉양하였다. 그러나 끝까지 부모는 자기를 사랑해 주지 않자 효녀가 이 노래를 지어 불렀다.

『고려사』의 내용은 이렇고, 〈사모곡〉은 '어머니를 그리워하는 노래'인 '엇노리'로도 불립니다. 어머니 없이 태어나는 사람은 없습니다. 어머니가 '엇', '어이'입니다. 우리가 울음을 울 때 '어이어이' 운다고 하는 것도 상관있을 것입니다.

문제는 아버지를 호미로 어머니를 낫으로 비유하였다는 점입니다. 아버지의 사랑이 어머니에 못 미친다는 뜻입니다. 이런 비유는 우리 민요에 종종 보입니다. 전남 민요인 〈강강수월래〉에는 〈사모곡〉과 거의 유사한 가사가 보입니다.

> ...
> 호미도 연장이론 낫과 같이 싼득할까
> 아부지도 부모련만 어매같이 사랑을가
> ...

'호미도 연장이지만 낫과 같이 싼득(갑자기 몹시 싸늘한 느낌이 드는 모양) 할까?'라고 설의법으로 처리했지요. 호미에 비하여 낫이 싼득한 것은 누구나 아는 사실입니다. 이 노래 역시 아버지는 호미로 어머니는 낫으로 비유합니다. 전통적으로 아버지보다는 어머니에 대한 사랑이 큼을 알 수 있습니다.

자식의 어머니에 대한 사랑에 관한 흥미로운 논문이 있어 소개해봅니다. 한 논문에 따르면 한국의 전설 중, 효의 주체와 대상을 조사해 보니 아들과 어머니가 43%, 아들과 아버지가 35%, 딸과 아버지가 8%, 딸과 어머니가 6%로 조사되었다는 보고도 있습니다.(차준구,「한국전설에 나타난 효의 문화정신의학적 고찰」,『신경정신의학』 18~1(딸림책), 1979, 82쪽) 여기서 효란 사랑과 맥을 잇닿습니다. 한국인의 효라는 정서에 '아들과 아버지'보다는 '아들과 어머니'가 확연히 드러납니다.

이러한 현상은 사실 한국인의 정서와 맥을 잇대고 있습니다만, 세계적인 보편현상입니다. 영국문화협회가 102개 비영어권 국가에서 4만여 명에게 70개 단어를 제시하고 가장 좋아하는 단어를 고르도록 하였더니 '어머니(mother)'가 1위였습니다. 우리나라에서도 1990년대에 가장 좋아하는 동요를 고르라고 하였더니 "엄마가 섬 그늘에 굴 따러 가면 아기가 혼자 남아 바다가 불러주는 자장노래에 팔 베고 스르르르 잠이 듭니다"라는 〈섬집 아기〉였습니다.

'이 놈이 이 말을 하고 저 놈이 저 말을 하더라도 들을 이 짐작'이라고 하였습니다. 〈사모곡〉에 대한 여러 학자들의 설이 있으나 나는 돌이의 노래를 그냥 들으렵니다. 어디 노래를 마음으로 몸으로 듣지, 머리로 듣나요. 나나 독자들이나 정상적이라면 어머니에 대한 사랑을 말로 느끼는 것이 아니기에 말입니다.

아래는 경상북도 군위지방 민요로 어머니가 돌아가신 뒤에 부르는 〈사모곡〉입니다. 어머니에 대한 마음은 예나 이제나 동서고금이 다를 바 없습니다. 아마도 우리가 어머니의 몸을 빌려 태어나서겠지요. 우리는 태어나기 전부터 어머니와 이미 한 몸이었습니다.

    우리엄마 날버리고
    어디가서 올줄몰라
    일락서산 아니오고
    월출동령 또않오네
    장승같이 혼자서서
    엄마오기 기다린다
    야속할사 저승차사
    우리엄마 잡아갔네

    우리엄마 귀한얼골
    어느때나 다시볼고

우리엄마 어여쁜뺨
어느때나 만져볼고
우리엄마 보드란손
어느때나 다시쥘고
우리엄마 귀한목성
어느때나 들어볼고

설운지고 이내창자
굽이굽이 끊어지네
나는싫어 나는 싫어
엄마하고 같이죽어
요자리에 죽거들랑
엄마곁에 묻어주오

고정옥, 『조선민요연구』(동문선, 1998, 308~309쪽.)

6장

고려속요는 이별의 미학이다

〈가시리〉는 이별 노래입니다. 그 시절, 고려는 이별의 나날이었습니다. 〈동동〉, 〈서경별곡〉, 〈사모곡〉, 〈만전춘 별사〉, 〈정석가〉도 모두 이별 노래입니다. 죽어서도 이별을 하지만 살아내려고도 이별을 하였습니다. 몽고와의 전쟁으로, 학정에 못 이기어 유랑하며, 또 군대나 부역에 나가며 등등, 지금도 그러하듯이 얼마나 많은 이별이 있었겠습니까.

『악장가사』에는 전편이, 『시용향악보』에는 〈귀호곡(歸乎曲)〉이라 하여 1절만 수록되어 전하는 이 〈가시리〉는 〈서경별곡〉과 함께 이별 노래의 백미입니다. 애절한 가사에 간결하고 순박한 이별을 올 섞은 맛이 역대 이별가 중에서 으뜸입니다.

하지만 이 〈가시리〉는 결코 좌절과 체념의 노래가 아닙니다. 오히려 이 노래를 부르며 강한 삶을 다짐한다고 읽어야 합니다.

일제치하 개결한 선비 승려인 한용운(韓龍雲) 선생의 〈이별은 미의 창조〉라는 시에서 이를 귀띔 받을 수 있습니다.

    이별은 미의 창조입니다.
    이별의 미는 아침의 바탕 없는 황금과
    밤의 올 없는 검은 비단과, 죽음 없는 영원한 생명과,

시들지 않는 하늘의 푸른 꽃에도 없습니다.
님이여, 이별이 아니면 나는 눈물에서 죽었다가
웃음에서 다시 살아날 수가 없습니다.
오오, 이별이여.

한용운 선생은 이별은 '미의 창조'라고까지 합니다. 이 〈가시리〉를 부르는 화자 또한 저러한 심경의 표백이라 생각합니다.

그런데 이 슬픈 이별 노래에 후렴구 '위 증즐가 태평성대'가 걸리적거립니다. 그렇습니다. 뜬금없는 태평성대 운운은 애초 백성들이 불렀을 때는 없던 것을 궁중악으로 편입되며 어울리지 않게 들어 간 것입니다.

그런데 이 〈가시리〉가 〈예성강(禮成江)〉과 관계된다는 학설이 있어 몇 줄만 소개해야겠습니다. 예성강은 고려의 서울인 개경 북쪽에 있는 강으로 고려에서 송나라에 조회할 때에 모두 여기서 배를 띄웠습니다. 이 예성강에 한 해 5000명 정도의 외국인이 드나들던 고려 최대의 무역항 벽란도가 있습니다.

『고려사』「악지」 '예성강' 내용에 이러한 이야기가 있습니다. 중국 상인 하두강이란 자가 바둑을 잘 두었나 봅니다. 예성강에 왔다가 강가에서 한 아름다운 부녀자를 보고 내기를 해 이 부인을 빼앗으려 하였습니다. 부인의 남편과 내기 바둑을 두어 거짓으로 지고 나서 내기를 두 배로 올리잡니다. 남편은 자기가 한번 이겼기에 아내를 걸고는 바둑을 둡니다. 결과는 두강이 이겼지요. 남편은 아내를 태우고 가는 배를 하릴없이 바라보며 뉘우침의 노래만 부를 뿐입니다.

부인은 두강이 데려갈 때에 옷 단속을 매우 단단하게 여미었습니다.

배를 타고 가던 두강이 부인을 범하려 하였으나 옷단속이 어찌나 야무진지 어쩌지 못하였습니다. 그때였습니다. 배가 바다 가운데에 이르자 갑자기 빙빙 돌면서 가지 않았습니다. 점을 쳤더니, '정절 있는 부인이 신명을 감동케 했다. 돌려보내지 않으면 배가 부서진다'라는 점괘가 나왔답니다. 당연히 두강은 두려워 부인을 돌려보내고 맙니다. 이때 부인도 노래 한 편을 지어 불렀다 합니다.

그러니까 남편이 부른 노래가 전편이고 아내가 지어 부른 노래가 후편으로 두 편이 되는 셈입니다. 『고려사』「악지」'예성강'에 "노래가 두 편 있다(歌有兩篇)"라는 기록은 이를 두고 하는 말입니다. 하지만 내용은 이뿐이고 남편의 노래는 물론 부인이 부른 노래도 보이지 않습니다.

많은 이들은 이 〈가시리〉가 남편이 부른 노래 아니냐고 추정합니다. 〈가시리〉를 『시용향악보』에서는 〈귀호곡(歸乎曲)〉 아래 '속칭 가시리'라고 하였습니다. 귀(歸)자가 '돌아가다'와 '돌아오다'라는 두 뜻이 있으니, "가시는 듯 도셔 오쇼셔"라는 부분과 연결하면 '돌아오라는 노래'이기에 남편이 불렀다고 볼 수도 있습니다. 하지만 아내를 잃어 경황없는 남편이 어찌 이러한 노래를 급히 지어 불렀겠습니까.

다만 예성강이 고려 최대의 무역항임을 유의해 보아야 합니다. 15살 기생의 가는 허리처럼 강변에 휘휘 늘어진 능수버들 가지가지만큼이나 많은 이별이 있는 곳입니다. 버들방축에서 이러한 이별 노래는 얼마든 있을 터입니다. 〈가시리〉를 남편이 지었는지는 검증할 길이 없지만 불렀을 개연성은 넉넉합니다. 그 내용은, '가지만, 꼭 다시 돌아오라'는 희망을 얹어서 불렀을 것입니다.

7장

고려속요는 역사이다

고려속요는 역사입니다. 음악은 세상을 보여주는 거울로서 시대성(당대성)이 있기 때문입니다. 호족 국가로 출발한 고려는 이미 12세기부터 그 문제점을 드러냈습니다. 고려는 왕건이 29명의 호족 딸과 정략적 혼인을 하여 건국한 나라였습니다. 혜종과 목종을 거쳐, 문종과 인종에 이르러서는 호족의 딸들과 이중, 삼중의 중혼에 근친혼까지 일어났습니다. 호족들의 권한은 더욱 막강해졌고 이는 가혹한 정치로 이어지며 백성들은 도탄에 빠졌습니다. 그중, 가장 큰 병폐는 호족의 과다한 토지겸병, 기생, 그리고 스님입니다. 고려속요에는 이 토지겸병으로 인한 백성의 가난, 기생, 그리고 스님이 모두 보입니다.

 1126년에 이자겸의 반란, 이어지는 1135년의 묘청의 난은 토지겸병으로 세력을 키운 세력과 이들과 맞서보려는 권력쟁탈 과정을 그대로 보여줍니다. 이 사건이 결국은 1170년 무인정권과 12세기 말엽 농민폭동의 출발점이 됩니다. 〈사리화〉라는 노래는 저러한 토지겸병 문제를 여실히 보여 줍니다. 나이가 많아 벼슬에서 물러난 선비들이 만든 모임인 기로회(耆老會)도 있었으나 그들만의 한가로운 모임일 뿐 나라의 원로로서 역할을 못했습니다. 이렇게 고려는 점점 망국이라는 늪으로 빠져들기 시작합니다.

반면 기생집은 흥성거리기 시작합니다. 이인로(李仁老, 1152~1220)의 『파한집』상에는 이런 이야기가 보입니다. 이인로가 누군가 하면 〈한림별곡〉1연에 나오는 시로 유명한 그 이입니다.

이야기는 이렇습니다. 당시 교방의 기생이던 원옥(原玉)을 서로 차지하고자 내로라하는 한림들이 〈우후가(牛後歌)〉라는 시를 지었답니다. 우후는 원옥의 어릴 때 이름인데, 이 여인의 미모를 이인로는 "아름다움이 뛰어나 당시 으뜸(色藝爲一時冠)"이라고 적어 놓았습니다. 시를 짓는 인물은 모두 문장으로 일세를 드날린 한림 이인로, 황빈연(黃彬然), 유희(劉羲), 임춘(林椿) 등 네 명입니다.

당시는 무신정권의 시대였습니다. 나라의 기둥이 되어 백성들의 삶을 보살필 한림들입니다. 원옥이란 교방 기생의 미모가 고려 제일이라 해도 백성들을 위해 써야 할 글재주로 여인이나 꾀고자 네 명의 한림이 달려든다는 것은 좀 추한 모습입니다.

고려의 부패에는 스님도 단단히 한 몫을 거들었습니다. 스님들은 국가 권력과 연결되기에 토지겸병이나 기생보다도 더욱 큰 문제였습니다. 고려를 세운 태조 왕건은 10가지의 훈계를 유언으로 남깁니다. 이를 〈훈요십조(訓要十條)〉라 하는데, 그 1조가 이 스님들에 대한 경계입니다.

> "우리나라의 큰 왕업은 반드시 여러 부처가 보호하여 주는데 힘입었다. 그러므로 선종(禪宗)·교종(敎宗)의 절을 창건하여 주지를 뽑아 보내어 각각 부처의 업을 다스리게 하라. 뒷세상의 간신들이 중들의 청탁에 따라 각각 절을 경영하려고 다투어 서로 빼앗는 것을 일절 금하라."

고려가 불교의 세상이 된 것은 이 때문입니다. 그러나 왕건은 "뒷세상의 간신들이 중들의 청탁에 따라 각각 절을 경영하려고 다투어 서로 빼앗는 것을 일절 금하라"라는 경계 또한 잊지 않았습니다만, 절과 스님은 그 세력이 비대해져만 갔습니다. 절과 스님이 두둑이 살지는 만큼 부처님과 거리는 멀어졌습니다. 멀어지는 부처님의 자리는 그만큼의 부조리와 탐욕이 채웠습니다.

중의 벼슬 중에 '국사'가 있습니다. 그 위의 등급으로 왕사(王師)가 있는데 왕이라도 그에게 절하여 예를 표할 정도였습니다. 왕사가 입는 옷은 능직(綾織) 비단으로 만들고 여기에 꽃무늬를 수놓았습니다. 물론 값도 몹시 비싼 산수납가사(山水衲袈裟)였습니다. 그 위에 오른쪽 어깨에서 왼쪽 겨드랑이로 걸치는 옷과, 왼쪽 어깨에서 오른쪽 겨드랑이로 걸치는 옷을 합쳐 만든 법의인 긴 소매의 편삼(偏衫)을 걸쳤습니다. 여기에 불승이 번뇌를 부숴 없애는 상징으로 손에 들고 있는 고대 인도의 금발차(金跋遮)를 착용하였습니다.

또 아래에는 자줏빛 치마를 입고 검은색 가죽으로 만든 조이개가 달린 신발인 오혁검리(烏革鈐履)를 신었으니 옷차림부터가 예사롭지 않습니다.

더욱이 왕사나 국사의 고향은 영예롭다 하여 모두 '주(州)'와 '군(郡)'으로 승격했습니다. 주와 군은 해로 더하고 달로 불어났고 그만큼 세금도 올랐습니다. 이로부터 관제는 어지럽게 되고 아첨하는 풍습은 크게 드러났습니다. 〈쌍화점〉 2연에서 여인을 능욕하는 삼장사의 주지는 바로 이러한 스님 중 한 사람입니다.

12세기에는 이미 이런 기록도 보입니다. 이규보의 『동국이상국집』 제8권 '고율시(古律詩)'에 보이는 내용입니다.

> "통사(通師)가 머무르는 숭교사(崇敎寺) 주지의 방에서 술을 마시는데, 모인 이가 십여 인이나 되었다. 술이 취하자 거문고와 비파를 번갈아 울리며 광대놀이까지 겹치게 되었다. 이때 대월에서 나온 큰 광대 두 사람이 스님과 더불어 절 구경을 하며 큰 놀이를 개최하기에 달려 왔다."

통사는 절의 주지로 상좌(上座)이고 숭교사는 당시 고려 서울인 개성에 있던 절입니다. 전국 사찰의 모범을 보여야 할 주지의 방에서 술에 취하여 광대놀이까지 거리낌없이 즐깁니다.

현종 18년(1027)에는 경기도 양주의 장의사·삼천사·청연사에서 쌀 360석으로 술을 담가 팔아 손가락질을 받았는가하면 보(寶)라는 이름으로 버젓이 대부놀이까지 하여 부를 축적했습니다. 물론 이자가 높은 고리대였습니다. 사찰에서도 토지를 소유하여 세금을 거두어 들였다는 것을 알려줍니다. 국장생표(國長生標)라고 절 소유의 농토에 세웠던 경계선 표지가 이를 증명해 줍니다. 선종 2년(1085)에 양산 통도사에 세웠던 석표(石標)가 대표적입니다. 이규보의 위 글에 보이는 돈 많은 중은 이렇게 만들어졌습니다.

스님들을 봉변 주는 이런 글도 있습니다. 아래 글은 이제현(李齊賢, 1287~1367)의 『익재난고』 기록이니 돌이의 시대에서 몇 십 년 뒤의 일입니다만 당시 중들의 못된 행실을 넉넉히 어림잡습니다.

> "근래에 어떤 높은 관리가 봉지연(鳳池蓮)이란 늙은 기생을 희롱하면서 '너희들이 돈 많은 중은 따르면서 사대부가 부르면 왜 이렇게 늦게 오느냐?' 하니 '요즈음 사대부들은 돈 많은 장사치의 딸을 데려다가 두 살림을 꾸리거나 아니면 그 종으로 첩을 삼잖습니까. 우리가 진실로 중과 속세인

을 가린다면 어떻게 아침저녁인들 먹는단 말이오?'"

우선 봉지연이란 기생을 희롱하는 못된 관리가 보입니다. 이러한 못된 관리들을 보면 모기에 물린 것 같습니다. 모기에 물렸다고 목숨이 끊어지진 않지만 그 '앵앵'거리는 소리는 듣기 싫은 게 사실입니다. '기생 죽은 넋'이라더니 고관에게 면박을 주는 봉지연이란 늙은 기생의 말이 오히려 당당해 보입니다.

높은 관리의 말로 짐작하면 돈 많은 중들이 있고 기생들조차 벼슬길에 오른 사대부들보다도 더 따른다는 것을 알 수 있습니다. 두 살림을 꾸리고 종으로 첩을 삼는 사대부나 술에, 기생에, 유희에, 돈까지 넘쳐나는 절간의 중이나 한통속입니다. 어디 이 뿐이겠습니까. 이 봉지연이란 기생은 왕의 연인이라는 기록도 있고 보면, 역으로 스님의 지위를 넉넉히 짐작케 합니다. 하기야 왕궁에서도 절의 행사에 참여하는 것은 공공연한 행사였습니다.

1245년, 연등회 때에는 당시의 실권자 최이(崔怡)가 큰 잔치를 열었는데 동원된 인원이 무려 1천 3백 50여 명이나 됩니다. "이들이 모두 호화롭게 단장하고 뜰에 들어와 풍악을 연주하니, 거문고와 노래, 북과 피리의 소리가 천지를 진동하였다"라고 『고려사절요』(권16, '고종안효대왕 3 을사삼십이년 송 순우 오년'조)에 적어 놓았습니다. 물론 이 『고려사절요』를 조선조에 기록한 점으로 미루어 약간의 보태어짐도 없지는 않겠지만 '1350명'이란 숫자는 분명 저 시절 고려 벼슬아치들의 행태를 넉넉히 짐작케 합니다.

고려 말 안축(安軸, 1282~1348)의 〈금강산〉이란 시에는 저러한 실정이 그대로 드러나 있습니다.

뼈만 솟은 봉우리들 번쩍이는 창칼이오	骨立峰巒劒戟明
재를 파한 중들은 할 일 없이 앉았기만	居僧齋罷坐無營
산 아래 백성들의 고생살이 어떠한가	如何山下生民類
때때로 절간을 보면 이맛살이 찡그려지누나	瞻望時時蹙額行

백성들의 곤궁한 삶을 바짝 마른 금강산에 빗대었고 하릴없이 빈둥거리는 중의 모습을 헐벗은 백성들이 보며 이맛살을 찌푸리고 있는 모습이 사실적으로 그려져 있습니다.

8장

고려속요는 음악정치학이다

달님이가 몽고군에게 끌려갔던 저 시절, 고려의 백성들은 참혹했습니다. 몽골과 30년 전쟁에서 최대의 인명 피해를 입은 해가 1254년(고종41)입니다. 당시 고려 인구는 500만 명 안팎으로 추정하는데, 이때 몽고군의 포로로 끌려간 고려 백성이 약 20만 6800명으로 『고려사』 권24(고종 41년)에 기록되어 있습니다. 그러니 살육당한 자의 숫자는 그야말로 상상하기조차 어렵습니다.

고려속요는 이때도 저 이들과 같이 했습니다만, 우리 역사에서 금지곡 1위의 자리는 고려속요입니다. 여기에는 음악정치학이 숨어 있습니다.

〈동동〉은 우리나라 최초의 생활풍속을 노래한 월령체니 여기서부터 이야기를 시작하겠습니다. 이 노래는 고려시대 이후 구전되어 오다가 『악학궤범』과 『대악후보』에 기록되어 있습니다. 월령체(月令體)란 열두 달을 노래하였다는 말입니다. 그렇다고 '동동'이 달을 말하는 것은 아닙니다. 성호 이익(李瀷, 1681~1763)은 '동동곡(動動曲)'에서 "동동(動動)은 무엇을 가리킨 것인지 모르나 생각건대, 지금 광대들이 입으로 북소리를 내며 춤추는 것이 그것이니, 동동은 '동동(鼕鼕: 북소리)'과 같은 뜻이다."(『성호사설』 제15권, 「인사문」)라고 하였습니다. 북소리로 보는 견해입니다.

『고려사』「악지」에는 "'〈동동〉'이라는 놀이는 그 노랫말이 대부분 경사를 기리고 축하하는 말이다. 노랫말이 모두 선가(仙家)의 말로 되었는데 순 우리말이어서 싣지 않는다"라고 하였습니다. 그렇다면 북소리 이외에도 우리 심장도 '동동'거리니 우리 몸과도 관계가 있지 않을까 생각합니다.

또 우리가 세상살이를 하며 매우 안타까워 발을 가볍게 '동동' 구르는 모양이라고 생각할 수도 있겠지요. 이렇게 본다면 〈동동〉은 심장의 고동소리이며 발을 동동거리며 살아가는 사람들의 생활밀착형 사랑 노래입니다.

이 〈동동〉은 조선에 들어와 태종과 세종을 거치며 무리 없이 궁중악으로 쓰였습니다. 세조 12년인 1446년에 완성된 『경국대전』「예전」 '취재(取才)' 조를 보면 〈이상곡〉·〈동동〉·〈만전춘 별사〉·〈정읍〉 등의 고려속요가 보입니다. 이때 〈동동〉도 향악을 연주하는 악공취재(樂工取才)의 시험곡으로 당당히 그 이름을 이렇게 올렸습니다.

그러다 갑자기 성종(成宗) 때에 남녀상열지사라 하여 〈쌍화점〉·〈북전가〉와 함께 음란한 가사로 내쳐졌습니다. 중종(中宗) 때 와서는 또 남녀상열지사라 하여 남곤을 시켜 〈동동〉은 〈신도가〉로, 〈정읍사〉는 〈오관산〉으로 바꾸어버립니다. 이른바 고려속요가 무더기로 금지곡이 된 것입니다.

이 해가 1518년입니다. 그러나 이는 연산군 이후 흐트러진 나라 기강을 음악을 통하여 잡아보려는 중종의 의도일 수 있습니다. 중종의 견해대로라면 불과 25년 전인 1493년(성종 24)에 성현(成俔) 등이 임금의 명으로 편찬한 『악학궤범』에는 어떻게 이 두 노래를 한글로 기록할 수 있었 겠습니까? 더욱이 태조, 태종, 세종 임금을 거치며 궁중악으로 내려오 던 노래들입니다.

조선 건국의 핵심으로 유교문물제도를 확립한 정도전은 "음악은 성 정(性情,사람이 본디 가지고 있는 성질과 심정)이 바른 데서 근본하여 성문(聖 文,임금이 갖춘 학문의 덕)이 갖추어지는 데서 발하게 된다(樂者 本於性情之正 而發於聖文之備)"라고까지 하였습니다.(정도전, 『삼봉집』, 「악」, 『한국의 사상 대전집』 6, 동화출판공사, 1972, 141쪽)

정도전은 음악에서 임금의 학문 덕까지 챙깁니다. 이유는 음악에 의식을 교화하는 작용과 사회문화를 통제할 수 있는 정치적인 기능이 있다고 여겨서입니다. 물론 이 말은 유가 음악 이론이 집대성된 『예기』의 음악 이론에서 비롯한 것입니다.

『예기』에서는 음악을 예와 나란히 놓았습니다. 예악(禮樂)은 동전의 양면이요, 낮과 밤이요, 음과 양으로 이해하였습니다. 『예기』 「교특생」을 보면 "음악이란 양에서 나온 것이고 예는 음에서 일어난다. 음양이 화합하여야 만물을 얻는다(樂由陽來者也 禮由陰作者也 陰陽和而萬物得)."라고 하였습니다. 또 『예기』 「악기」에서는 음악을 고을과 나라로 확대하면 "교화가 실현되고 풍속이 아름답다(化行俗美)"라며, "음악이란 것이 풍속을 옮기고 바꾸기 때문이다(樂者 所以移風易俗也)"라고 그 이유를 설명합니다. 음악은 음악 그 자체가 아닌 통치차원의 일환으로 보아야 한다는 뜻입니다.

『태조실록』(2년 7월 6일)에서 정도전이 "정치하는 요령은 예악에 있으니 가깝게는 안방에서부터 나라에까지 이릅니다"라고 한 이유도 여기서 찾을 수 있습니다. 우리가 잘 아는 남녀칠세부동석이란 말도 이『예기』「내칙」에 보이니 "일곱 살이 되면 사내와 계집아이는 자리를 함께 하지 않으며 한 자리에서 먹지 않는다(七年 男女不同席 不共食)."라고 되어 있습니다.

따라서 고려속요가 그토록 사람의 심성을 흐리게 하는 남녀상열지사라면 이미 조선개국과 함께 정비되었을 것입니다. 그러나 태조에서 8대 예종까지 이에 대해서는 단 한 차례의 언급도 없었습니다. 오히려『조선왕조실록』세종 29년 정묘(1447년) 조에는 〈동동〉·〈정읍〉·〈이상곡〉 등을 궁중속악(俗樂)으로 삼았다는 기록이 그대로 보입니다. 고려속요는 한마디로 단속대상이 아니라는 의미입니다.

조선초에 음악정리를 총괄하였던 박연(朴堧, 1378~1458)이나 이 박연과 함께『세종실록』「아악보」를 정리한 유사눌(柳思訥, 1375~1440)의 글 어디에도 고려속요를 '남녀상열지사'라고 폄하하는 내용은 없습니다. 물론 두말할 것 없이 이들도 예와 악을 나라를 통치하는 두 근간이라 생각한 것은 사실입니다.

그러니 중종임금이 '남녀상열지사'라 하여 궁중악을 정비한 것은 앞의 연산군 시절의 혼정과 연결지어 생각해야 합니다. 연산군의 실정은 우리가 잘 아는 〈홍길동전(洪吉童傳)〉의 모델인 실존 홍길동에서도 알 수 있습니다. 국정을 소란스럽게 했던 홍길동(洪吉同)을 잡은 것이 연산군 6년인 1500년입니다.『조선왕조실록』을 보면 연산군 시절엔 5차례, 중종임금 시절엔 4차례나 홍길동 이야기가 보입니다. 그만큼 혼정의 시기였음을 간접으로 증명하는 셈입니다.

또 연산군의 실정을 비웃고 폐위를 예언한 〈충성사모요(忠誠詐謀謠)〉

와 〈노고요(盧古謠)〉란 참요만 보아도 그렇습니다. 〈노(로)고요〉는 "웃어울 로고 궂을 로고 패할 로고"입니다. 연산군의 실정을 웃습다, 궂다, 패한다에 '-로고'를 붙여 만든 참요이고, 〈충성사모요〉는 "충성 사모냐 거동이 교동이냐 흥청과 운평 어디 두고 가시덤불로 돌아가나(忠誠詐謀乎 擧動喬桐乎 興淸運平之何處 乃向荊底歸乎)"라는 참요입니다.

당시에 궁인들은 사모(紗帽, 모자)에 '충성'이란 글을 붙박이로 써 붙이고 다녔습니다. '사모(詐謀)'는 이것이 '거짓'이란 말입니다. 교동은 강화도 옆의 작은 부속 섬입니다. 연산군이 유배 간 곳이니 교동으로 거동한 것 또한 사모, 즉 거짓이란 말이지요. '홍청운평'은 오늘날 우리가 쓰는 '흥청망청'의 어원입니다. '운평'은 전국에서 뽑혀온 기녀이고, '홍청'은 운평들 중에서도 아름다워 왕이 친히 옆에 둔 여인들을 부른 이름입니다. '가시밑'은 겉으로는 유배장소를 뜻하지만, 속으로는 여인이 '가시'라는 점에 착안하여 그 좋던 '홍청운평'은 어디가고 가시덤불로 돌아갔느냐는 풍자입니다.

고려속요는 조선에 들어와서도 그대로 궁중악으로 쓰였기에 당연히 이러한 연산군의 궁중 연희에 불려졌을 것입니다. 연산을 폐위한 중종반정의 당사자인 중종으로서는 그 음악을 그대로 궁중악으로 쓸 수 없음은 당연한 일이었습니다. 더욱이 연산군의 흥청망청한 삶은 여인과 관계되었기에 '남녀상열지사'를 강하게 거부할 수밖에 없었을 겁니다.

물론 연산군의 아버지인 성종임금 때 편찬한 『악학궤범』도 '남녀상열지사'라는 척도로 재단한 책입니다. 그러나 중종 때와는 그 재는 자가 달랐습니다. 즉 고려속요하면 으레 가사가 '남녀상열지사'와 연관시켜 가사가 '음란하여 싣지 않는다'는 말로 쓰이는 '사리부재(詞俚不載)'는 경우의 수를 두어 읽어야 한다는 말입니다. 이 말은 가사가 음란하다는 뜻도 있지만 '이어(俚語)' 즉 순우리말이라 싣지 않았다는 뜻도 있기 때문입니다.

실상 『고려사』 「악지」에 수록된 〈한림별곡〉은 '긔 엇더ᄒ니잇고' 등 한글을 모두 뺐습니다. 〈동동〉의 경우 아예 노랫말이 없는데, 이는 모두 우리말이어서지 가사가 음란하여서가 아닙니다.

이제 왜 성종과 중종이 음악에 그토록 예민했는지를 살피겠습니다. 그 이유는 『악학궤범』의 서문을 보면 알 수 있습니다.

> "음악이란 하늘에서 나와 사람에게 깃들고, 빈곳에서 나와 자연스레 이루어진 것이다. 사람으로 하여금 마음으로 느끼게 하여 그 혈맥을 뛰게 하고 정신을 흘러 통하게 한다. 느낀 바가 같지 않다면 소리도 같지 않다. 기쁜 마음은 그 소리가 날아 흩어지고, 성낸 마음은 그 소리가 거세고, 슬픈 마음은 그 소리가 애처롭고, 즐거운 마음은 그 소리가 느긋하다. 그 같지 않은 소리를 합해서 하나로 만드는 것은 임금이 어떻게 인도하느냐에 달려있다. 인도하는 데에는 바름과 사악함이 있으니 풍속의 성쇠 또한 여기에 달렸다. 이것이 음악의 도가 백성을 다스리는 데 크게 관계하는 이유이다."

'음악은 각기 다르니 임금이 이를 합하여 하나로 만들어야 한다'고 나옵니다. 또 '풍속의 성쇠도 음악과 관계있다'고 합니다. 맨 마지막 문장에선 아예 '음악의 도가 백성을 다스리는 데 크게 관계된다'라고 못 박습니다.

연산군 앞뒤로 성종, 중종, 3대 75년간은 사화와 반정의 시대였습니다. 세조의 뒤를 이은 예종(睿宗)은 1년 2개월 만에 승하하였고 13살의 성종이 즉위하자 세조비 윤씨가 수렴청정을 하며 조선 전기의 안정된 왕권이 흔들렸습니다. 반면 신숙주, 한명회, 김광국 등 대신들의 정치세력이 비대해지며 사림과 훈구파로 나뉘어 날선 대립의 시대를 펼칩니다.

성종 때부터 사림과 훈구의 대립이 극단으로 치달았습니다. 이어 연산군의 실정과 무오사화(1498년), 갑자사화(1504년), 그리고 이어지는 중종반정(1506년)입니다. 그만큼 나라는 흔들렸고 왕권은 약화되었으며 민심은 흉흉했습니다. 중종임금으로서는 궁중악을 손대지 않을 수 없었을 겁니다. 태종, 세종, 세조 조처럼 이런 남녀의 연정을 노래한 가사를 감당해 낼 세월이 아니었던 것입니다.

이제 저 시절은 '역사'라는 이름으로 사라졌습니다. 그러나 노래에 대한 정치권의 개입은 오늘날과 같은 대중지성의 시대에도 여전히 그 위세를 떨칩니다. 몸에 각인된 노래의 힘이 대단해서입니다. 광고시장에서 상징노래(로고송)에 각별히 관심을 기울이는 것도 이와 무관치 않습니다.

일제치하인 1933년 5월 조선총독부는 '축음기 레코드 취체 규칙'을 만들었습니다. 이때 금지된 곡이 '아리랑'과 '눈물젖은 두만강' 등입니다. 두 곡 모두 금지곡이 된 이유는 치안방해였습니다. 조선인의 의식이 그 속에 있다고 생각해서였겠지요.

해방 후에도 이미자의 '동백아가씨'는 왜색, 김추자의 '거짓말이야'는 사회 불신조장, 이장희의 '그건 너' '한 잔의 추억'은 퇴폐적, 송창식의 '고래사냥'은 당시 사정에 맞지 않는다는 이유로 금지되었습니다. 이

외에도 '타향', '가거라 삼팔선', '신라의 달밤', '님은 먼 곳에', '커피한 잔', '아침이슬', '독도는 우리 땅'…등 수백여 곡들이 각종 이유로 금지곡이 되었습니다.

반면에 의도적으로 부르게 한 국민가요도 있으니 '아 대한민국', '서울 찬가', '새마을 노래', '금수강산에 백화가 만발하였구나', '고향역', '잘 살아 보세', '살기 좋은 내 고장'…등입니다. 이 모두 고려속요의 '남녀상열지사'처럼 정치와 연결되고 있으니 섬뜩한 일입니다. 정치역학이라는 모종의 비밀이 노래 속에 있어서입니다.

물경! 15만 8082건! 2012년에 확인된 대중음악을 국가가 검열했음을 보여주는 한국공연윤리위 심의자료 건수입니다.

9장

고려속요는 감탄사이다

〈이상곡〉은 『대악후보』엔 음악이, 『악장가사』엔 가사가 전합니다. '이상(履霜)'은 『주역(周易)』 「곤괘 초육」에 "서리를 밟으면 두꺼운 얼음이 얼게 된다(履霜堅氷至)"에서 유래합니다. 『주역』을 이 노래 속의 여인과 연결하면 시련과 고통이 올지라도 결코 사랑하는 님을 잊지 않겠다는 뜻입니다. 한 여인의 사랑을 서리에 비유한 셈입니다.

그런데 이 〈이상곡〉은 연이 중첩되어 길기에 장가(長歌)라 부르기도 하는 고려속요와는 좀 다릅니다. 연 구분이 없는 비연시(非聯詩)여서입니다. 여기다 마지막 구절을 "아소"라는 감탄사로 시작합니다. 꼭 10구체 향가를 읽는 듯합니다.

작품은 내용상 2단, 혹은 3단으로 나눌 수 있습니다. 까다로운 어구도 많아 노래 해석은 그만큼 다양합니다. 특히 맨 마지막 구절은 유의할 필요가 있습니다. "함께 살아 갈 날을 기약합니다"라는 구절은 〈이상곡〉의 모든 것을 다 말해 줍니다.

이 속요에서 노래 속 여인의 처지는 눈이 내리고, 서리가 밟힙니다. 님이 옆에 없다는 뜻입니다. 그것은 "자러 오겠는지요"라는 부정적 의문형에서 알 수 있습니다. 즉 이 말 속엔 자러 올 수 없다는 뜻이 내재되어 있습니다.

그렇기에 종종 벽력같이 님에 대한 그리움이 생각나고, 자신의 삶은 '무간지옥'에 떨어지는 듯하다고 합니다. 무간(無間)은 괴로움이 끝없다는 뜻입니다. 불가에서 말하는 팔열 지옥(八熱地獄) 중의 하나로 끊임없이 고통을 받는 지옥입니다.

무간지옥에 떨어질 만한 고통의 사랑이지만 애틋하기 이를 데 없는 숭고한 사랑이기도 합니다. 말로만 사랑이 아닌 정녕 온 몸으로 하는 사랑입니다.

'종종 벽력', '아아! 님아!' 등의 감탄구는 고려속요의 특징입니다. 〈동동〉과 〈정읍사〉의 '아으!', 〈서경별곡〉과 〈가시리〉의 '위!', 〈사모곡〉, 〈정과정곡〉, 〈만전춘 별사〉의 '아소!' 등 감탄사도 동일합니다. 이러한 감탄사는 후렴구와 더불어 노래를 부르는 이에게 흥과 힘을 북돋아 줍니다. 아마도 감탄사와 후렴구가 우리 노래에 일반화된 틀을 이루는 것으로 보아 원시시대부터 내려오는 유전적 인자로 몸의 생리적인 가락일지도 모릅니다.

원시인들은 전투에서의 승리나 수확의 기쁨, 이와는 반대로 가뭄과 홍수 같은 대자연의 재앙이 있을 때면 신을 찾았습니다. 이때는 언제나 술을 마시며 춤을 추고 노래를 부릅니다. 춤과 노래가 고조되며 신을 찾으니, 저도 모르게 감탄사가 나옵니다. 감탄사는 신과 인간의 감응으로 이것이 더욱 흥을 고조시킵니다. 감탄사는 신과 인간을 연결해주는 일종의 매개체인 셈입니다.

이러한 감탄사는 우리 문학사에 그대로 남아 있습니다. 신라의 10구체 향가 '아으!' → 고려의 속요 '아아!, 아소!, 아으!' → 조선의 시조 '어즈버!' 등이 그것입니다. 이 감탄사가 오랜 시간을 거치면서 점점 변화

되면서 무의미한 감탄사에서 유의미한 감탄사로 자리바꿈합니다. 이 말은 감탄사의 초월적·신성적 기능은 약화되어 서정적·현실적 기능이 강화된다는 말입니다. 이 서정적·현실적 기능이 노래입니다. 노래는 노래 부르는 이를 절망에서 구원하는 흥을 불러 새로운 삶으로 나아가게 하는 힘입니다.

예를 들어 우리 문학에는 여러 지방의 '흥타령'이 보이는데 대부분 흥이 나서 부르는 것이 아니라 흥을 내려 부릅니다. 김수연창본 '흥타령'의 한 부분을 옮겨봅니다.

꿈이로다 꿈이로다 모두가 다 꿈이로다/너도 나도 꿈속이요 이것 저것 이 꿈이로다/꿈 깨이니 또 꿈이요 깨인 꿈도 꿈이로다/꿈에 나서 꿈에 살고 꿈에 죽어 가는 인생/부질 없다 깨려허는 꿈은 꾸어서 무엇을 헐거나/아이고 데고! 어허! 성화가 났네 에~.

문자대로라면 허망한 것이 꿈같은 인생이고 노랫가락은 슬픕니다. 꿈은 믿을 게 없다지만 답답할진댄 꿈 아니면, 또 어이 짧은 인생을 명료하게 설명해 내겠는지요. 그러니 제 뜻대로 되지 못하여 애가 타고 답답하여 성화까지 납니다.

하지만 제목은 어디까지나 '흥타령'입니다. 결코 절망이 아니라는 소리입니다. '아이고 데고!', '어허!' 등의 감탄사가 탄식과 절망을 넘어서는 기능을 합니다. 절망하는 자는 제 속내를 감추는 법입니다. 제 속내를 드러내는 사람은 결코 좌절하지 않습니다. 애끓는 흥타령을 불러 슬픔을 풀어버리고 좌절하고픈 현실을 살아내려는 것입니다.

이렇듯 감탄사나 후렴구는 겉으로 나타난 뜻매김을 찾을 수 없는 것이지 속은 그렇지 않습니다. 외마디 감탄사라 해도 그 속에는 인간의 내적 흐느낌이나 탄성이 들어있고, 막대기로 두드리는 타악 속에도 그 사람의 마음에 따라서 강약과 장단의 가락이 있습니다. 마음속에 있는 응어리진 감정을 끌어내서입니다. 우리 삶이 할머니의 할머니에서 손자의 손자로 이어지듯이 문학 속의 전통도 이렇게 이어지며 우리와 함께하는 것입니다.

이것이 민족 고유의 인자요, 몸의 생리적 가락으로 전래되어 내려오며 여러 가닥의 음률로 변한 것으로 이해한들 무리 없습니다. 그러니 우리 노랫가락을 들을 때면 가만히 노랫가락에 몸을 맡기면 됩니다. 우리 노랫가락은 우리 민족성의 요람입니다.

10장

고려속요는 은유이다

고려속요는 은유로 되어 있습니다. 특히 〈만전춘 별사(滿殿春 別詞)〉는 더욱 그렇습니다. 〈만전춘 별사〉는 고려시대에 지어진 작자 미상의 속요로 『악장가사』, 『악학편고』, 『대악후보』, 『세종실록악보』에 실려 있는 노래입니다. '별사(別詞: 별도의 가사)'라는 말을 붙인 까닭은 한문 〈만전춘〉과 달라서입니다.

이 노래는 무채색이 아닌 유채색입니다. 빨강이나 노랑, 파랑 따위와 같은 색입니다. 명도나 채도, 색상의 구분은 선명하고 색감은 제 색깔이 또렷합니다. 화가들은 대담한 표현에 이 유채색을 즐겨 씁니다. 인간의 사랑이 색깔로 치면 유채색입니다. 이 유채색이 바로 은유입니다.

"절망한 자들은 대담해지는 법이다." 니체의 말입니다. 그렇습니다. 저 고려의 속요는 대담합니다. 아마도 그것은 '절망'이란 두 글자를 항상 몸에 붙이고 다녀서 그러는지도 모릅니다.

〈만전춘 별사〉는 모두 5연으로 되어 있으나 맺는 말인 결사(結詞)가 마지막에 추가되었습니다. 이 결사를 독립된 연으로 볼 경우 6연이 됩니다. 각 연은 형식상으로 불균형을 보입니다. 시어(詩語)도 이질적이며 의미를 따져보면 통일성이 결여되었습니다. 여러 이질적이고 독립적인 당대의 유행 노래를 궁중의 속악가사로 합성하고 재편성하였다는 증거들입니다.

'만전춘'을 번역하면 '궁궐에 가득한 봄 향기'로 미루어 궁궐에서 불린 노래입니다. 백성들 노래가 궁궐로 들어갔음을 미루어 알 수 있는 제목입니다.

『세종실록』「악보」에 실려 있는 한문 〈만전춘〉은 전연 다릅니다. 『세종실록』 권146의 〈만전춘〉의 가사는 윤회(尹淮)가 지은 〈봉황음(鳳凰吟)〉입니다. 이 노래는 고려속요인 〈만전춘 별사〉 가사가 너무 음란하다 바꾸고 곡은 그대로 사용한 것입니다. 하지만 〈만전춘 별사〉를 〈봉황음〉으로 바꾼 뒤에도 우리말로 된 〈만전춘 별사〉 가사는 그대로 남았습니다.

이제 내용을 좀 살피겠습니다. 그중, 4연이 유독 별납니다. 오리란 녀석 때문입니다. 4연의 오리는 남정네의 은유입니다. 굳이 오리인 것은 부부의 금슬이 좋은 원앙(鴛鴦)과 동일시해서입니다. 그런데 얼룩진 비오리라고 하였습니다. 비오리의 얼룩얼룩한 채색을 말합니다. 사람으로 치자면 잘생긴 남자입니다.

그런데 '여울은 어디 두고 늪에 자러 왔니'하고 묻습니다. 오리도 은유이기에 여울과 늪 역시 은유로 보아야 합니다. 그렇다면 '여울'은 물살이 센 곳이고, '늪'은 물살이 빠르지 않아 머무르기 편한 곳임을 고려해야 합니다. 여울은 살기가 불편한 곳이요, 늪은 살기가 편합니다. 비유하자면 화려한 기생집이 늪이요, 우리네가 사는 곳이 여울입니다. 그 여울은 물결이 센 곳이기는 하지만, 우리가 사는 곳이기도 합니다.

그러나 기생이 머무는 곳, 그곳은 화려하지만 영원히 살만한 곳은 아닐 겁니다. 내일 아침이면 떠날 수밖에 없습니다. 그러니까 저 마지막 구절 "아아! 님이여! 영원토록 이별할 줄 모릅시다"는 이별할 것을 안다는 것을 전제한 소원 정도로 보입니다.

이제 5연을 좀 볼까요. 남산에 자리를 보고 옥산을 베고 누워 금수산 이불 안에 사향각시 안고 누워서 약 든 가슴을 맞추자고 합니다. '남산'은 둘이 사랑을 나누는 공간이고, '옥산'은 풍류를 아는 고매한 남성이요, '금수산'은 아름답고 화려한 이불입니다.

〈만전춘 별사〉의 노래를 이끄는 화자인 여성은 꽤 셉니다. '약 든 가슴'의 주체는 여성으로 이 노래 속 화자입니다. 그러니 약 든 가슴은 여인의 향내 나는 가슴입니다. 그 가슴을 맞추자 함은 몸으로 나누는 사랑을 하자는 말입니다.

안타까운 것은 이 속요도 아쉬운 이별을 전제로 하였다는 사실입니다. 이별은 남아있는 자든 떠나는 자든 고통입니다. 마음이 떠나 몸도 떠나는 이별이 아닙니다. 마음은 그대로인데 몸은 떠나니 고통일 수밖에 없는 이별입니다.

이렇듯 고려속요는 대부분 사랑하는 사람과 고통스럽고 서러운 이별을 전제로 합니다. 그만큼 삶의 결핍이 크다는 뜻매김입니다. 그러나 사랑이 있습니다. 사랑은 인간조건의 가장 처음입니다. 사랑은 우리 삶입니다. 고려속요는 그렇게 이별을 견뎌내게 하는 사랑의 은유입니다.

11장

고려속요는 삶에 대한 애착이다

노래 삼긴 사람 시름도 하도할샤
닐러 다 못 닐러 불러나 푸돗단가.
진실로 풀릴 거시면 나도 불러 보리라.

상촌 신흠(申欽, 1566~1628)의 시조입니다. 신흠은 초장에서 노래 만든 사람 시름이 많기도 많다 합니다. 중장에선 말하려 하나 다 말하지 못하여 노래를 불러서 마음을 푼다고 합니다. 노래는 저러할 때 나오는 겁니다. 괴로움을 참지 못하면 신음이 되고 이 신음이 이어지며 노래가 되는 겁니다. 그러니 노래란 입으로 부르지만 이미 몸이 불러낸 몸의 노래입니다.

그것은 몸이 살아보겠다는 의지의 표현입니다. 일종의 응어리진 고통덩이를 풀어보거나 잊어보려는 의지 말입니다. 신흠도 종장에선 진실로 풀린다면 나도 부르겠다고 합니다. 그것은 노래를 통하여 더욱 강한 삶의 의지를 다지는 것입니다.

고려속요가 남성들에 비하여 여성들 노래가 더 많은 것은 그래서입니다. 보내고 기다리고 당하는 쪽은 남성보다는 여성입니다. 〈상저가〉,

〈정읍사〉, 〈쌍화점〉, 〈이상곡〉, 〈서경별곡〉 등 노래 속 화자는 여인들입니다. 여인들은 팍팍한 삶을 노래로 견뎌낸 것입니다.

〈정석가〉 역시 그렇습니다. 왕의 만수무강을 기원한다는 견해도 있으나 여성이 남성에게 보내는 강한 의지를 드러낸 노래입니다. 『악장가사』에서는 '정석'을 한글로 '딩하 돌하'로 풀이해 놓았습니다. '딩(징)'은 정(鉦), '돌'은 경(磬)으로 모두 악기 이름입니다. 혹자는 여인의 상대 이름으로 보는 경우도 있습니다. 이규경(李圭景, 1788~1856)은 『오주연문장전산고』에서 정석을 아이들이 가지고 노는 공기돌이라고 하였습니다.

어떠한 경우라도 상관없습니다. 〈정석가〉의 여인은 지금 님과 이별을 목전에 두었습니다. 이 정도 노래를 부를 사랑이라면 남녀 관계가 예사롭지 않습니다. 그만큼 모진 이별이고 절망이기 때문입니다.

그렇지만 여인은 울고만 앉았거나 자신의 삶을 포기하지 않습니다. 〈정석가〉에서 여인은 '고운 모래 언덕에 구은 밤 닷 되를 심어 그 밤에서 움이 돋거든 그때 가서야 님과 이별하련다'고 노래합니다. 불가능을 가능한 상황으로 바꾸어 보려는 의지를 노래에 적용한 것입니다.

'구은 밤을 모래 언덕에 심어 움이 돋을 리 없다'는 것을, '옥으로 새긴 연꽃을 바위에 접붙여 피어날 수 없다'는 것을, '철사로 주름 박은 무쇠 옷이 다 헐지 않다'는 것을, '무쇠 황소가 쇠나무 산 쇠풀을 먹을 수 없다'는 것을 모를 리 없습니다. 제 아무리 용을 쓴대도 막을 수 없지만 자신은 결코 보낼 수 없다는 표현입니다. 그것은 '천년을 외로이 살아간들 믿음을 잃지 않겠다'는 신념이요, 강건한 의지의 변장일 뿐입니다.

〈사모곡〉도 이러한 경우지만 '밑 빠진 동이에 물이 괴거든', '용가마에 삶은 개가 멍멍 짖거든', '냇가에 풋자갈이 왕바우가 되면'…같은 불가능한 상황을 전제로 제시한 민요는 헤아릴 수조차 없이 많습니다. 이는 현재의 삶에 대한 강한 애착의 반증입니다.

고려는 몽고의 침입 후, 백성들로서는 가슴 미어지는 나날이 이어졌습니다. 내우외환이 따로 없습니다. 더욱이 전쟁 한가운데에서 이러지도 저러지도 못하는 것이 당대 여성들 삶입니다. 하지만 고려 여인들은 한 발자국도 물러서지 않습니다.

그것은 세상을 살아내는 자존이기 때문입니다. 고려속요를 궁중에서 개작했다고 하지만, 고려속요는 이렇게 고려 백성들 것이었습니다.

이 노래는 『악장가사』, 『악학편고』, 『시용향악보』, 『금합자보』에 전합니다. 아쉬운 것은 〈정석가〉를 고려속요라 단정할 수 있는 근거는 없다는 점입니다. 그러나 형식적 특징과 주제 및 정조로 보아 속요와 엇비슷하기에 고려속요로 간주합니다.

"구슬이 바위에 떨어진들 …믿음이야 그치리잇가" 6연은 〈서경별곡〉 2연에도 보입니다. 저 노래의 좋은 구절을 이 노래에 끌어다 놓은 것입니다. 이러한 것으로 미루어 고려속요는 여러 노래들이 서로 이웃함을 알 수 있습니다.

12장

고려속요와 경기체가는 다르다

고려속요와 경기체가는 노래를 만들고 부르는 주체가 다릅니다. 고려속요가 민요에 기원을 두면서 고려 백성들이 부른 노래라면 경기체가는 양반 귀족들이 향락과 부요한 삶을 노래하였습니다.

〈한림별곡〉은 경기체가로 『악학궤범』과 『악장가사』에 국한문으로, 『고려사』「악지」에 한문과 이두로 각각 실려 전합니다. "그 장면이 어떻습니까?(景긔엇더ᄒ니잇고)"라는 구절이 있어 경기체가라고 합니다. 『고려사』「악지」에 "이 곡은 고종(高宗, 1192~1259) 때 한림원의 여러 학자들이 지었다(此曲 高宗時 翰林諸儒 所作)"라고 하였습니다만, 일부 학자에 따라 14세기까지로 보는 견해도 있습니다. 따라서 〈한림별곡〉은 분명 우리 고려 노래입니다만, 고려 백성들이 부른 고려속요는 아닙니다. 굳이 분류하자면 고려 벼슬아치인 한림들이 창작한 '고려궁중요' 정도로 보면 타당합니다.

속요는 '당대'를 살아갔던 고려 백성의 애환을 담아냈습니다. 그러나 저 〈한림별곡〉에서는 그러한 백성들을 전혀 찾을 수 없습니다. '별곡(別曲)'이 중국 가곡을 정곡(正曲)으로 간주하고 이에 대하여 우리 노래를 지칭하는 말이지만 말입니다.

고려속요를 고려가요라고도 하니, 이에 대해 잠시 설명을 덧붙입니다. 『시경』을 보면 '가(歌)'는 악기의 반주를 수반하고 '요(謠)'는 반주 없이 부른다고 하였습니다. 기록으로 남아 있는 대부분의 고려 노래는 민중들이 입으로 불러 전했기에 '요'입니다. 중국 노래인 당악(唐樂)에 대하여 우리나라 노래라는 의미로 속요(俗謠)라고 부른 것입니다. 그러니까 처음에는 '요'였다가 점차 악기를 쓰는 가요로 된 것입니다.

다시 돌아와 〈한림별곡〉은 한림들의 노래입니다. 『지봉유설』의 기록을 보면 '고려 때부터 한림을 가장 중히 여겨서 사람들이 바라기를 영주(瀛洲,신선이 사는 곳)에 오름과 같이 여긴다'고 하며 이른바 '한림 잔치[翰林宴]'라는 말까지 합니다. 그러나 한림(翰林)은 사실 왕의 명령을 받아 문서를 꾸미는 일을 맡아보던 관리에 지나지 않습니다. 즉 글을 잘 짓는 이들을 모아 놓은 곳이 한림원이고 이들이 한림입니다. 이런 한림을 신선에 비겼습니다. 벼슬이 높고 낮음보다는 글을 숭상해서입니다.

6연의 악기 자랑에 등장하는 옥기향이란 여인을 주목해 봅니다. 이 여인, 보통기생이 아닙니다. 최충헌의 장남으로 무인정권의 최고 실권자 최이(崔怡)가 사랑하는 기생입니다. 아마도 이 여인이 가야금을 잘 탔나 봅니다만 행실은 썩 좋지 않습니다. 웬일인지 최이는 이 여인을 자기가 미워했던 차척(車倜)에게 줘버립니다. 차척은 최충헌에게 붙어 아첨을 잘하여 권세를 누리다가 최이가 유배를 보낸 자입니다.

누가 사랑하는 사람을 행실이 좋지 않은 사람에게 주겠습니까. 그런 품행이 좋지 않은 여인과 사람들이 추앙해 마지않는 한림들이 놀아납니다. 한림이라면 글하는 선비입니다. 붓으로 오악을 누르는 기개를 펼치지 못할지라도, 흔들리는 나라를 나 몰라라 팽개쳐서는 안 됩니다. 저와 제 식구들을 배불리 먹도록 준 왕의 녹봉은, 당대 고려 백성들이 피땀

흘려 지은 농사입니다.

영 모양새가 아닙니다. 남의 눈비음하듯이 글비음으로 벼슬살이를 한다는 것을 어찌 이해하겠습니까. 그러니 저들의 〈한림별곡〉은 학자로서 영혼을 빼앗기고 벼슬아치로서 껍질만 남은 이들 노래일 뿐입니다. 평생 벼루 열 개를 구멍 내고 붓 일천 자루를 몽당붓으로 만드는 학자들이 갖는 최고의 진실은 지조여야 합니다. 저 한림들에게는 여드레 삶은 호박에 도래송곳도 안 들어갈 소리지요.

동방의 주자로 부르는 퇴계 이황(李滉, 1501~1570)은 "〈한림별곡〉과 같은 유는 글하는 사람의 입에서 나왔으나, 교만하고 방탕하며 여기에 점잖지 못하고 장난기까지 배어 있어 더욱 군자가 숭상할 바가 아니다"라고 진작에 배척하였습니다.

7연을 넘어가 〈한림별곡〉 8연을 봅니다. 이 8연은 도저히 왕궁악으로도 한림들의 연희용 노래로도 안 어울립니다. 〈한림별곡〉 8연은 아무리 보아도 한림이 아닌 벼슬이나 탐하는 자들이 왕과 무신들 앞에서 혀로 연주하는 달콤하고도 퇴폐적인 오르가즘일 뿐입니다. 이미 환부를 도려낼 수 없을 정도의 부조리한 종양덩어리입니다.

이 장을 가지고 몽고의 성풍속이 들어와 그렇다고 보는 견해도 있습니다만 그렇지 않습니다. 낯 뜨거운 남성들 간의 동성애를 다룬 노랫말이기 때문입니다.

이러한 시기이기에 '송도가 망하려니까 불가사리가 나왔다'라는 노래도 나왔습니다. 불가사리는 바다에 사는 별 모양의 생물이 아닙니다. 불가사리[不可殺伊]로 쇠 먹기를 떡 먹듯 하는 상상 속의 동물입니다. 『대동운부군옥』에는 곰의 몸, 무소의 눈, 코끼리의 코, 소의 꼬리, 범의 다리를 닮았다고 합니다. 따라서 이 말은 어떤 좋지 못한 일이 생기기 전에 불길한 징조가 나타남을 이르는 말로 쓰입니다.

당시 이런 이야기도 떠돌았습니다. 송도 사는 한 과부 몸에서 나온 딱정벌레가 바늘을 삼키더니 이윽고 집안의 쇠붙이까지 모조리 먹어버렸습니다. 딱정벌레는 개만큼 자라고 괴물로 둔갑하며 나라 안의 모든 쇠붙이를 먹어버리고 죽지도 않는 공포의 대상이 됩니다.

이 불가사리가 고려의 멸망을 예언하는 노래에 등장한 것입니다. 이러한 노래를 참요(讖謠)라고 합니다. 시대의 변화나 정치적 징후를 예언하거나 암시하는 민요입니다.

"계림은 누른 잎이요, 곡령은 푸른 소나무(鷄林黃葉 鵠嶺靑松)"라는 참요가 있었습니다. 신라(계림) 멸망과 고려(곡령) 건국을 미리 예견한 노래였습니다. 이 노래가 불린 얼마 후인 918년 고려가 건국됩니다.

다시 300여 년 흐르고 불가사리 운운의 참요가 돌아다니는 겁니다. 우왕(禑王) 14년인 1388년에는 '목자득국(木子得國)'이라는 노래가 불립니다. '이씨 성(李氏姓)을 가진 자가 나라를 얻는다'는 뜻입니다. 4년 뒤인 1392년, '이씨 성'을 가진 이성계가 조선을 건국합니다.

지금의 〈정선아라리〉도 저 시절과 관련됩니다. 이 노래에 얽힌 전설은 이렇습니다. 조선 건국 후 강원도 정선 땅에 7인의 고려 유자들이 지조를 지키려 머물러 그 이름도 '거칠현동'이라는 곳이 있습니다. 이들이 부른 노래가 〈정선아라리〉가 되었다고 합니다. 그 증거가 〈정선아라리〉의 "눈이 올라나 비가 올라나 만수산 검은 구름 막 모여 온다"라는 구절입니다. 눈이나 비가 오려는 암울한 상황은 고려 말의 쇠퇴해가는 국운이요, '만수산'은 고려의 도읍지인 개경의 뒤에 있는 산이니 이 산에 검은 구름이 모여 온다함은 조선의 건국을 예견하는 것이라는 이야기입니다.

저 시절에서 다시 505년 뒤, 1897년 조선은 공적인 문서에서 사라지고 대한제국이 건국됩니다만 1910년 일제에게 나라를 빼앗기고 맙니다. 이 시절 불가사리가 다시 등장합니다. 소설 〈불가살이전〉입니다. 혹 우리 주변에도 불가사리가 없는지 살펴볼 일입니다. 역사란 늘 '아차!' 하는 순간 도돌이표가 그려져서입니다.

13장

고려속요는 노동이다

고려속요는 대부분이 노동 노래입니다. 〈서경별곡〉은 이별 노래지만 그 속엔 노동이 들어있습니다. 『악장가사』에 전문이, 『악학편고』와 『시용향악보』에 첫 부분이 기록되어 있으며 『익재난고』 「소악부」에는 한역되어 전합니다. 〈청산별곡〉과 더불어 궁중악장 가운데 대표적인 속악의 하나로 조선 전기까지 궁중에서 애창되었지요. 1~4장까지가 〈서경노래〉, 5~8장까지가 〈구슬노래〉, 9~14연까지가 〈대동강노래〉입니다. 이렇게 세 노래가 합쳐진 것은 궁궐에서 속요를 채집하다가 편집했음을 말해줍니다. 〈구슬노래〉는 〈정석가〉 마지막 연과도 같습니다.

『고려사』의 「악지」 '서경' 항에는 서경 사람들이 "예절과 겸양을 익혔으며 임금과 어버이, 어른을 공경하는 도리를 알았다"라고 적어 놓을 만큼 예를 중시하는 고장이었습니다. 서경(西京)은 개경의 서쪽에 있는 서울로, 오늘날 평양이고 그 앞을 흐르는 것이 대동강입니다. 서경에서 남으로 내려오려면 이 대동강을 건너야 합니다. 당연히 대동강은 보내는 이와 떠나는 이의 이별의 눈물을 흘리는 상징적인 곳이 되었습니다. 그렇다면 대동강은 '여성'이고 떠나는 배는 '남성'입니다. 최자(崔滋, 1188~1260)의 〈삼도부〉를 통하여 당시의 대동강변을 살펴보겠습니다.

유람하는 곳은
푸른 바다에 걸터앉은 다경루
반공에 우뚝 솟구친 청원루
부벽루는 호탕한 강을 임하였고
영명사는 시렁에 얹힌 듯
뭇 물줄기 모여드니
강 이름이 대동이라
해맑고 굼실굼실
번쩍여 출렁출렁
호경(서주의 도읍지)을 안고 풍수(호경을 지나는 강)를 모아온 듯
깨끗하긴 흰 비단을 펼친 듯
해맑기는 청동거울이라
양편 언덕 수양버들은
온종일 춤바람이니
질펀한 모래, 넓은 들에
날아 우는 기러기들
푸른 산인 성곽을 둘러
사면이 우뚝 솟았는데
가랑비에 도롱이 쓴 어옹들을 굽어보고
석양녘 피리소리
목동들 피리소리 멀리 들리네
그림으론 비슷하게도 어려워
노래로도 다 읊을 수 없어라
어기여차! 닻줄을 풀고 난배를 띄워
중류에서 머리를 휘 돌아 보니
황홀하니 거울 속, 병풍 속에 놓여 있는 듯

우리 도읍의 풍광이
참으로 천하제일 아닌가.

정지상의 뛰어난 이별시인 〈송인〉도 서경의 대동강을 배경으로 합니다.

비 개인 긴 언덕에는 풀빛이 푸른데 　　雨歇長堤草色多
그대 보내는 남포에는 슬픈 노래만이 　送君南浦動悲歌
대동강 물은 그 언제 다 마르려는가 　　大同江水何時盡
이별 눈물만 해마다 푸른 물결 돋우네 　別淚年年添綠波

둘째 행의 '남포(南浦)'는 중국 복건성 포성현 남문 밖에 있는 지명입니다. 강엄(江淹)이 "그대를 남포에서 보내니 상심을 어이할꼬(送君南浦 傷如之何)"라 노래 부른 게 유명세를 타 이별하는 곳의 대명사처럼 쓰이게 되었습니다.

〈서경별곡〉은 조선 성종 때, 그 가사가 '남녀상열지사'라 하여 바뀌었습니다. 그런데 『고려사』의 「악지」 '서경' 항에는 좀 생각해 볼 만한 부분이 있습니다. 인용하면 "어진 사랑으로 베푼 은혜에 충만하고 이를 펴 초목에까지 미쳤다. 비록 꺾인 버들이지만 또한 새싹 날 뜻이 보인다"라고 이 노래를 지은 이유를 밝혀놓았습니다. 비록 이 '서경' 항이 〈서경별곡〉에 대한 것이 아니라 '서경'이란 다른 노래일지라도 의미하는 바는 적지 않습니다.

이별을 함으로써 꺾인 버들이 되었지만 새싹 날 뜻이 보인다는 뜻매김으로도 볼 수 있습니다. 결코 이별을 절망과 시련으로만 보지 않고 후일 다시 사랑하는 사람을 만날 희망을 포기하지 않겠다는 뜻입니다.

그럼 왜 이별을 하였을까요? 〈서경별곡〉 1연은 그 단서를 알려줍니다. "닦은 곳 아즐가 닦은 곳 작은 서울"에 주목을 해봅니다. 닦은 곳과 작은 서울은 서경인 평양에 궁궐을 지었다는 의미입니다.

여기서는 평양성을 닦는 부역으로 볼 수 있습니다. 그러니 〈서경별곡〉은 노동을 전제로 한 이별 노래인 셈입니다. 당시에 백성들은 세금뿐 만이 아니라 숱한 부역의 짐을 졌습니다. 1167년, 의종 왕 시절 일로 『고려사절요』 제11권에 보이니 대략 이러한 내용입니다.

> 정자를 건립하려 부역 나온 역군은 제 각각 본인이 식량을 싸 오게 하였다. 한 역군이 매우 가난해서 먹을 것을 마련하지 못하자 다른 역군들이 밥 한 숟가락씩을 나누어 주어 먹였다. 하루는 얻어먹기만 한 역군의 아내가 음식을 갖추어 가져와 다른 역군들과 나누어 먹으라고 하였다. 집이 가난한 역군은 아내가 음식을 장만해온 것을 이상히 여겨 "다른 남자와 관계하고 얻어 왔소? 아니면 남의 것을 훔쳐 왔소?"라며 의심하였다. 그러자 아내가 "얼굴이 추하니 누가 가까이하며, 성질이 어리숙하니 어찌 도둑질을 하겠소. 다만 머리를 깎아 팔아서 사 가지고 왔소"라고 하며 머리에 쓴 수건을 벗었다.

아내를 의심했던 역군도 함께 일하던 역군들도 모두 이 광경을 보곤 자신들의 신세를 한탄하고 슬퍼한 것은 굳이 쓰지 않겠습니다. 이때 저 역군이 지은 정자가 중미정(衆美亭)입니다. 저 역군과 부역 나온 이들은 다시 정자 남쪽 시내에 흙과 돌을 쌓아 물을 저장하고, 언덕 위에 초가 정자까지 지어놓습니다. 여기에 오리를 풀고 갈대까지 심어놓습니다.

완연히 아름다운 강호의 경치이지요. 이렇게 먹지도 못하고 만들어 놓은 정자에서 현종 왕은 여러 신하들과 배를 띄우고 뱃노래와 어부노래를 부르게 하며 마음껏 즐깁니다.

왕이 살고 신하들이 머무르는 곳인 궁궐도 그렇습니다. 이곳을 지은 이는 일반 백성입니다. 백성들이 힘들여 닦아놓은 궁궐이련만 백성들은 이곳에 들어가지 못합니다. 어이 없는 것은 오히려 같은 처지의 사람들이 들어가지 못하게 보초를 섭니다. 들어갈 때가 있긴 있습니다. 보수공사를 할 때입니다. 저제나 이제나 동일합니다. 청와대를 짓고 국회 의사당을 지은 노동자들이 제가 지은 집 안에서 노니는 것은 보지도 듣지도 못했습니다.

부역에 끌려간 사람들은 힘든 노동을 참으려 노래를 불렀습니다. 또 부역을 나가려면 제 사는 곳을 떠나야 하니 모든 이와 이별을 해야 합니다. 가는 자와 남는 자 사이에는 언제나 슬픔이 흐르게 마련입니다. 〈서경별곡〉은 이러한 때 부르는 노래입니다.

동이에 대해서도 한마디 해야겠습니다. 꼬리가 없거나 매우 짧아 땡갱이, 댕갱이, 댕댕이, 댕견 등으로 불린 동이는 삽살개와 함께 고려의 토종개입니다. 고려인들은 매와 개를 좋아하여 충선왕이 세자 시절 박의(朴義)에게 "언제나 매와 개로 우리 임금을 따라 다니며 아첨하는 자가 이 늙은 개다"라는 기록이 『고려사절요』에도 보일 정도입니다.

조선시대에도 "개를 여남은이나 기르되 요 개같이 얄미우랴. 미운 임 오면은 꼬리를 홰홰 치며 치뛰락 나리뛰락 반겨서 내닫고…"라는 사설시조가 있습니다. 경상남도 거창엔 "개야개야 짖지말아 받은밥상을 너를주마 담넘어짐(김)도령 담넘어올제 짖지말라고 밥을준다"라는 재미있는 민요도 있습니다. 그만큼 개는 우리네 삶과 함께 했습니다.

14장

고려속요는 유랑 노래이다

고려속요는 유랑하는 삶을 노래합니다. 〈청산별곡〉은 바지락을 먹을 때 자분자분 씹히는 잔모래처럼 무언가 깔끄럽고 손톱에 박힌 가시처럼 가슴 아픕니다. 구절구절, 마디마디, 유랑하는 삶의 통점이 진행형입니다. 아마도 고려 여성들이 알살로 이 세상과 부딪치며 살아낸 몸의 노래여서인 듯합니다.

〈청산별곡〉의 어휘와 악기, 연주법 등에 귀를 기울이면 유랑하는 삶을 만납니다. 바로 바다와 산, 후렴구와 악기 등이 그 반증입니다.

먼저 바다와 산입니다. 우리가 사는 이곳, 골치 아픈 이곳에서 떠나고 싶다 하면 으레 바다 아니면 산입니다. 선인들은 '어진 자는 산을, 지혜로운 자는 물을 좋아한다'고도 하였습니다. 하지만 〈청산별곡〉의 바다와 산은 그런 곳이 아닙니다. 그들은 산으로 바다로 갔다가 아닙니다. 〈청산별곡〉의 화자는 청산과 바다에 살겠다고 하였습니다만, 청산과 바다를 이상향으로 볼 수는 없기 때문입니다.

고려 백성들은 몽고군만 무서운 것이 아니었습니다. 세금이 또 하나의 적이었습니다. 왕에게만 세금을 바치는 것이 아니고 별도의 세금인 별공(別貢)도 내야 했습니다. 여기다 부역까지 겹치니 이래저래 삶은 고역입니다. 견디다 못한 이들이 떠돌이가 되어 급기야 산으로 바다로 간 것입니다. 이미 고려 제16대 왕 예종(睿宗,1079~1122) 때부터였습니다. 이 노래의 화자도 떠돌이입니다. 그런 떠돌이에게 산과 바다는 하나의 피난처에 지나지 않는 것입니다.

산에서 정처 없는 발길을 옮긴이들은 바다로 갑니다. 이제 허기진 배를 나문재와 굴조개로 달래봅니다만 배부를 리가 없습니다. 어디선가 나타난 광대패의 무리 중, 사슴으로 분장한 사람이 슬픈 해금을 켭니다. 매운 세상에 매운 누룩으로 담근 독한 술 한 잔으로 허기를 달래고 또 떠납니다. 하지만 저들은 갈 곳이 없습니다. 어디로 가야하나? 다시 청산으로? 아니면 ….

그 어느 곳으로든 고려 백성들은 발길 따라 가지만 희망의 끈만은 절대 놓치지 않았을 거라는 생각입니다. '얄리 얄리 얄라셩 얄라리 얄라'가 이러한 괴롭고 원망스런 세상을 시름으로 살아내는 백성들에게 꿈과 희망을 잃지 말라고 되풀이하여 힘을 주는 노랫말이기 때문입니다. 이 노랫말이야말로 살아갈수록 수미산인 인생들을 고통스런 삶에서 건져주는 흥의 소리라고 생각합니다.

'흥에 띄다'라는 말이 있듯이 흥은 마음을 슬며시 달뜨게 하는 그러한 것입니다. 이 흥이 세상을 살아내는 이로서 흥이 나서 부르는 것이 아니라 흥을 내려 부르는 노랫가락입니다. '얄리 얄리 얄라셩 얄라리 얄라'와 같은 노랫가락은 엮고 휘이고 흥청거리는 가운데 사람들의 흥을 돋우어 줍니다. 굽도 접도 못하는 인생들이지만 그 고통을 딛고 일어나 춤을 추고 발을 구르게 만드는 것, 그것은 세상을 딛고 '다시 한번 살아보자'라는 굳은 다짐장입니다.

이제 〈청산별곡〉의 화자를 살펴보아야 합니다. 청산이 사내라면 바다는 여인입니다. 3연에서 '갈던 사래'는 밭이랑의 길이입니다. 아마도 노래의 주인공인 사내는 농사를 지었나봅니다. 그러나 이끼가 낀 것으로 보아 농사를 짓지 못한 지 꽤 시간이 흘렀습니다. 그렇게 떠돌다 산으로 들어갔지만 그래도 못내 저 시절이 그립습니다.

다음은 바다이니 화자는 여인입니다. 외딴 부엌이 나옵니다. 누룩이 매워 불룩한 술독에 매운 술을 빚는다고 합니다. 아마도 술을 주고 싶은 그 누군가가 있나 봅니다. 고려속요에서 술이 보이는 곳은 세 군데입니다. 〈동동〉에서는 신에게 바치는 제의적인 성격이라면, 〈한림별곡〉에서는 더할 수 없는 향락의 극치입니다. 그러나 〈청산별곡〉에서는 고독한 삶을 사는 여인이 담는 괴로움을 달래 주는 극히 인간적인 술입니다.

산이 사내라면 바다는 여인이라 했습니다. 그렇다면 함께 살아야 하거늘 사내와 여인은 각기 다른 길을 갑니다. 사내는 올 사람도 갈 사람도 없는 밤을 걱정하고 여인은 외로운 부엌에서 사슴으로 분장한 광대의 깡깡이를 듣는 것이 전부입니다. 자그만 공명통에서 울리는 깡깡이(해금) 소리는 슬픈 한숨입니다.

사내든 여인이든 곁에 아무도 없습니다. 절대적인 고독입니다. 하지만 저들은 '돌을 맞아도 미워할 이도, 사랑할 이도 없다'고 하였습니다. 세속의 모든 애증을 떠났다는 말입니다. 애증을 떠난다함은 이미 고통스런 현실에서 일어섰다는 의미입니다.

지금도 어려운 이들은 그렇지만, 저 이들의 삶에는 인생의 휴지(休止) 부호가 없습니다. 그래 방점은 늘 살아내는 삶에 찍혀있습니다. 바다와 산 그 어느 곳도 저들에게는 몸을 쉴 수 있는 안식처가 못되는데도 말입니다.

이제 후렴구를 보겠습니다. 〈청산별곡〉은 리듬감이 좋습니다. 물론 가사도 썩 좋지만 후렴구는 더욱 이 속요를 아름답게 만들어 줍니다. 후렴구는 요즈음 노래에서도 흔히 볼 수 있습니다. 'baby', 'hey' 등 영어 추임새가 그것입니다. 이 후렴구는 모두 따라 부르기 쉽기에 그 속에 힘이 있고 흥이 납니다.

〈청산별곡〉 가사는 슬픈데도 왜 그런지 명랑하게 들리는 것은 후렴구 '얄리 얄리 얄라셩 얄라리 얄라'가 공명음이라 그렇기도 합니다. '얄리 얄리 얄라셩 얄라리 얄라' 읽어 보면 그 꺾임과 청각을 통해 전해오는 가락을 느낍니다. 율격이 있어서 그렇습니다. 율격은 귀로 들어와 우리 감정에 무언가 변화를 보이고 곧 온몸으로 퍼집니다. 이는 율격의 운동감, 즉 물결 같은 파동에서 비롯합니다. 운동감은 한 줄의 가사 내에서 음보나 음수율로 결정됩니다. 일반적으로 음보의 반복이 많아질수록 더 빨라지며 반복이 적어질수록 느리게 됩니다. 음수율도 적은 것은 빠르고 많으면 느려집니다. 적은 음보와 많은 음수율은 장중하고 안정된 느낌을 주며, 반면에 빠른 음보와 적은 음수율은 경쾌함을 주고 흥을 불러일으킵니다. 우리 심장 박동과 유사합니다.

〈청산별곡〉의 어두운 가사가 건네는 침울함에서도 건강한 흥을 얻고 힘을 내는 이유는 후렴구의 빠른 음보와 적은 음수율이 빚어내는 경쾌함에서 비롯된 것입니다. 이 경쾌함이 그대로 몸으로 전달되고 어려움을 딛고 일어서게 하는 힘을 주는 것입니다. 고려속요를 몸의 노래라고 하는 이유는 이 율격에서도 이렇게 찾을 수 있습니다.

또 '얄리 얄리 얄라셩 얄라리 얄라'는 그 조음상 다양하게 해석할 수 있습니다. 사실 무언가 속에서 웅어리진 마음을 내뱉는 욕이라 해도 괜찮습니다. 또 우리 민족의 영원한 노래인 아리랑의 어원이라 해도 좋습니다. 욕이라면 카타르시스와 연결될 것이고 아리랑이라 하면 전통성과 이어지며 끈끈한 삶을 보여줍니다.

『시용향악보』에 실려 있는 무당노래인 〈대국(大國)〉과 연결하면 더욱 흥미롭습니다. 〈대국〉은 흥미롭게도 후렴구가 〈청산별곡〉과 정확히 일치합니다. 〈대국〉은 나라의 안녕과 태평을 성황신에게 기원하는 축원을 담은 노래입니다. 3장으로 되어 있는데 1장과 3장만 보겠습니다. 별대왕이 성황신입니다.

술도 좋더라 들어라
고기도 좋더라 들어라
어쩌다 별대왕(別大王) 들리셨는데
사백장난(四百瘴難, 온갖 병)을 아니 없애버리실까
얄리 얄리 얄라 얄라셩 얄라   〈대국〉 1장

대국(大國)도 소국(小國)이로다
소국도 대국이로다
소반(小盤)에 담으신 홍모란(紅牧丹)
섞이어 놓고 싶습니다
얄리 얄리 얄라 얄라셩 얄라   〈대국〉 3장

별대왕에게 술도 고기도 좋으니 잘 먹고 대신에 온갖 병을 없애달랍니다. 3장은 큰 나라나 작은 나라가 같답니다. 소반 안에 든 홍모란도 큰 나라 작은 나라 구별하지 말고 섞어 놓잡니다. 세상 근심을 눙치며

어울렁더울렁 살아보자는 말입니다.

이 노래가 성황당에게 기원하는 노래이기에 여기서 "얄리 얄리 얄라 얄라성 얄라"는 아무런 뜻이 없는 여음구라기보다는 '나무아미타불 관세음보살'이나 '아멘'처럼 일종의 마음을 모아 기도하는 주문입니다. 사실 같은 무당노래인 〈성황반〉에도 "다리러다로리 로마하 디렁디리 대리러 로마하 도람다리러 다로링 디러리 다리링 디러리"가, 〈내당〉에도 "다로림 다리러"가, 〈대왕반〉에도 "디러렁다리 다리러디러리"가 보입니다. 의미 없는 여음이나 악기 반주를 맞추기 위한 소리로는 너무 길기에 부르는 이의 마음이 그 속에 자연히 담기지 않을 수 없습니다. 이렇게 이해한다면 〈청산별곡〉이나 다른 속요의 후렴구는 자신의 삶을 간절한 마음에 담아 챙겨보려는 의지를 담고 있는 구절입니다.

"얄리 얄리 얄라 얄라성 얄라"는 몽고어로 "이기자 이기자 이긴다 이기리라 이겨"라는 의미도 됩니다. 저 시절 몽고와 고려의 관계로 본다면 연결시킬 수 있는 뜻입니다. 이렇게 본다면 〈청산별곡〉의 지은이는 자연 병사가 될 수 있고 후렴구 또한 이기려는 염원이 담긴 것입니다. 군인들에게는 군악이 있습니다. 전쟁 때 부는 나팔소리는 적에겐 패망을, 아군에겐 '힘내!'라는 주술적인 힘을 넣어줍니다. 삼별초군이 진해에서 몽고군과 김방경이 이끄는 군대와 싸울 때에도 노래를 부르며 목숨을 걸었습니다.

그러나 화자가 무당이든, 병사이든 상관없습니다. 모두 고려 백성이기는 마찬가지요, 저마다의 간절한 염원을 저 후렴구에 담았다한들 크게 어긋나지 않아서입니다.

악기도 좀 챙겨보아야겠습니다. 사슴으로 분장한 사람이 켜는 해금

(奚琴)은, 본래 돌궐족의 무리인 해족(奚族)이 켰던 악기에서 유래합니다. 〈한림별곡〉 6연에 보이는 종지혜금(宗智嵇琴)도 이 악기이며 깡깡이라고도 합니다. 작은 통 위에 대를 세워 자루를 삼고 거기다 2현을 밑으로 늘였으며 말총으로 된 활로 그 두 줄을 켜는 현악기입니다. 몽고인들은 이 악기를 장례 때나 전쟁에서 즐겨 사용하였고 그들에 의해 고려에 들어와 널리 퍼졌습니다.

이 악기가 노래를 부르는 화자의 고독을 잘 보여줍니다. 우리 국악기 연주법에 농현(弄絃)이 고독과 연결됩니다. 농현은 현악기를 연주할 때 왼손으로 줄을 짚고 흔들어서 여러 가지 꾸밈 음을 나타내는 기법입니다. 우리 전통음악에서 선율을 이루는 앞이나 뒤에서 그 음을 꾸며주는 장식음인 시김새가 이 농현입니다.

시김새는 음길이가 짧은 잔가락, 올라가는 음, 내려가는 음, 꺾어지는 음을 일컫습니다. 이 시김새는 삭임새에서 왔다합니다. 왜 우리말에 '곰삭다'라는 말이 있잖습니까. 삶을 곰삭혀야만 시김새가 제 멋을 냅니다. 이러한 시김새는 여러 악기가 동시에 연주한다면 그 독특한 음률을 들을 수 없습니다. 이 기법 때문에 우리 국악에 독주가 많은 것입니다. 해금은 이 시김새와 잘 어울리는 악기입니다. 악기 소리도 거친 콧소리가 납니다. 그런데 사슴으로 분장한 사람은 광대이지만 무리와 떨어져 홀로 석간에 올라가 이 해금을 켭니다. 아픈 삶을 곰삭혀 이 세상을 살아내보려는 욕망을 저기서도 엿볼 수 있습니다. 〈청산별곡〉에서 민중성과 저항성을 찾을 수 있는 것도 이에 연유합니다.

마지막을 〈청산별곡〉의 여성화자가 허기를 달랜 나문재로 마칩니다. 나문재는 나마자기, 해이, 경징이풀 등으로 부르는 명아주과에 속하는

새롭게 상상하는 고려속요 | 281

1년생 풀입니다. 아랫도리가 아주 붉은 해초로, 강화도에서는 '경징이풀'이라 그렇다고들 합니다.

1636년 청나라가 조선을 침입하였습니다. 병자호란입니다. 이때 영의정 김류의 아들 김경징(金慶徵, 1589~1637)이란 자가 강(화)도검찰사였습니다. 피란민들은 강화도로 몰려들었으나 김경징은 제 가족들만 건네주었습니다. 피난민의 대부분은 여인이었습니다. 반은 뒤쫓아 오던 청나라 병사들에게 처참한 죽임을 당했고, 반은 강화도를 휘감아 도는 물속으로 치마를 뒤집어쓰고 뛰어들었습니다.

개펄은 붉은 피로 물들었습니다. 나문재나물은 붉은 색입니다. 그때 사람들이 죽으면서 "경징아! 경징아!"를 부르며 죽어 갔다 하여 나문재나물을 '경징이풀'로 부른 것입니다. 되풀이되는 역사 속에서 식물조차도 제 이름에 역사를 저렇게 묵새겨놓았습니다.

지금도 '나문재나물'을 무쳐 먹습니다만 저 시절엔 배곯는 굶주림을 저 해초로 잠시 속여 두었으리라 생각하면 마음이 아픕니다.

고려속요는 이렇게 유랑하는 삶을 담아낸 노래입니다.

고려속요 독법

몸의 노래로 쓴 고려의 문학이요, 역사. 바로 고려속요이다. 고려속요는 이 세상을 살아내기 위해 고려인들이 몸으로 부른 민간의 노래이다. 한 천재가 써놓은 잘난 문학작품도 아니요, 한 뛰어난 영웅이 만들어 놓은 역사도 아니다. 그렇다고 허연 백지에 파리 대가리만한 검은 먹물방울로 기록해둔 맹문이 문서는 더욱 아니다. 고려속요는 노랫말 한 자 한 자 속에 들어있는 고려인의 몸의 노래이다.

역사가 카알 베커는 "모든 사람은 각자가 나름대로 역사를 쓰는 법"이라고 했다. 그렇다면 이 땅이 종이이고 저 사람들의 삶이 역사이고 저 사람들의 노래가 문학이다. 고려속요를 몸의 노래로 쓴 고려의 문학이요, 역사라 함은 이를 말한다. 고려속요에서 우리는 이름 없는 고려 백정들의 목소리를 들어야하고, 이름 없이 살다간 어느 돌이가 만들고 이름 없이 살다간 어느 달님이가 부르는 목소리를 들어야하는 이유가 여기 있다.

고려속요는 조선식으로 변형되었다

현재 우리가 문헌으로 접하는 고려속요에 대한 정의는 꽤 고심이 필요하다. 우리가 보는 고려속요는 백성들이 몸으로 살아내고자 부른 노래를 궁중의 속악으로 전용하는 과정을 거쳐 변형·정착된 노래여서이다. 이 과정에 기녀와 궁중 악사가 적극 개입하여 백성들 민요를 궁중으로 날라 개사, 혹은 편곡하였다. 개사와 편곡은 궁중에 맞게 가사와 곡조를 바꾼 것이다. 이 개사, 혹은 편사는 조선시대로 들어와 성종, 중종 때에도 이루어졌다. 따라서 현재의 고려속요는 '『악학궤범』,『악장가사』,『시용향악보』,『고려사』「악지」 따위에 남아 있는 고려시대 노래로 민요에 기원을 두면서 궁중의 연향에 사용할 목적으로 윤색하고 개작한 시가'정도로 정의할 수 있다.

하지만 고려속요가 궁중악으로 불렸든 아니든 간에 고려 백성들의 민요를 바탕으로 이루어진 것임에 틀림없다. 김소운 선생은 일찍이 그의『언문 조선구전민요집』(1933) '서'에서 "민요는 한 민족 정서 생활의 첫 기록, 갓난아기의 첫 울음 소리"라고 하였다. 민요와 민족의 친연성, 문자 이전의 구비전승에 유의한 발언이다. 현재 구비전승문학은 가장 열등하나 세계 어느 나라 어느 민족이든 최초의 문학은 이 구전문학, 특히 민요였다. 따라서 외우기 좋은 구전 가요가 발달하였으니 이것이 민요로, 모든 문학의 태반이 된 것이다.

그래 고려의 민요는 고려인의 소박성, 순결성, 진솔성, 음악성 등을 깊이 담아낸 가락이요, 농경생활과 세시풍속, 향토오락, 민간신앙 등을 노랫말에 담아낸 역사이다. 우리 삶의 역사이기에 궁중의 저들 뿐 아니라 이름 없는 백성들도 당당히 역사의 일원임에 틀림없다.

특히 피지배층이 만든 민요는 희로애락애오욕이라는 인간의 칠정이 날것 그대로인 노랫말이다. 3소리걸음, 혹은 4소리걸음의 분절, 반복,

나열형 노랫가락으로 이루어진 생활밀착형 노래가 생생한 반증이다. 노랫말은 입말이기에 지속성과 변이, 적층이 자유롭다. 적층이란, 오랜 세월에 걸쳐 많은 사람들이 만들어 전승하였다는 의미이다. 그러니 자연민요는 민족의 냄새가 물씬 풍기는 노래이다.

또 노랫가락에는 순간성과 창자와 청자의 주고받는 놀음인 흥이 응축되었다. 따라서 문헌으로 적힌 노랫말, 즉 노랫가락 없는 노랫말은 이미 온전한 민요라 부를 수 없다.

고려속요는 정치라는 체로 쳐낸 분말이다

고려속요는 조선의 이념인 유교라는 체로 쳐낸 분말이었다. 조선 왕조는 고려의 노래를 그대로 수록하지 않았다.

고대부터 음악은 정치권력과 뗄 수 없는 관계다. 종교와 정치적 권력이 분리되지 않고 한 사람에게 집중된 제정일치사회(祭政一致社會)는 동서를 막론하고 역사의 시작이다. 이 제정일치사회에서 음악은 권력자가 초자연적인 존재의 힘을 빌어 재앙을 물리치는 주술적인 힘이다. 음악이 보이지 않는 비물질성으로 되어 있어서다. 그러나 음악은 보이지 않으면서 분명 인간의 마음에 작동한다. 기쁨을 주고, 슬픔을 주고, 힘을 주는, 영혼의 움직임, 즉 주술성이 음악이다.

따라서 고려속요 성립과정은 고려와 조선이라는 왕조 교체를 꼭짓점으로 잘 살펴야 한다. "문학작품에서 정치는 음악회 중간에 들린 총소리처럼 매우 시끄럽고 속된 것이지만 우리가 관심을 가지지 않을 수 없는 그런 것이다." 스탕달(Stendhal, 1783~1842)의 이 말은 이런 의미에서 곰곰 음미할 필요가 있다. 고려속요에 고려말 조선초라는 정치역학이 그림자처럼 숨어있어서다. 그림자란, 고려에서 조선을 보면 역적이고 조선에서 고려를 보면 망국이란 말이다.

그러나 역사는 승자의 전리품이다. 패자는 승자의 역사에서 승리의 이유를 제공하는 전리품에 지나지 않는다. 승자인 조선의 기록에다 적어놓은 패자인 고려의 속요는 이러한 정치역학을 고려해야 한다.

성현(成俔, 1439~1504)이 1480년(성종 11년)에 쓴 「장악원제명기」란 글은 이에 대한 적절한 예를 보여준다. 성현은 이렇게 말했다. 그것은 망국인 고려의 음악에 대한 태도이다.

> 신라·고려 시대에 각기 음악이 있어 그 전한 것이 모두 민간 남녀들이 서로 즐겨하는 남녀상열지사였다. 더러는 방탕하게 흘러 지껄이기도 하고, 혹은 애원하고 매우 슬퍼, 저 복수(濮水) 주변의 뽕나무 숲에서 남녀가 은밀히 만나는 음란함과 정(鄭)나라·위(衛) 나라의 어지러운 음악과 다름 없더니, 마침내 말기에 이르러서 임금과 신하가 거칠고 음탕하여 그 나라를 잃었다.

신라와 고려의 음악을 모두 망국의 음악이기에 '남녀상열지사'라 몰아친다. '방탕, 애원, 슬픔'과 '뽕나무밭에서 남녀가 몰래 만나는 음란'함에 비기더니 급기야 정 나라와 위 나라의 타락과 음탕이란 말로 적절히 마무리 짓는다. 이 글만 보면 신라, 고려의 음악은 정녕 몹쓸 노래가 되고 만다.

그러나 이를 문자 그대로 믿어서는 곤란하다. 조선 500년 내내 숭배하다 못해 신격화 한 공자도 『시경(詩經)』을 찬술하며 「정풍(鄭風)」과 「위풍(衛風)」을 넣었다. 「정풍」과 「위풍」은 정 나라와 위 나라의 음악이다. 물론 내용도 남녀관계를 다루었으니 성현의 말로 치자면 바로 '남녀상열지사'였다.

또 문자는 구어(입말)와 문어(글말)로 나뉘고 구어는 아예 보이지 않는다는 사실도 살펴야 한다. 글말에 거짓을 늘어놓은들 거짓임을 전연 할 수 없어서다. 성현의 저 글을 글말 그대로 보지 말아야 하고 말 밖의 뜻을 살필 줄 알아야 한다. 음악이 통치의 수단이요, 성현이 저 글을 쓴 시기는 신라와 고려가 아닌 조선이란 점을 유념해야 한다는 말이다.

신라도 그렇지만 고려가 비록 조선에 비하여 남녀의 관계가 평등하다하나 저런 나라는 아니다. 송나라 사람 서긍(徐兢)이 인종 1년(1123)에 고려에 사신으로 다녀간 후 지은 『고려도경』 제40권, 「동문(同文)」 '유학' 항을 보면 "그 남자들은 예의를 따라 행동하고, 부인들은 올바름과 믿음을 지킨다(其男子出於禮義 婦人由於正信)"라고 하였다.

고려속요의 '남녀상열지사'라는 족쇄는 이미 8장 (해설)에서 살핀 것처럼 성종(재위: 1469~1494)과 중종(재위: 1506~1544)임금시절 정치적 혼란을 적극 고려해야 한다. 썩 좋은 결론이 아닐지라도 고려속요의 '남녀상열지사' 운운은 일종의 음악을 통한 정치 강화책정도로 볼 수 있다는 말이다.

여기서 잠시 훈구파(勳舊派)와 사림파를 살필 필요가 있다. 조선을 세운 신진사대부들은 성리학을 정치지도 이념으로 삼았으면서도 비교적 여유로운 문화정책을 썼다. 심지어 유교를 숭상하고 불교를 배척한다는 '숭유배불주의'를 국가이념으로 하면서도 세종, 세조 때에 불경을 간행하고 고려의 음악도 그대로 궁중악으로 삼았다. 이들의 세력이 점차 세력화된 것이 훈구파이다.

성종은 이를 잘 알고 있었다. 예종이 이른 나이에 급작스레 승하하자 세조의 맏아들인 의경세자와 소혜왕후의 둘째 아들인 자신이 뜻밖에도 훈구파에 의해 왕에 올랐기 때문이다. 몹시 불안한 성종은 왕권강화 차원에서 사림을 궁중으로 불러 자신의 세력을 키웠다.

사림은 조선의 개국을 둘러싸고 왕조 교체가 유교적 윤리와 의리에 어긋난다고 생각하여 향촌에 내려가 학문과 교육에 주력하던 이들이다. 그들은 김종직에 이르러 그 수가 크게 늘어 영남을 중심으로 이른바 사림파(士林派)를 형성하였고 성종이 이들과 손을 잡은 것이다.

위에서 말한 성현은 훈구파였다. 1488년 또 한 사람의 훈구 대신인 이세좌(李世佐, 1445~1504)가 "요사이 음악은 거의 남녀상열지사입니다.… 일체의 속된 말들은 모두 연습치 말게 하소서"(『성종실록』 19년 8월 13일)라고 하였다. 당시 이세좌는 음악을 담당하는 장악원 제조벼슬이었다. 제조는 문신으로서 꽤 높은 벼슬자리였다. 이 이세좌가 당시 궁중악이 남녀상열지사라 보고 그 문제점을 아뢴 것이다. 하지만 성종은 성현의 말에는 즉각적인 반응을 보이지 않았고 이세좌의 말에도 "그래" 정도로 그치고야 만다.

그런 성종이 성현의 말이 있은 날부터 꼭 10년 뒤요, 이세좌가 의견을 낸 날에서는 채 2년이 안 된 1490년(성종 21년) 1월 17일, 권주(權柱, 1457~1505)가 엇비슷한 '남녀상열지사'론과 '망국 음악론'을 들어 아래와 같이 상소하자 태도를 돌변한다.

"지금 장악원에서 익히는 속악(俗樂)은 모두 신우(辛禑) 때의 가사이니, 망국의 음악을 연향에 사용해서는 안 됩니다. 더구나 그 가운데에는 남녀의 사랑을 주제로 한 가사가 많으니, 모두 없애도록 하소서."

　사림파 권주의 말은 훈구파와 장악원을 겨냥하였다. 사림파는 훈구파에 비해 강력한 유교도덕주의를 표방하였다. 여기에 장악원을 담당한 '훈구파'와 '남녀상열지사'가 제대로 걸려들었다. 성종은 즉각 〈쌍화곡(雙花曲)〉, 〈이상곡(履霜曲)〉, 〈북전가(北殿歌)〉 중의 음란하고 무례한 가사를 고치라고 어세겸(魚世謙, 1430~1500), 성현 등에게 명한다. 어세겸과 성현은 모두 훈구파였다. 성종은 사림인 권주의 말을 즉각 받아들여 훈구파에게 고치게 함으로써 자신의 권위를 강화하려 한 것이다.
　권주가 고려속요를 고치자는 이유는 둘이다. 하나는 망국의 음악이요, 하나는 남녀상열지사이다. 앞에서 남녀상열지사에 대해서는 이미 성현과 이세좌가 아뢰었으나 즉답을 피했던 성종이다. 그렇다면 망국의 음악이기에 권주의 말을 받아들인 것일까?
　망국 고려의 음악에 대한 멸시는 권주의 상소문에 보이는 저 '신우' 두 자에서 읽는다. '신우'는 우왕, 창왕을 신돈(辛旽)의 자식이라 폄하한 표현이다. 오죽하였으면 조선은 이 두 임금의 실록조차 만들지 않았다.
　우리가 고려의 기록을 아는 데 절대적 문헌인 『고려사』만 하더라도 그렇다. 고려 475년의 역사를 기록한 것은 조선에 들어와 정도전 등 유학자 30여 명이었다. 이들은 『고려사』를 기전체로 찬수하였다. 기전체(紀傳體)란 본기(本紀)와 열전(列傳) 형식으로 기술했다는 말이다. 그런데 『고려사』는 본기를 세가로 한 등급 낮추었다. 고려를 제후의 국가로 낮춘 것이니 「찬수고려사범례」에 "『사기』에 따르면 천자는 기(紀)라 하고 제후는 세가(世家)라 하는데 지금 『고려사』를 찬수함에 기를 세가라

고려속요 독법 | 289

하는 것은 그 명분을 바로잡기 위함이다"라고 하였다. 더욱이 이 『고려사』는 왕의 뜻에 맞지 않는다고 세종 때까지 몇 차례 개수되기까지 하였다. 고려에 대한 역사적 기록을 그대로만 믿을 수 없는 이유가 여기에 있으며, 고려속요 또한 조선으로 들어가 정치체제에 이용되었고 변형되었음을 넉넉하게 추론할 수 있는 예들이다.

이후 연산군은 훈구파를 등용하였고 중종 임금의 시대가 되었다. 중종은 다시 사림을 등용하였고 더욱 강력한 유교질서를 강조하였다. 이때 중종은 훈구파 남곤을 시켜 〈정읍사〉, 〈처용가〉, 〈동동〉을 궁중음악에서 내치게 한 것이다. 삶을 치유하는 음악(音樂)을 음란한 소리인 음악(淫樂)으로 치부해버린 것이다.

하지만 유학의 나라 조선의 9대 왕인 성종과 11대왕 중종의 개사정책은 끝내 성공하지 못하였다. 숭유억불 정책을 강력히 추진하고 사림파를 등용하였으며 조선 전기의 문물제도를 거의 완성한 성종과 혁신 정치를 꾀하다가 훈구파의 반대로 실패하고 기묘사화를 불러일으킨 중종 이후의 문헌들에 교체된 가사가 아닌 남녀상열지사라 지적당한 원 가사의 일부분이 그대로 전하기 때문이다.

고려속요는 남녀상열지사가 아니다

두말할 것도 없이 사랑은 인류 보편적인 정서요, 인류 역사를 만드는 원초적인 인간의 조건이다. 이 사랑을 몹쓸 짓이라 꾸짖는 남녀상열지사의 표적인 〈쌍화점〉 같은 경우, 조선 왕의 견해와는 달리 민간에 널리 퍼졌다. 심지어 유학의 대표 인물인 주세붕, 이황, 김만중의 글에도 보인다. 김만중(金萬重, 1637~1692)은 〈쌍화점〉 2연 〈삼장〉 부분을 "그 말이 비록

속되지만 예스런 뜻이 있다(其語雖俚 而殊有古意)"(『서포선생집』 권2, 「칠언고시」 '악부')라고 하며 모방하여 글을 짓기까지 하였다.

조선의 여인들은 몽고에서 들어온 풍습인 족도리를 쓰고 옷고름에 장도를 매달고 연지 곤지를 찍었다. 남성들은 마고자를 입었고, 왕의 밥을 수라라 하였다. 말(타고 다니는 말), 보라매, 송골매 따위의 몽고말도 그대로 사용하였다. 정책으론 숭유억불을 장려하고 문치주의를 표방하는 한편, 예악(禮樂, 예법과 음악)을 정비하였다. 『논어』 「태백편」에 보이는 '시어흥 입어례 성어악(詩於興 立於禮 成於樂)'이다. 번역하자면 '시에서 일어서며(선악을 구별), 예에서 서며(공경하고 사양), 악에서 이루어진다(마음을 화락)'이다. 글로 시작하여 예를 거쳐 음악으로 끝난다.

『순자』의 「악론편」에서는 예와 악이 함께하는 까닭을 "무릇 음악은 사람의 감정에 파고드는 것이 깊고 사람을 감화시킴이 빠르다(夫聲樂之入人也深, 其化人也速)"라고 하였다. 『고려사』 「악지」에서도 "무릇 음악은 풍속을 교화하여 세우고 공덕을 상징한다(夫樂者 所以樹風 象功德者也)"라고 하였으니 인간다운 삶을 조화롭게 이끄는 것이 음악임을 분명히 자각한 발언이다.

따라서 일연은 『삼국유사』 첫 장인 「기이 제일」 첫 줄에서 "대체로 옛날 성인은 예악을 가지고 나라를 세웠다(大抵古之聖人 方其禮樂興邦)"라는 말부터 놓았다. 그만큼 고려나 조선 모두 예악이 나라의 기본임을 명확히 인식했다는 뜻이다.

예악의 시대, 조선은 500여 년 동안 글과 음악은 응당 충신연주지사여야만 한다고 윽박질렀다. 신분의 질서만큼이나 고약한 것이 이 문자의 질서였다. '남녀상열지사'가 문자의 최하층으로 경멸의 대상이라면

'충신연주지사'는 문자의 최상층으로 숭앙의 대상이었다.

조선은 끊임없이 온 조선인에게 '충신연주지사'라는 강장제를 투약하였고, 그 힘은 대단히 폭압적이었다. 이미 주술성까지 갖춘 '충신연주지사'는 '효(孝)'·'열(烈)'과 함께 유교라는 숙주에 기생하며 남녀의 순수한 감정까지도 휘뚜루마뚜루 모조리 먹어치우는 중세의 포식자로 변하였다. 유교는 인간에서 출발한 인도주의 학문이다. 건강한 유교 숙주에서 출발한 조선이 점차 비대한 유교왕국으로 변모하기 시작한 것은 앞서 살핀 것처럼 성종과 중종 때이다.

고려속요에는 몸에 대한 비하가 있다

고려속요에는 몸에 대한 비하가 숨어있다. 고려의 멸망에 대한 당위성과 조선 건국의 합리성으로 중무장한 조선의 유교이념은 철저하게 몸과 정신을 이원화하고 몸보다는 정신을 내세웠다. "동쪽을 향해 앉아 바라보면 서쪽 담이 보일 리 없다(東向而望 不見西墻)"라는 말이 있다. 『문심조룡』이란 책에 보이는 글귀다. 정신을 몸보다 귀하게 여겼기에 몸이 제대로 보일 이치가 없었다. 조선은 몸을 비하하려 늘 쓰던 상열(相悅), 남녀(男女), 사(辭), 지(之)라는 네 단어를 재배치하여 '남녀상열지사'라는 불순한 조합어를 만들었다.

성종과 중종은 이 여섯 글자를 경멸의 대상으로 만들어 온 조선인에게 지속적으로 학습시켰다. 그 결과 학습된 유발자극이 지금까지도 우리에게 강하게 내상을 남겼다. 지금도 우리가 남녀의 몸을 생각하면 매우 거북스런 반응을 일으키게 하는 트라우마(trauma)가 그것이다.

'남녀상열지사'와는 반대로 조선 500년 내내 가장 예우 받은 용어가

'충신연주지사'였음을 다시 한번 짚는다. '남녀상열지사'가 남녀 간 본능적인 진실한 사랑이 있는 몸의 노래라면 '충신연주지사'는 군신 간의 이성적인 충정을 요구하는 인위적 글이라는 치명적인 결함이 있다. 남녀 간 사랑이 수평적이고 쌍방향이라면, 군신 간 충정은 수직적이고 일방적이다.

고려속요의 여성화자란 점도 절대적인 남성위주의 조선으로서는 썩 마음에 들지 않았다. 또 불편하지만 여인을 성적 노리개나 집안의 대를 잇는 산모로, 혹은 경계해야 할 대상으로만 인식하려 하였다는 점도 지적한다. 조선 유학은 『서경(書經)』의 "암탉이 울면 집안이 망한다(牝鷄無晨 牝鷄之晨 惟家之索)"도 『논어』'양화편'에서 공자가 "여자와 소인배는 기르기 힘든 존재이니 가깝게도 멀리도 하지 마라(唯女子與小人 爲難養也 近之則不孫 遠之則怨)"라는 말도 끌어왔다. 조선의 여성에 대한 지배는 송나라 유교의 처녀 숭배사상의 영향이었다. 여성의 처녀성을 중요시하여 아예 중문 밖을 나가지 못하는 내외법을 강요하였다. 여기에서 남존여비, 여필종부, 삼종지도, 남녀칠세부동석 등, 비인간적인 용어들로 인간의 자연스런 성정을 감추었다.

특히 충신연주지사에서 그렇게 요구하는 억압과 복종의 글쓰기는 조선의 풍토병이었다. 남녀상열지사에는 몸으로 사랑하고 세상과 부딪치는 인간이 있지만, 충신연주지사에는 인위적인 도덕만이 목석처럼 들어앉았다. 그것은 유교의 표본실에나 안치될 박제된 글이었다.

조선 최고의 문사인 연암 박지원(朴趾源, 1737~1805)의 표현을 빌자면 "충신연주지사의 글이 사모관대를 하고 패옥을 찬 채 길가에 엎어진 시체와 같다면, 남녀상열지사 글은 비록 누더기를 걸쳤다 할지라도 앉아서 아침 해를 쬐고 있는 저 살아 있는 사람 같은 글"이었다.

고려속요는 고려 백성의 몸의 노래가 원형이다

고려속요에 대한 조선의 문헌기록은 정확치 않다. 고려속요의 원형을 찾기 어렵다는 말이다. 예를 들어 〈동동〉 같은 작품을 『증보문헌비고』에는 송축의 성격을 띤 군가형식의 노래로, 『고려사』에는 민요풍의 노래로 기록하였다. 궁중악으로 변개, 편사되며 〈동동〉과 같은 경우는 한 장이 보태어졌으며, 〈만전춘 별사〉는 여러 사설들로 한 편의 노래를 꾸몄고, 〈청산별곡〉은 여음 등으로 미루어 8연 이상의 노래였을 것으로 추정한다.

그렇다면 조선의 풍토병이 되어버린 지나친 유교라는 제상(祭床)에 제물로 올라가 생목숨을 떼인 고려속요의 원형은 어떠한 노래였을까? 『예기』 중 「악기(樂記)」에 적어놓은 "무릇 음악이란 것은 사람의 마음에서 나온다. 감정이 속에서 움직여 그것이 소리에 나타나게 된다. …망해 버린 나라의 음악은 슬프고 옛날을 생각하게 된다. 그 백성이 고달프기 때문이다"라는 글줄을 따라가 보자.

조선에서 보자면 망국인 고려속요에 대한 부정적인 문헌자료인 동시에 고려속요의 원형을 추정해 볼 근거가 되는 글줄이다. '그 백성이 고달프기 때문'이라는 말을 유념하고, 이규보의 〈군수 두어 사람이 장물죄를 범했단 말을 듣고 지은 두 수 시〉로 당대의 상황을 추슬러 본다.

흉년들어 백성들 거의 죽게 돼	歲儉民幾死
앙상하게 뼈와 가죽만 남았구나	唯殘骨與皮

| 몸에 남은 살이 얼마나 된다고 | 身中餘幾肉 |
| 남김없이 모조리 긁어내려는가 | 屠割欲無遺 |

보아라! 황하를 마시는 두더지도	君看飮河鼴
제 배를 채우는 데 불과하거늘	不過備其腹
묻노니! 너는 얼마나 입이 많기에	問汝將幾口
백성의 살점을 배터지도록 먹느냐	貪喫蒼生肉

이규보는 무신정권 하의 잘 나가는 문인이었다. 무인들에 아부하여 한골 나가게 된 저런 문인조차 이런 글을 쓸 수밖에 없어 썼다. 그렇기에 저 시절 백성들은 살아가기 위해 노래를 부를 수밖에 없어 불렀다.

조선조 문헌에서 고려속요 수록의 문제점으로 딴죽을 건 이유는 비속한 말, 음란한 가사, 망탄한 불교였다. 고려속요는 이 세 가지 척도에서 벗어나야만 겨우 조선의 지면 한 자리에 거처를 마련하게 되었다. 하지만 시선을 조선에서 고려로 돌린다면 비속한 말에서 백성들의 고된 삶을, 음란한 가사에서 건강한 애정을, 망탄한 불교에서 퇴폐한 사회에 대한 일침을 역으로 읽어낼 수 있다. 고된 삶, 건강한 애정, 퇴폐한 사회에 대한 일침이 고려속요의 원형이다. 고려 백성의 몸의 노래가 원형이란 말이다.

고려시대에도 있었던 제주해녀, 그 잠수하던 해녀가 바다 위에 떠올라 참던 숨을 휘파람같이 내쉬는 소리를 숨비소리라 한다. 숨비소리에는 숨을 참아 죽겠다는 고통도 있지만 숨을 쉬어 살았다는 희망도 그만큼 들어 있다. 고려속요는 돌이와 달님이의 몸의 노래요, 이름 없이 이 땅에 살다간 고려인들의 몸의 노래였다. 모쪼록 우리 문학과 역사이기도 한 이 고려속요에서 이 시대를 살아내는 청소년과 세상을 힘겹게 살아가는 이들에게 작은 숨비소리가 들렸으면 하는 소망이다.

모든 글은 작가의 가슴에서 시작하여 독자의 가슴에서 끝난다고 한다. 글은 기록이 아니라 해석이기에 마음으로 쓰고 마음으로 읽어야해서이다. 음악(音樂)은 결코 음악(淫樂)이 아니다. 그렇게 되기를 바란다.

첨언: 이 책을 마무리 지을 때쯤 길을 걸었다. 고(故) 김광석의 〈나의 노래〉라는 곡이 흘러 나왔다.

아무것도 가진 것 없는 이에게
시와 노래는 애달픈 양식
아무도 뵈지 않는 암흑 속에서
조그만 읊조림은 커다란 빛
나의 노래는 나의 힘!
나의 노래는 나의 삶!

자그맣고 메마른 씨앗 속에서
내일의 결실을 바라보듯이
자그마한 아이의 울음 속에서
마음에 열매가 맺혔으면
나의 노래는 나의 힘!
나의 노래는 나의 삶!

거미줄처럼 얽힌 세상 속에서~
……

난 가만히 따라 불렀다.
나의 노래는 나의 힘! 나의 노래는 나의 삶!
……

2015. 12.

이 책을 쓰기 위해 참고한 책들

• 저서 및 논문

간호윤, 『아름다운 우리 고소설』, 김영사, 2010.
간호윤, 『다산처럼 읽고 연암처럼 써라』, 조율, 2012.
강등학, 「한국 민요의 사적 전개양상」, 『한국 구비문학사 연구』, 박이정, 1998.
강명관, 『조선시대 문학 예술의 생성 공간』, 소명출판사, 1998.
고려대학교민족문화연구소 편, 『한국문화사 대계』, 동아출판사, 1967.
국어국문학회 편, 『고려가요 연구』, 정음문화사, 1981.
고정옥, 『조선구전문학연구』, 과학원출판사, 1962.(북한)
고정옥, 『조선민요연구』, 동문선, 1998.
구본혁, 『한국가악논고』, 진영사, 1987.
국사편찬위원회, 『음악, 삶의 역사와 만나다』, 경인문화사, 2011.
김계곤, 『경기도 사투리 연구』, 박이정, 2001.
김대행, 「고려시가의 구비성과 기록성」, 『국문학의 구비성과 기록성』, 태학사, 1999.
김명준, 『고려속요집성』, 도서출판 다운샘, 2008.(개정판)
김명준, 『악장가사 연구』, 도서출판 다운샘, 2004.
김상훈, 『청산에 살어리랏다』, 보리, 2008.
김선기, 『고려가요의 해석과 이론』, 역락, 2008.
김연갑, 『아리랑 시원설 연구』, 명상, 2006.
김완진, 「청산별곡에 대하여」, 『고전문학을 찾아서』, 문학과 지성사, 1976.
김완진, 「열명에 대하여」, 『새국어생활』, 국립국어원, 2000.
김종철, 『음악, 삶의 소리를 듣는다』, 21세기북스, 2011.

김준영,『한국고전문학사』, 형설출판사, 1971.

김쾌덕,『고려노래 속가의 사회적 배경 연구』, 국학자료원, 2001.

문옥배,『한국 금지곡의 사회사』, 예술, 2004.

박병채,『고려가요의 어석 연구』, 국학자료원, 1994.

박용운,『고려시대사』, 일지사, 2011.(증보 4쇄)

박진태,「'아소'계 여요의 구조와 변모과정」,『국어국문학』91, 국어국문학회, 1984.

박치성,『고구려 아리랑』, 더썬, 2012.

박현균 편,『조선 고전문학 연구』(1), 문학예술종합출판사, 1993.

박희병,「고려가요의 민중정서」,『민족 문학사 강좌』상, 창작과비평사, 1995.

발타자르 토마스 지음, 이지영 옮김,『비참할 땐 스피노자』, 자음과모음, 2013.

베네딕트 데 스피노자 지음, 조현진 옮김,『에티카』, 책세상, 2006.

베로니카 베치 지음, 노승림 옮김,『음악과 권력』, 컬처북스, 2009.

사재동,「고려가요의 서사적 구조와 연행양상」,『한국문학유통사의 연구』Ⅰ, 중앙인문사, 1999.

성균관대학교 인문과학연구소 편,『고려가요 연구의 현황과 전망』, 집문당, 1996.

성호경,『고려시대 시가연구』, 태학사, 2006.

손태도,『광대의 가창문화』, 집문당, 2004.

송방송,『고려음악사연구』, 일지사, 1988.

송혜진,『한국아악사연구』, 민속원, 2002.

신경림,『민요기행』1·2, 한길사, 1985.

안토니오 다마지오 지음, 임지원 옮김,『스피노자의 뇌』, 사이언스북스, 2007.

양주동,『여요전주』, 을유문화사, 1954.

여기현,『고려 속악의 형성과 향유, 그 변용』, 보고사, 2011.

여운필,「쌍화점 연구」,『국어국문학』92, 국어국문학회, 1984.

유원수,『몽골의 언어와 문화』, 소나무, 2009.
윤구병,『철학을 다시 쓴다』, 보리, 2013.
윤성현,『속요의 아름다움』, 태학사, 2007.
윤재민,「고려 후기 사대부의 등장과 현실주의적 한시 경향」,『민족 문학사 강좌』상, 창작과비평사, 1995.
이규호,「정석가식 표현과 시간의식」,『국어국문학』 92, 국어국문학회, 1984.
이기백·차하란,『역사란 무엇인가』, 문학과지성사, 1987.(16쇄)
이능우,「여요 장르의 질량 계정」,『국어국문학』 11, 국어국문학회, 1954.
이능화 지음, 이재곤 옮김,『조선해어화사』, 동문선, 1992.
이상규·신승용,『문학 속의 경상 방언』, 글누림, 2010.
이상희,『꽃으로 보는 한국 문화』 1·2, 넥서스, 1998.
이성천,『한국 한국인 한국음악』, 풍남, 1997.
이영태,『고려속요와 기녀』, 경인문화사, 2004.
이영태,『한국 상대 시가와 참요의 발생론적 탐구』, 한국학술정보(주), 2011.
이영태,『고려속요와 가창공간』, 경인문화사, 2004.
이정호,『고려시대 권농정책 연구』, 고려대학교 대학원 박사학위논문, 2002.
이종영,『음악의 힘』, 초이스북, 2013.
이훈종,『민족생활어사전』, 한길사, 1992.
임동권,『한국민요 연구』, 선명문화사, 1974.
임재욱,『가사문학과 음악』, 보고사, 2013.
임주탁,『고려시대 국어시가의 창작·전승 기반 연구』, 부산대학교 출판부, 2004.
장덕순,『한국 문학사의 쟁점』, 집문당, 1986.
장덕순,『한국 문학사』, 박이정, 1995.
장효현,「이상곡의 생성에 관한 고찰」,『국어국문학』 92, 국어국문학회, 1984.
전규태,『고려가요』, 정음사, 1968.
전지영,『조선시대 음악담론』, 민속원, 2008.

정병욱 해설,『고려시대의 가요문학』, 새문사, 1981.
조동일,『한국문학통사』 2, 지식산업사, 1996.(3판 5쇄)
주채혁,『몽・려 전쟁기의 살리타이와 홍복원』, 혜안, 2009.
Joseph ledoux 지음, 최준식 옮김,『느끼는 뇌』, 학지사, 2006.
질 들뢰즈 지음, 박기순 옮김,『스피노자의 철학』, 민음사, 2012.(2판 8쇄)
최기호,「〈청산별곡〉의 형성과 몽고요소」,『몽골학』제13호, 한국몽골학회, 2002.
최기호,『역사가 꽃피는 대초원』, 시사출판사, 2002.
최기호,『최기호 교수와 어원을 찾아 떠나는 세계 문화여행』, 박문사, 2009.
최용수,『고려가요 연구』, 계명문화사, 1993.
한국생활사박물관 편찬위원회,『한국생활사박물관』 07・08, 사계절, 2012.(1판 9쇄)
황병익,『고전시가 다시 읽기』, 새문사, 2006.
혜강 저, 한홍섭 옮김,『성무애락론』, 책세상, 2006.

• 원문 및 역주

남성만 역주,『예기』(하), 평범사, 1985.
유재영 역주,『파한집』, 일지사, 1994.(3쇄)
이혜구 역주,『신역 악학궤범』, 국립국악원, 2000.
최영년 지음, 황순구 옮김,『속악유희』, 범우사, 2002.
최철・박재민,『석주 고려가요』, 이회, 2003.
김동길・허호구 역주,『주주논어』, 창지사, 1994.(2쇄)
허홍식・김계곤,『경기도 사투리 연구』, 박이정, 2001.
정홍교,『고려시가 유산 연구』, 과학・백과사전출판사, 1984.(북한)
신현규 편역,『고려사』「악지」, 학고방, 2011.

서긍 저, 조동원 외 5 공역, 『고려도경』, 황소자리, 2005.

『고려사』「식화지」

『고려사절요』

『국조보감』

『국역 동국이상국집』 권8, 민족문화추진회, 1980.

『국역 동문선』 권1·권8, 민족문화추진회, 1984.(중판)

『국역 익재집』 권1, 민족문화추진회, 1979.

『금양잡록』

『동국이상국집』 후집 권1

『동문선』 제76권

『동사강목』

『대동운부군옥』

『대악후보』

『보한집』

『파한집』

『삼국유사』

『성호사설』

『신증동국여지승람』

『악장가사』

『증보문헌비고』

『속동문선』 제5권, 칠언고시, 「숙안양사익일포어전계송기지남행」

『익재난고』

『해동역사』

고려속요 집

고려속요 원문

현재 고려속요는 〈동동〉·〈정읍〉·〈처용가〉·〈정과정〉·〈정석가〉·〈청산별곡〉·〈서경별곡〉·〈사모곡〉·〈쌍화점〉·〈이상곡〉·〈가시리〉·〈만전춘별사〉·〈나례곡〉·〈유구곡〉·〈상저가〉·〈성황반〉·〈내당〉·〈대왕반〉·〈삼성대왕〉·〈개국 1, 2, 3〉 등 20여 편만이 한글 노래가사로 남아 있습니다.

* 『악학궤범』(성종24년, 1493) · 『시용향악보』(중종 추정)
  『악장가사』(효종 · 숙종)

1. 〈상저가〉

덜커덩 방아나 디허 히얘
거친 밥이나 지서 히얘
아바님 어마님쯰 받줍고 히야해
남거시든 내 머고리 히야해 히야해   (『시용향악보』)

2. 〈정읍사〉

둘하 노피곰 도드샤
어긔야 머리곰 비취오시라
어긔야 어강됴리
아으 다롱디리

손쳐재 녀러신고요
어긔야 즌 디를 드디욜셰라
어긔야 어강됴리
어느이다 노코시라
어긔야 내 가논디 졈그를셰라
어긔야 어강됴리
아으 다롱디리   (『악학궤범』)

4. 〈쌍화점〉

雙花店(쌍화점)에 雙花(쌍화) 사라 가고신된
回回(회회)아비 내 손모글 주여이다
이 말ᄉᆞ미 이 店(점) 밧긔 나명들명
다로러거디러
죠고맛감 삿기광대 네 마리라 호리라
더러둥셩 다리러디러 다리러디러 다로러거디러 다로러
긔 자리예 나도 자라 가리라
위위 다로러거디러 다로러
긔 잔 디ᄀᆞ티 덦거츠니 업다

三藏寺(삼장사)애 브를 혀라 가고신된
그 뎔 社主(사주)ㅣ 내 손모글 주여이다
이 말ᄉᆞ미 이 뎔 밧긔 나명들명
다로러거디러
죠고맛간 삿기上座(상좌)ㅣ 네 마리라 호리라
더러둥셩 다리러디러 다리러디러 다로러거디러 다로러

괴 자리예 나도 자라 가리라
위위 다로러거디러 다로러
괴 잔 디ᄀ티 덦거츠니 업다

드레 우므레 므를 길라 가고신딘
우믓 龍(용)이 내 손모글 주여이다
이 말ᄉ미 이 우믈 밧쯰 나명들명
다로러거디러
죠고맛간 드레바가 네 마리라 호리라
더러둥셩 다리러디러 다리러디러 다로러거디러 다로러
괴 자리예 나도 자라 가리라
위위 다로러거디러 다로러
괴 잔 디ᄀ티 덦거츠니 업다

술 풀 지븨 수를 사라 가고신딘
그 짓 아비 내 손모글 주여이다
이 말ᄉ미 이 집 밧쯰 나명들명
다로러거디러
죠고맛간 싀구바가 네 마리라 호리라
더러둥셩 다리러디러 다리러디러 다로러거디러 다로러
괴 자리예 나도 자라 가리라
위위 다로러거디러 다로러
괴 잔 디ᄀ티 덦거츠니 업다

(『악장가사』)

5. 〈사모곡〉

　　호미도 놀히언 마른는
　　낟ᄀᆞ티 들 리도 업스니이다
　　아바님도 어어어신 마른는
　　위덩더둥셩
　　어마님ᄀᆞ티 괴시리 업세라
　　아소 님하
　　어마님ᄀᆞ티 괴시리 업세라　　　　　　　　　(『악장가사』)

6. 〈가시리〉

　　가시리 가시리잇고 나는
　　ᄇᆞ리고 가시리잇고 나는
　　위 증즐가 대평셩티

　　날러는 엇디 살라ᄒᆞ고
　　ᄇᆞ리고 가시리잇고 나는
　　위 증즐가 대평셩티

　　잡ᄉᆞ와 두어리마ᄂᆞ는
　　선ᄒᆞ면 아니올셰라
　　위 증즐가 대평셩티

　　셜온 님 보내옵노니 나는
　　가시는듯 도셔 오쇼셔 나는
　　위 증즐가 대평셩티　　　　　　　　　　　　(『악장가사』)

8. 〈동동〉

德(덕)으란 곰빅예 받즙고 福(복)으란 림빅예 받즙고
德(덕)이여 福(복)이라 호늘 나수라 오소이다

正月(정월)ㅅ 나릿 므른 아으 어져 녹져 ㅎ논딕
누릿 가온딕 나곤 몸하 ㅎ올로 녈셔

二月(이월)ㅅ 보로매 아으 노피 현 燈(등)ㅅ블 다호라
萬人(만인) 비취실 즈시샷다

三月(삼월) 나며 開(개)한 아으 滿春(만춘) 둘욋고지여
느미 브롤 즈슬 디녀 나샷다

四月(사월) 아니 니저 아으 오실셔 곳고리새여
므슴다 錄事(녹사)니믄 녯 나롤 닛고신뎌

五月(오월) 五日(오일)애 아으 수릿날 아춤 藥(약)은
즈믄 힐 長存(장존)ㅎ샬 藥(약)이라 받즙노이다

六月(유월)ㅅ 보로매 아으 별해 브룐 빗 다호라
도라 보실 니믈 젹곰 좃니노이다

七月(칠월)ㅅ 보로매 아으 百種(백종) 排(배)ㅎ야 두고
니믈 혼딕 녀가져 願(원)을 비숩노이다

八月(팔월)ㅅ 보로문 아으 嘉俳(가배) 나리마룬
니믈 뫼셔 녀곤 오놀낤 嘉俳(가배)샷다

九月(구월) 九日(구일)애 아으 藥(약)이라 먹논 黃花(황화)
고지 안해 드니 새셔 가만ᄒ얘라

十月(시월)애 아으 져미연 ᄇᆞ롯 다호라
것거 ᄇᆞ리신 後(후)에 디니실 ᄒᆞ 부니 업스샷다

十一月(십일월)ㅅ 봉당 자리예 아으 汗衫(한삼) 두퍼 누워
슬홀ᄉ라온뎌 고우닐 스싀옴 녈셔

十二月(십이월)ㅅ 분디 남ᄀ로 갓곤 아으 나슬 盤(반)잇 져다호라
니믜 알ᄑᆡ 드러 얼이노니 소니 가재다 므ᄅᆞᅀᆞᆸ노이다

(『악학궤범』)

9. 〈이상곡〉

비오다가 개야아 눈 하 디신 나래
서린 석석사리 조븐 곱도신 길헤
다롱디우셔 마득사리 마득너즈세 너우지
잠 ᄯᅡ간 내 니믈 너겨
깃든 열명길헤 자라오리잇가

죵죵 霹靂(벽력) 아 生(생) 陷墮無間(함타무간)
고대셔 싀여딜 내모미

죵죵霹靂(벽력) 아 生(생) 陷墮無間(함타무간)
고대셔 싀여딜 내모미
내님를 두읍고 년뫼를 거로리

이러쳐 뎌러쳐
이러쳐 뎌러쳐 期約(기약)이잇가
아소 님하 혼듸녀젓 期約(기약)이이다 (『악장가사』)

10. 〈만전춘 별사〉

어름 우희 댓닙자리 보와 님과 나와 어러주글만뎡
어름 우희 댓닙자리 보와 님과 나와 어러주글만뎡
情(정)둔 오놄범 더듸 새오시라 더듸 새오시라

耿耿(경경) 孤枕上(고침상)애 어느즈미 오리오
西窓(서창)을 여러하니 桃花(도화) ㅣ 發(발)ᄒ두다
桃花(도화)는 시름업서 笑春風(소춘풍)하ᄂ다 笑春風(소춘풍)하ᄂ다

넉시라도 님을 혼듸 녀깃景(경)너기다니
넉시라도 님을 혼듸 녀깃景(경)너기다니
벼기더시니 뉘러시니잇가 뉘러시니잇가

올하올하 아련 비올하
여흘란 어듸 두고 소해 자라온다
소콧 얼면 여흘도 됴ᄒ니 여흘도 됴ᄒ니

南山(남산)애 자리 보아 玉山(옥산)을 벼허 누어
錦繡山(금수산) 니블 안해 麝香(사향) 각시 아나 누어
南山(남산)애 자리 보아 玉山(옥산)을 벼허 누어
錦繡山(금수산) 니블 안해 麝香(사향) 각시 아나 누어
약(藥)든 가슴을 맛초옵사이다 맛초옵사이다

아소 님하 遠代平生(원대평생) 여힐 줄 모라옵새   (『악장가사』)

11. 〈정석가〉

딩아 돌하 當今(당금)에 계샹이다
딩아 돌하 當今(당금)에 계샹이다
先王聖代(선왕선대)예 노니ᄋ와지이다

삭삭기 셰몰애 별헤 나는
삭삭기 셰몰애 별헤 나는
구은 밤 닷 되를 심고이다

그 바미 우미 도다 삭나거시아
그 바미 우미 도다 삭나거시아
有德(유덕)하신 님믈 여희ᄋ와지이다

玉(옥)으로 蓮(련)ㅅ고즐 사교이다
玉(옥)으로 蓮(련)ㅅ고즐 사교이다

바희 우희 接柱(접듀)호요이다

그 고지 三同(삼동)이 퓌거시아
그 고지 三同(삼동)이 퓌거시아
有德(유덕)ᄒ신 님 여희ᄋ와지이다

므쇠로 텰릭을 몰아 나ᄂ
므쇠로 텰릭을 몰아 나ᄂ
鐵絲(철사)로 주롬 바고이다
그 오시 다 헐어시아
그 오시 다 헐어시아
有德(유덕)ᄒ신 님 여희ᄋ와지이다

므쇠로 한쇼를 디여다가
므쇠로 한쇼를 디여다가
鐵樹山(철수산)애 노호이다
그 쇠 鐵草(철초)를 머거아
그 쇠 鐵草(철초)를 머거아
有德(유덕)하신 님 여해ᄋ와지이다

구스리 바회예 디신ᄃᆞᆯ
구스리 바회예 디신ᄃᆞᆯ
긴힛딴 그츠리잇가
즈믄 히를 외오곰 녀신ᄃᆞᆯ
즈믄 히를 외오곰 녀신ᄃᆞᆯ
信(신)잇ᄃᆞᆫ 그츠리잇가

(『악장가사』)

12. 〈서경별곡〉

西京(서경)이 아즐가 西京(서경)이 셔울히마르는
위 두어렁셩 두어렁셩 다링디리
닷곤디 아즐가 닷곤디 쇼셩경 고외마른
위 두어렁셩 두어렁셩 다링디리
여히므론 아즐가 여히므론 질삼뵈 브리시고
위 두어렁셩 두어렁셩 다링디리
괴시란디 아즐가 괴시란디 우러곰 좃니노이다
위 두어렁셩 두어렁셩 다링디리

구스리 아즐가 구스리 바회예 디신들
위 두어렁셩 두어렁셩 다링디리
긴히쏜 아즐가 긴히쏜 그츠리잇가 나는
위 두어렁셩 두어렁셩 다링디리
즈믄 히를 아즐가 즈믄 히를 외오곰 녀신들
위 두어렁셩 두어렁셩 다링디리
信(신)잇돈 아즐가 信(신)잇돈 그츠리잇가 나는
위 두어렁셩 두어렁셩 다링디리

大同江(대동강) 아즐가 大同江(대동강) 너븐디 몰라셔
위 두어렁셩 두어렁셩 다링디리
빈 내여 아즐가 빈 내여 노흔다 샤공아
위 두어렁셩 두어렁셩 다링디리
네 가시 아즐가 네 가시 럼난디 몰라셔
위 두어렁셩 두어렁셩 다링디리

녈 빅예 아즐가 녈 빅예 연즌다 샤공아
위 두어렁셩 두어렁셩 다링디리
大同江(대동강) 아즐가 大同江(대동강) 건넌편 고즐여
위 두어렁셩 두어렁셩 다링디리
빅 타 들면 아즐가 빅 타 들면 것고리이다 나는
위 두어렁셩 두어렁셩 다링디리 (『악장가사』)

13. 〈청산별곡〉

살어리 살어리랏다 靑山(청산)애 살어리랏다
멀위랑 드래랑 먹고 靑山(청산)애 살어리랏다

우러라 우러라 새여 자고 니러 우러라 새여
널라와 시름 한 나도 자고 니러 우니로라

가던 새 가던 새 본다 믈 아래 가던 새 본다
잉 무든 쟝글란 가지고 믈 아래 가던 새 본다

이링공 뎌링공 ᄒᆞ야 나즈란 디내와숀뎌
오리도 가리도 업슨 바므란 쏘 엇디 호리라

어듸라 더디던 돌코 누리라 마치던 돌코
믜리도 괴리도 업시 마자셔 우니노라

살어리 살어리랏다 바른래 살어리랏다
ᄂᆞ모자기 구조개랑 먹고 바른래 살어리랏다

가다가 가다가 드로라 에정지 가다가 드로라
사스미 짒ㅅ대예 올아셔 히금(奚琴)을 혀거를 드로라

가다니 빅브른 도긔 설진 강수를 비조라
조롱곳 누로기 믹와 잡스와니 내 엇디 흐리잇고　　　(『악장가사』)

14. 〈나례가〉

羅令公宅(나령공댁) 儺禮日(나례일)이
廣大(광대)도 金線(금션)이샤스이다
긍에 샤 山(산)ㅅ굿붓 겻더신둔
鬼衣(귀의)도 金線(금션)이리라
리라리러 나리라 리라라　　　　　　　　　(『시용향악보』)

15. 〈성황반〉

동방애 持國天王(지국천왕)님하
南方(남방)애 廣目天子天王(광목천자천왕)님하
南無西方(남무서방)애 增長天王(증장천왕)님하
北方山(북방산)의ㅅ 毗沙門天王(비사문천왕)님하
다리러 다로리 로마하
디렁디리 대리러 로마하
도람 다리러 다로림디러리
다리렁 디러리
內外(내외)예 黃四目天王(황사목천왕)님하　　(『시용향악보』)

16. 〈내당〉

山水淸凉(산수청량) 소리와
淸凉(청량)애사 두스리를 어디새라
道場(도량)애사 오시느니
흔남종과 두남종과
열셰남종과 주서벗라
바회예 나릇새라
다로렴 다리러
열셰남종이 다 여위실 더드런
니믈 뫼셔 술와지
聖人無上(성인무상) 兩山大勒(양산대륵)하
다로렴 다리러 (『시용향악보』)

17. 〈대왕반〉

八位城隍(팔위성황) 여듧位(위)런 놀오쉬오
뭇갓 가스리 쟝화새라
當時(당시)예 黑牧丹(흑모란)고리
坊廂(방상)애 マ드가리
노니실 大王(대왕)하
디러렁 다리다리러 디러리 (『시용향악보』)

18. 〈삼성대왕〉

瘴(장) マ△실가 三城大王(삼성대왕)
일으△ 실가 三城大王(삼성대왕)

瘴(장)이라 難(난)이라 쇼셰란듸
瘴難(장난)을 져차쇼셔.
다롱다리 三城大王(삼성대왕)
다롱다리 三城大王(삼성대왕)
녜라와괴쇼셔   (『시용향악보』)

19. 〈대국 1, 2, 3〉

一(일)
술도 됴터라 드로라
고기도 됴터라 드로라
엇더라 별대왕(別大王) 들러신듸
四百瘴難(사백장난)을 아니 져차실가
얄리 얄리 얄리
얄라셩얄리

二(이)
오부샹셔 비샹셔 수여天子(천자)
天子大王(천자대왕) 景象(경샹)여 보허리허
天子大王(천자대왕) 오시논나래
ᄉ랑대왕(大王)인들 아니 오시려
兩分(양분)이 오시논나래
命(명)엣 福(복)을 져미쇼셔
얄리 얄리 얄리
얄라셩얄리

三(삼)
大國(대국)도 小國(소국)이로다
小國(소국)도 大國(대국)이로다
小盤(소반)에 다므샨 紅牧丹(홍모란)
섯디여 노니져
얄리 얄리 얄리
얄라셩얄리　　　　　　　　　　　　　　(『시용향악보』)

……
"엄니! 뭐해시여. 아! 속요집 보고 계시네. 봄볕도 따뜻한데 뒷장에 있는 아부지 편지 다시 한번 읽어드려여."
"그랴, 그래줄랴."

달님이에게

솔이가 이 글을 읽어 주는 걸 보니 시방 글자를 아는가 봐. 이렇게라두 글 몇 자를 남겨야 쓰겄기에. 생객해보니깐두로 짧다면 짧고 길다문 긴 시월, 달님이가 내 인생의 꽃시절이여. 꽃님이 언니를 끝까지 돌봐주구, 또 우덜 아덜인 솔이를 나주어서두 고마워여.

난 이 글을 삼별초 만나기루 한 곳으루 가다가 한 주막에서 쓰는 거여. 그리구 이게 이 속요집의 마지막 장이여.

달님이 기억나. 내가 심을 찾는다며 떡전거릴 떠나던 그날을. 그 때 난 시상물정 모르는 떡전거리 애송이였어. "힘이 없으면 나도, 내가 사랑하는 사람도 지킬 수 없단다"라는 죽이 아씨 말을 듣기 전에 말이여.

옴니암니 따질 것두 읎시여. 관군에게 아부지를, 회회아비에게 엄니를, 몽고군에게 달님이 엄니를, 죽이 아씨, 그리구선두 동이를 잃은 것두 모두 심이 읎어서여, 우덜 나라 고려에 몽고가 쳐들어와 백정들이 이렇게 괴로운 삶을 살아가는 것두 모두 심이 읎어서여.

츰에는 일연 시님처럼 글을 아는 게 심이라고 여겼어. 심 있는 자들은 하나같이 글을 알았으니깐두루. 허지만 인저 생객해보니 그게 아니여.

가만 보니 글을 죄다 이용만할 뿐이여. 글을 지 베실이나 은으려는 수단으로 여기구 한날 지식나부랭이를 배워 자랑할 뿐이여.

담엔 심이 권력에 있는 줄 알았어. 우덜과는 사람살이가 다른 접짝 강화에 사는 지덜을 보구 말이여. 지덜의 호화로운 삶과 향락의 극치는 심이 있어서라구 생각한 거여. 근데 그것은 깡그리 잘못된 거여. 한창 뒤에야 그게 증말이 아니라 그짓부렁이란 걸 알았써. 암만 생각해두 그것두 심이 아니여. 그건 부정과 부조리를 맹글면 맹글지, 결코 심이 될 수 없거들랑. 우덜 백정들의 피와 살로 살아가는 지덜의 권력이 워떻게 심이라고 할거여.

그랴, 나는 동이가 그렇게 죽구, 아픈 맴으루 돌을 깨다가 노래를 부르다 비로소 깨달은 거여. 심은 우리 엄니가 불렀구 달님이두 부르우 나도 부르는 우덜 노래라구. 나는 그때 가서야 아부지가 왜 우덜 노래를 모은 속요집을 만들려는지 앙거여. 우덜이 부르는 노래는 몸에서 나와 몸으루, 몸으루 흘러, 우덜이 엎우러지구 너메져두 일어나 시상을 살아내게 하는 심이 있시여.

그런 우덜 노래가 궁중 노래가 되구서 변한 것을 봤어. 지덜의 궁중 노래는 한날 향락을 부추기는 장난질이지, 허수애비같이 헛것이여. 심이 아니여. 암만, 노래는 티 읎시 말꾸 진실한 양심으로 불러야하능 거여. 그건 우덜만이 가질 수 있는 순박한 몸이라야 마음이라야 해여. 몸으로 울구, 웃구, 참아내구, 이겨내구, 그렇게 색혀낸 우덜의 노래여서여. 이런 노래가 온 고려 땅에 불려야 이 나라에 맑간 역사가 흐를거여.

'소 심도 심, 새 심도 심'이라구 하거들랑. 그저 내 깜냥대로 말간 맴으루 살아내면 된다는 뜻매김이여. 그래 내가 이 속요집을 묶어 그 심을 모은 거여. 이 심을, 이 나라 고려 백정들의 몸의 노래를 자석들에게 물려주려 말이여. 그래믄 우덜 자석들도 우덜을 승보지 안을 거여. 그런 조상을 누가 승을 보것어. 승보는 늠이 잘못이지. 앙 그리여.

달님이!

나는 이 나라, 고려 사람들이 이 속요집의 노래를 불르면 좋겄어. 그리야. 그런 나라를 맨들고자 삼별초군이 되려는 거여. 내 쬐고만 심이지만 자랑스럽구 떳떳한 나라를 맹그는데 도리깨질이래두 하구 싶어. 우덜 아덜 솔이두 이 아부지가 그렇게 사는 것을 맴속으로 바랄 거여.

그리워, 달님이! 고마워.

승 읍는 말간 삶을 살아줘서. 살아생전 우덜이 다시 만날지 몰러두 달님이는 영원히 내 맴속에 있을 거여. 그러니 돌이가 읍서두 달님인 혼자가 아니여. 저 속요집에 있는 "구슬이 바위에 떨어진들 끊어지릿가" 마냥.

달님이!

내 삶은 이 나라 역사를 말갛게 하려는 거여. 그러니 이별을 너무 서러워마.

운제 또 다시 만날지 몰러. 야중에 다시 만나면 그땐, 곰이 헝, 꽃님이 언니, 솔이, 달님이하구 나, 우덜 모두 떡전거리에 가서 잘 살자, 잉.

삼별초군으로 떠나며 떡전거리의 돌이가 달님이에게 멫 자.

고려속요 집 321

고전독작가(古典讀作家) 간호윤(簡鎬允, 문학박사)

간호윤은 서울 영일고등학교, 순천향대학교(국어국문학과), 한국외국어대학교 교육대학원(국어교육학과)을 거쳐 인하대학교 대학원(국어국문학과)에서 문학박사학위를 받았다.

그는 1961년, 경기 화성, 물이 많아 이름한 '홍천(興泉)'생이다. 300년쯤 눌러앉았다는 가평(加平) 간씨 삶터인 홍천 두메산골. 예닐곱 먹은 그는 명심보감을 끼고 논둑을 걸어 큰할아버지께 갔다. 큰할아버지처럼 한자를 줄줄 읽는 꿈을 꾸었다. 12살에 서울로 올라왔을 때 꿈은 국어선생이었다. 대학을 졸업하고 신동신중·정보산업고등학교와 인천의 세일고등학교 국어선생을 거쳐 지금은 대학 강단에서 가르치며 배우고 있다.

그는 고전을 가르치고 배우며 현대와 고전을 아우르는 글쓰기를 평생 갈 길로 삼는다. 그의 저서들은 특히 고전의 현대화에 잇대고 있다.『한국 고소설 비평 연구』(경인문화사 : 2002 문화관광부 우수학술도서) 이후, …『기인기사』(푸른역사, 2008), …『아름다운 우리 고소설』(김영사, 2010),『당신 연암』(푸른역사, 2012), …『다산처럼 읽고 연암처럼 써라』(조율 : 2012문화관광부 우수교양도서), …『그림과 소설이 만났을 때』(새문사 : 2014세종도서 학술부문 선정), … 등 20여 권의 저서들 모두 직간접적으로 고전을 이용하여 현대 글쓰기와 합주를 꾀한 글들이다.

연암 선생이 그렇게 싫어한 사이비 향원(鄕愿)은 아니 되겠다는 것이 그의 소망이라 한다.

구슬이 바위에 떨어진들
소설로 부르는 고려속요-그 몸의 노래여! 값 17,000원

2016년 2월 1일 초판 인쇄
2016년 2월 4일 초판 발행

지은이 　간 호 윤
발행인 　成 珍 慶
발행처 　**새문사**
등록번호 제1-273호(1977.9.19)

주소 : 서울시 마포구 대흥로6길 6-12
전화 : (02)715-7232(代), 717-7235, Fax : (02)715-7235
E-mail : sinlon@saemoon.co.kr
website : www.saemoonbook.com
ISBN : 978-89-7411-461-9 03810